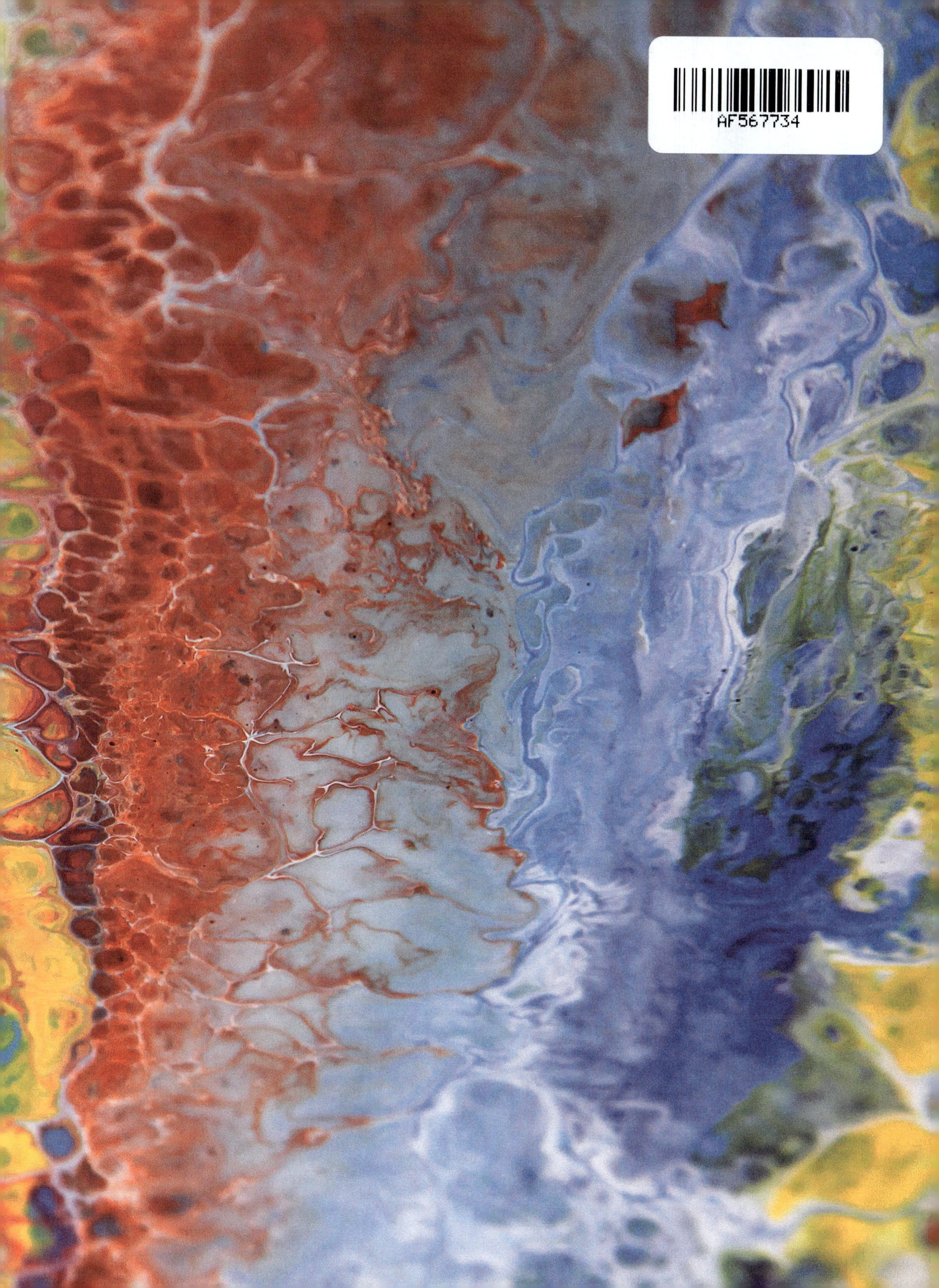

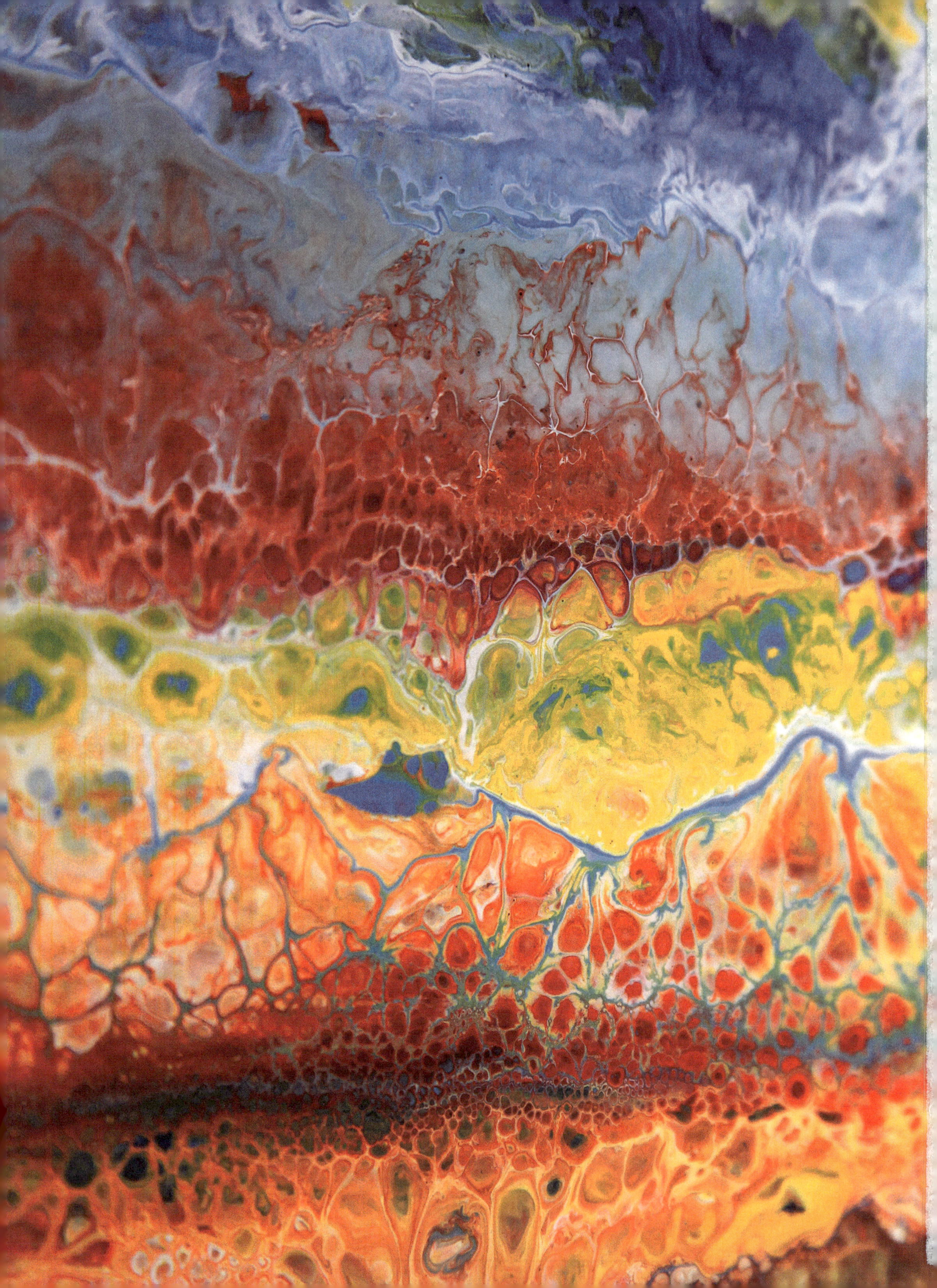

Martin Thomas
Sylvia Homberg

ACRYLIC POURING

MOTIVBILDER

Gesteuert gießen und gestalten.
Mit Online-Videos.

INHALT

Online-Videos

Die Videos zu diesem Buch stehen in der Digitalen Bibliothek unter www.TOPP-kreativ.de/DigiBib nach erfolgter Registrierung zum Anschauen bereit. Den Freischalte-Code finden Sie im Impressum.

Dieses Symbol zeigt Ihnen, wo ein Video zur Verfügung steht.

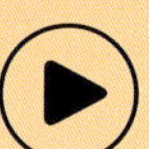

LIEBE LESERINNEN UND LESER,

nach dem großen Erfolg unseres Grundlagenbuchs „Acrylic Pouring" zeigen wir Ihnen hier, wie Sie in Zukunft noch mehr aus Ihren Arbeiten herausholen können. „Gesteuert gießen und gestalten" hört sich im ersten Moment schwieriger an, als es tatsächlich ist. Denn die Farbe, die auf den Malgrund geschüttet wird, scheint unkontrollierbar zu sein. Dabei ist es nur eine Frage des richtigen Sehens und des nötigen Hintergrundwissens. Mit unseren Tipps und Tricks lernen Sie, sowohl fantasievolle als auch realistische Bilder mit Pouring-Techniken zu gestalten. So erfahren Sie auf den folgenden Seiten, wie Sie gezielt Grundrichtungen anlegen, Motive erkennen und sogar aus vermeintlich danebengegangenen Bildern noch einiges herausholen. Tauchen Sie mit uns ein in Form und Farbe und freuen Sie sich auf das kreative Sehen. Bestimmt erinnern Sie sich daran, wie Sie als Kind mit viel Vorstellungskraft und Fantasie in Wolken, knorriger Rinde und Kieselsteinen Formen und Figuren erkannt haben. Und genau das werden Sie mit diesem Buch wieder neu erfahren.

Wir wünschen Ihnen dabei ganz viel Spaß und natürlich jede Menge Erfolg!

S. Homburg A. Thomas

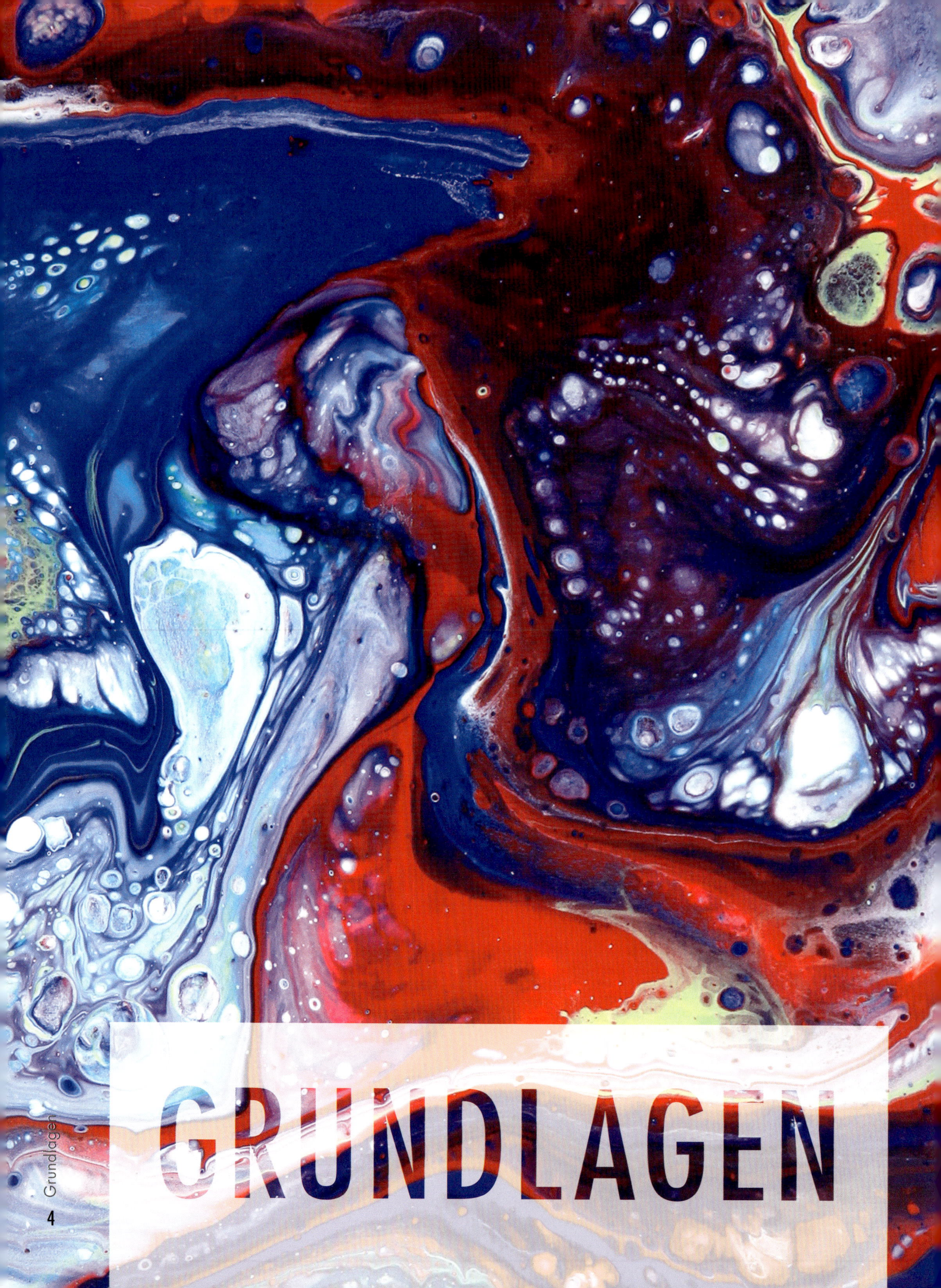

GRUNDLAGEN

Faszinierendes Pouring

Bevor wir loslegen, möchten wir Sie kurz mit ein paar Begriffen vertraut machen, die meist synonym verwendet werden. **„Acrylic Pouring"** wird in diesem Buch im Folgenden kurz **„Pouring"** genannt. Pouring bedeutet Fließen bzw. Gießen und gilt als beliebteste Methode im Bereich „Fluid Art", also „flüssige Kunst", für die Acrylfarben mit besonders hoher Fließfähigkeit verwendet werden.

Für alle, die noch keine keine Erfahrung mit Pouring gemacht haben oder unser Grundlagenbuch nicht besitzen, erklären wir an dieser Stelle kurz, wie es funktioniert.
Beim Acrylic Pouring (Acryl Fließtechnik) werden Acrylfarben – wie der Name sagt – auf einen passenden Malgrund gegossen und durch Kippen und Drehen der Oberfläche in ihrem Farbverlauf, je nach Technik, mehr oder weniger beeinflusst. Neben der geeigneten Farbkombination und der Mischung mit speziellen Verdünnungsmitteln sorgen Öle und andere Zusätze für interessante Zellstrukturen in den Bildern.

Diese **Zell- oder Netzstrukturen** machen die Faszination beim Pouring aus, die wir Ihnen hier an zwei wunderschönen Beispielen zeigen.

Die Zellbildung beruht zunächst auf physikalischen Gesetzen der Farbpigmente, die wir Ihnen aber an dieser Stelle ersparen möchten. Wichtig ist uns in diesem Zusammenhang jedoch, dass Sie verstehen, wie eine Acrylfarbe aufgebaut ist. Sie basiert auf drei Bestandteilen: Farbpigmente, Bindemittel und in der Regel Wasser zum Verdünnen.

Damit das Pigment beim Verdünnen zu einer fließfähigen Farbe nicht ausgewaschen wird, müssen wir den Zusammenhalt zwischen Bindemittel und Pigment verstärken. Genau hier tritt das speziell dafür entwickelte **Pouring Medium** auf den Plan. Es dockt sich quasi an das Pigment und das in der Farbe vorhandene Bindemittel an und gleichzeitig macht es unsere Mischung fließfähiger. Je nach Technik benötigen wir relativ dünne Farb- oder auch eher zähe Farbmischungen.

Es gibt noch einen anderen Kniff, der für eine interessante Zellbildung und lebendige Bänderungen sorgt. Das Zauberwort heißt **Silikonöl.** Es strebt aufgrund seines Gewichts an die Oberfläche, drückt die Pigmente dabei radial zur Seite und lässt so die Zellen entstehen.

Wenn uns das Ergebnis dann immer noch nicht gefällt, können wir mit einem einfachen **Crème-Brûlée-Brenner** für kleine Wunder sorgen. Sehen Sie selbst!

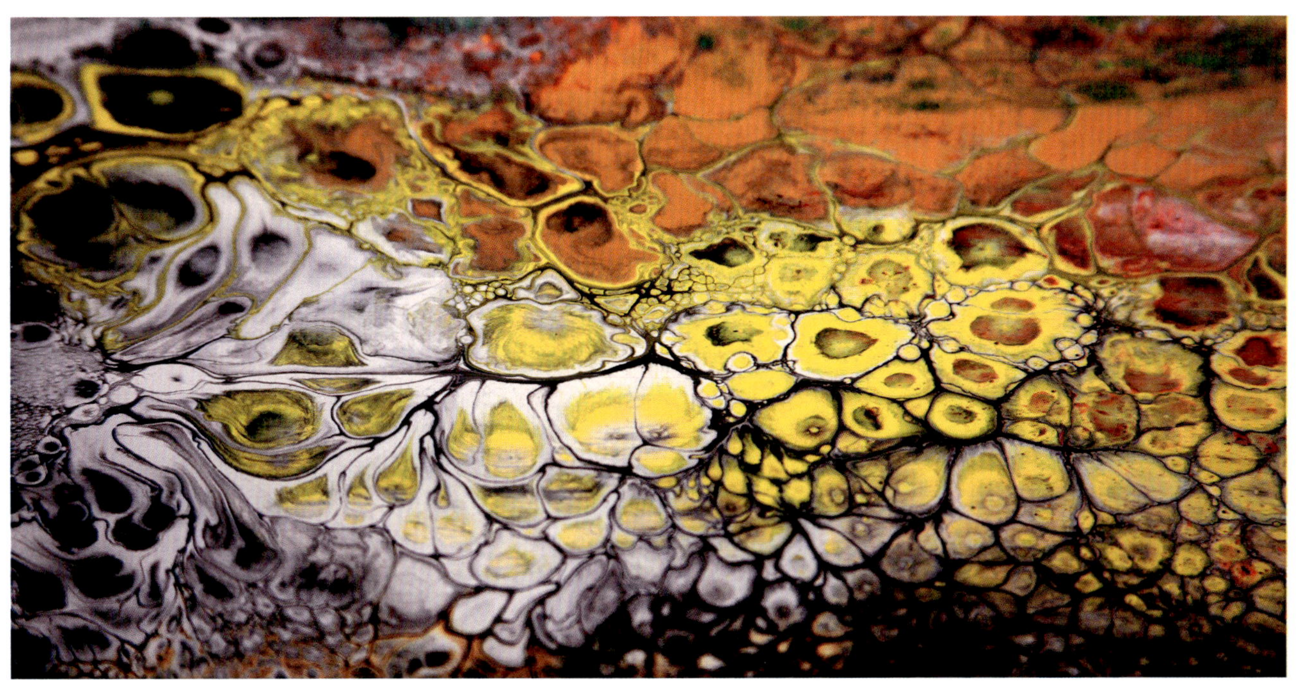

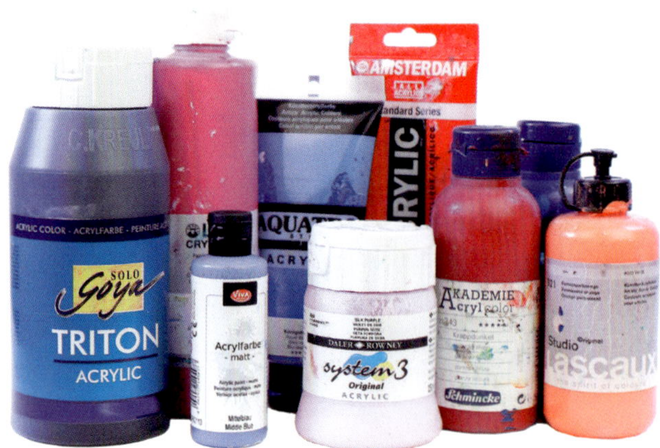

ACRYLFARBEN

Für die Bilder in diesem Buch haben wir ausschließlich Acrylfarben verwendet. Wir stellen Ihnen hier verschiedene Qualitäten vor und erklären ihre Vorteile, aber auch die Einschränkungen in der Kombination mit Pouring Medium.

Zum **Grundieren der Leinwand** können Sie kostengünstige Acrylfarben oder sogar einfache Dispersionsfarben aus dem Baumarkt einsetzen. Damit später beim Trocknen keine Risse entstehen, müssen Sie diese Farben sehr stark mit Pouring Medium und einem weiteren Verdünnungsmittel wie destilliertes Wasser oder Tiefgrund verdünnen. Je dünner die aufgetragenen Farbschichten sind, umso geringer ist das Risiko einer Rissbildung. Auch unterschiedliche Trockenzeiten der Farben untereinander können zu Rissen im Bild führen. Daher empfehlen wir Ihnen, möglichst der Produktgruppe eines Herstellers treu zu bleiben, denn damit minimieren Sie das Risiko.

Preiswerte **Hobby-Acrylfarben** besitzen meist keine hohe Pigmentdichte und sind oft mit weißen Pigmentanteilen untermischt. Sie sind in den meisten Fällen nicht über den Walzenstuhl gelaufen und haben deshalb eine schlechtere Verbindung von Pigment und Bindemittel. Für den Einsteiger, der auch einmal auf größere Zellstrukturen oder eine glatte Oberfläche verzichten kann, sind sie trotzdem zu empfehlen. Allerdings verlangt dieser Farbtypus einen größeren Anteil an Pouring Medium, da die Pigmente sonst zu stark ausgewaschen werden.

Hochwertige **Acrylfarben in Künstlerqualität** gehen dagegen bereits im Produktionsprozess eine sehr starke Verbindung zwischen Pigment und Bindemittel ein. Sie verkraften daher eine höhere Verdünnung. Außerdem ist ihre Leuchtkraft ist aufgrund der hohen Pigmentdichte viel besser.

Nutzen Sie ruhig die Eigenschaften der unterschiedlichen Farbqualitäten und kombinieren Sie sie in Ihren Bildern. Dadurch entstehen oft ganz eigene Effekte und ein schönes Zusammenspiel. **Airbrushfarben oder Acryltuschen** haben einen hohen Pigmentanteil und sind daher ausgesprochen sparsam beim Pouring. Da sie ziemlich flüssig sind, dürfen sie nur vorsichtig verdünnt werden. Bei zu starker Verdünnung können feine Schlieren und Netzstrukturen auf der Bildoberfläche entstehen. Das sieht dann aus wie eine leichte Marmorierung oder eine Holzstruktur und kann – sofern gewünscht – durchaus einen besonderen Reiz haben.

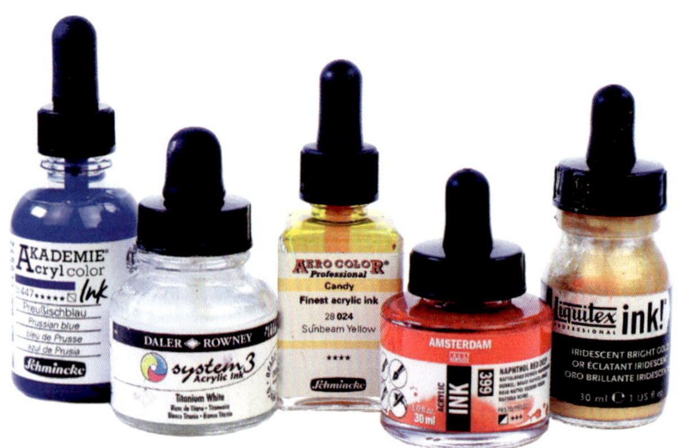

MALGRÜNDE

Für die Pouring-Schütttechniken eignen sich viele verschiedene Malgründe. Sie müssen lediglich die Farben gut annehmen und in der Regel möglichst eben sein. Wir stellen Ihnen hier einige vor.

Leinwand

Bei den Leinwänden gibt es qualitativ sehr große Unterschiede. Bei billigen Keilrahmen sind die Leinwände oft schlecht aufgezogen und neigen dazu, sich an den Kanten zu verziehen. Bei kleineren Bildern bis zum Format 30 cm x 30 cm spielt das keine so große Rolle, sobald Sie jedoch größer arbeiten, stoßen Sie hier schnell an die Grenzen.

Künstlerleinwand

Diese hochwertigen Leinwände verziehen sich nicht und sind auch dank ihrer guten Grundierung für Pouring bestens geeignet. Bei Formaten ab 50 cm x 70 cm empfehlen wir Ihnen, die Leinwand zusätzlich auf der Rückseite mit einem starken Karton zu stabilisieren. So vermeiden Sie, dass sich die Leinwand wegen der großen Farbmenge durchbiegt und eine ungewollte Pfütze ohne Effekte in der Mitte stehen bleibt.

Holzmaltafeln

Ebenfalls sehr gut geeignet sind Holzmaltafeln, auch Gesso Boards genannt, aus dem Fachhandel oder furnierte Holzreste sowie ausrangierte Regaleinlegeböden, da sie absolut plan liegen. Um das Eindringen von Feuchtigkeit zu verhindern, können sie mit einer Baumwollwalze farbig grundiert werden. Der Vorteil: Sie können Formate in beliebiger Größe wählen. Der Nachteil ist jedoch das hohe Eigengewicht.

Unser Tipp:

Gehen Sie vor dem Arbeiten mit einem leicht angefeuchteten, sauberen Küchenschwamm über die Oberfläche der Leinwand und bringen sie dann mit den mitgelieferten Holzkeilen auf Spannung!

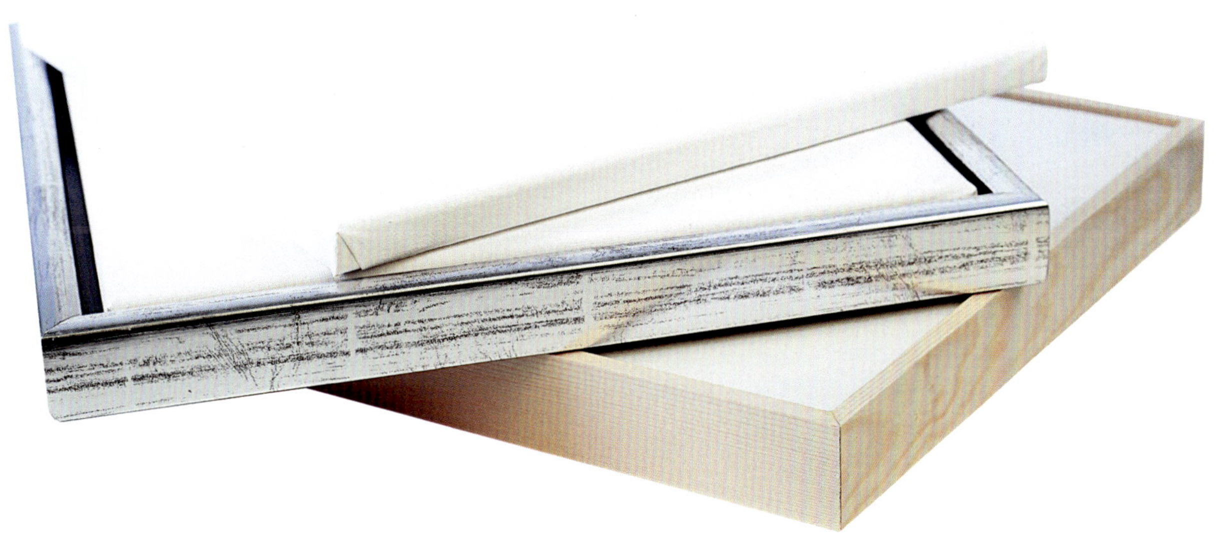

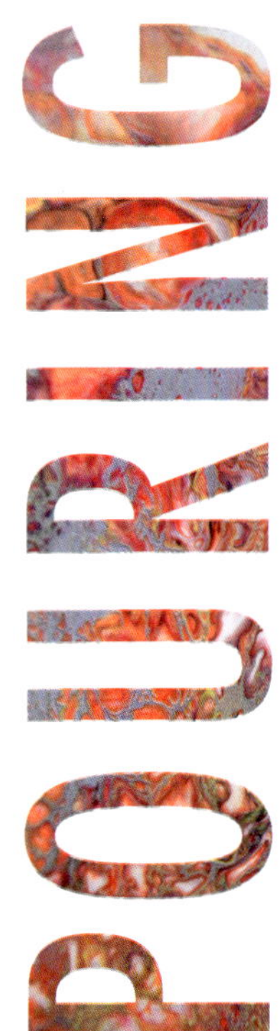

MEDIUM

Damit die Acrylfarben bei den verschiedenen Pouring-Techniken gut aus dem Becher fließen und über den Malgrund gleiten können, müssen sie verdünnt werden. Dafür verwenden wir in der Regel ein spezielles Pouring Medium, das die einzelnen Pigmente aneinander bindet und die Fließeigenschaften der Farbe verbessert.

Jeder Hersteller hat ein eigenes Pouring Medium entwickelt, das im Farblabor speziell auf diese Technik abgestimmt wurde und für hochwertige Bilder bestens geeignet ist. Wir empfehlen Ihnen jedoch dringend, das Merkblatt des jeweiligen Herstellers genau durchzulesen, damit Sie ein optimales Ergebnis erzielen und keine Enttäuschungen erleben.

- Liquitex hat als erster Hersteller ein optimal abgestimmtes Pouring Medium für den Künstlerbereich auf den Markt gebracht, das nicht nur in Amerika durch seinen hohen Endglanz sehr beliebt ist. Auch zum Versiegeln und Lackieren von Bildern ist es vorzüglich geeignet. Allerdings werden die Produkte von Liquitex aufgrund ihres etwas höheren Preises eher von Profis eingesetzt.

- Das Pouring Medium S von Schmincke ist optimal abgestimmt auf das Farbsortiment von Schmincke. Das S steht hier für die Silikonverträglichkeit.

- Cadence ist der erste Hersteller mit einer sogenannten All-In-One-Lösung. Diese Farbtöne sind bereits fix und fertig in einer optimalen Pouring-Mischung produziert und brauchen keinerlei weitere Zusätze.

- Außerdem finden Sie bei Kreul, Viva Decor, Lukas, Talens und Pebeo Pouring Medien, die hervorragend funktionieren. Probieren Sie einfach aus, mit welchem Pouring Medium Sie am besten klar kommen und schöne Ergebnisse erzielen.

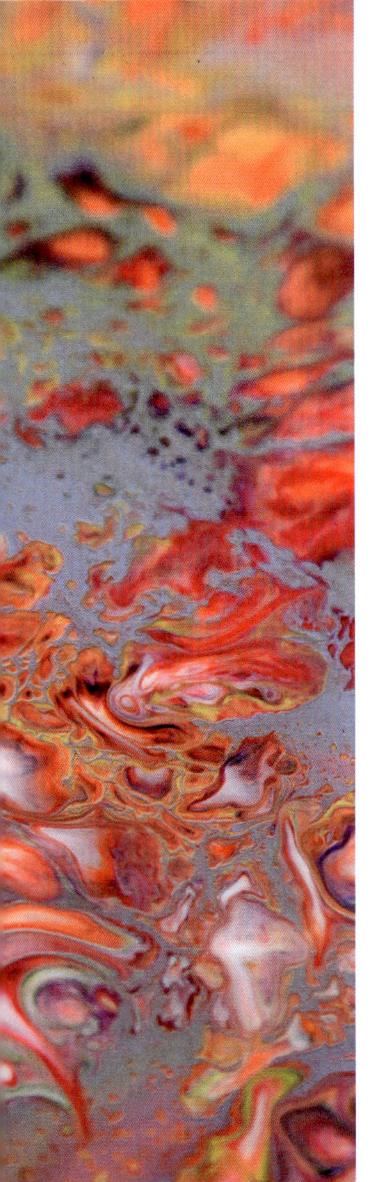

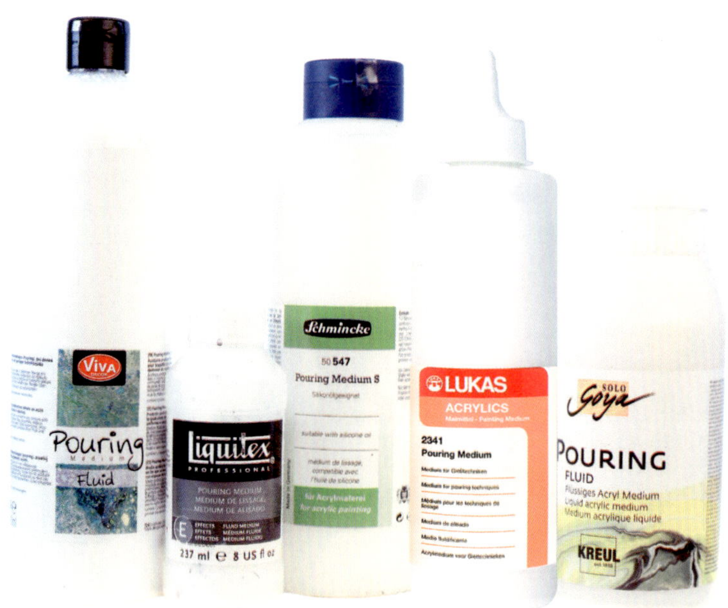

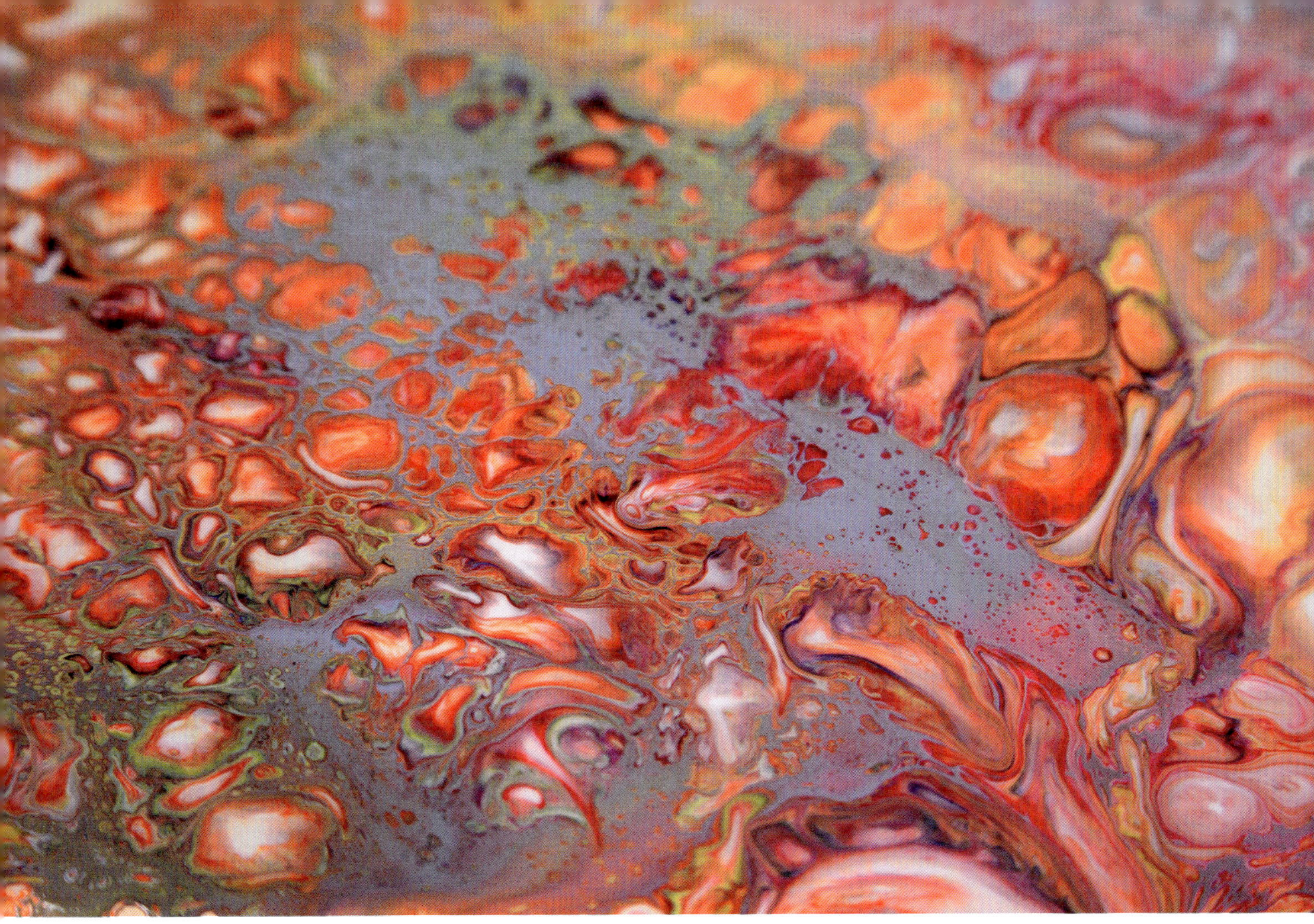

ALTERNATIVE POURING MEDIEN

Acryllack erhalten Sie in jedem Künstlerfachmarkt. Er ist im Vergleich zu Pouring Medium sehr günstig. Außerdem bietet er den Vorteil, dass Sie zwischen glänzend, seidenmatt und matt auswählen können. Acryllack verhält sich bei richtiger Handhabung wie Pouring Medium. Je nach Hersteller müssen Sie austesten, wie weit Sie Ihre Mischung verdünnen müssen.

Wenn Sie mit Kindern arbeiten, können Sie alternativ auch einen sehr günstigen **Bastelkleber** einsetzen. Dieser oft leicht bläulich und transparent eingefärbte Klebstoff kann als Ersatz für Pouring Medium dienen. Allerdings erreichen Sie damit keine so große Zellbildung und Sie benötigen meist etwas mehr Tiefgrund zum Verdünnen.

Acrylbinder wird – wie der Name sagt – bei der Produktion von Acrylfarben verwendet, damit die Pigmente zusammenhalten. Da Binder relativ zähflüssig ist, muss er etwas stärker verdünnt werden. Er eignet sich aber auch sehr gut und ist ebenfalls preiswerter als das professionelle Pouring Medium.

Unser Tipp

Zum Verdünnen können Sie destilliertes Wasser oder noch besser Tiefgrund verwenden.

FARBVERDÜNNER UND SILIKONÖLE

Außer mit Pouring Medium müssen die meisten Farben vor dem Schütten noch weiter bis zur gewünschten Konsistenz verdünnt werden. Dazu zeigen wir Ihnen mehrere Möglichkeiten.

Wasser

Wenn Sie Wasser verwenden möchten, legen wir Ihnen destilliertes Wasser ans Herz, da es die Acrylfarben-Pouring-Medium-Mischung am wenigsten beeinflusst.

Tiefgrund, unser Favorit

Da beim Tiefgrund bereits ein Anteil an Bindemittel auf Acrylbasis vorhanden ist, eignet er sich hervorragend zur weiteren Verdünnung Ihrer gemischten Farben. Üblicherweise wird dieses sehr flüssige Medium für das Verfestigen sandiger Oberflächen verwendet. Sie erhalten es problemlos in 5-Liter Gebinden im Baumarkt oder beim Fachhändler.

Acryl-Malmittel

Dieses Malmittel bieten viele Farbhersteller für eine bessere Haftung der Farben auf der Leinwand an. Wir benutzen es beim Pouring auch gerne zum Verdünnen alternativ statt Wasser oder Tiefgrund.

Silikonöle

Silikonöle sind für die Pouring-Technik fast unerlässlich. Es gibt sie in den verschiedensten Ausführungen. Von der Sprühdose bis hin zur fein dosierbaren Tüllenflasche finden Sie eine große Bandbreite von Herstellern auf dem Markt. Im Laufe der Zeit entdecken Sie bestimmt das passende Öl für Ihre Bildeffekte.

Silikonöle sind leicht flüchtige Öle und setzen sich beim Verdunsten oder Versprühen als feine Schicht überall ab.

Gerade bei Sprühölen und beim Abflammen der Öle entsteht ein feiner Silikonnebel, daher sollten Sie empfindliche Geräte und Oberflächen davor schützen. **Arbeiten Sie möglichst bei offenem Fenster und vermeiden Sie es, die Dämpfe einzuatmen!**

Das sogenannte **schwere Silikonöl** ist speziell für den Einsatz als Formentrennmittel für Plastiken hergestellt worden und sehr zähflüssig. Es eignet sich gut für Künstler, die etwas langsamer arbeiten und mehr Zeit in ihr Bild investieren, da das schwere Öl länger braucht, um an die Farboberfläche zu gelangen. Auch das spätere „Wegschlagen", das Trocknen und Verdunsten der Öle an der Oberfläche, dauert hier etwas länger als bei den anderen Zusätzen.

Unser Favorit ist das **leichte Silikonöl** in der Tüllenflasche wie z. B. Ballistol, aufgrund der schönen Ergebnisse und Zellstrukturen. Die Flasche gewährleistet eine optimale Dosierung und liegt in der Viskosität zwischen dem schweren Silikonöl und dem ebenfalls erhältlichen leichten Sprühöl.

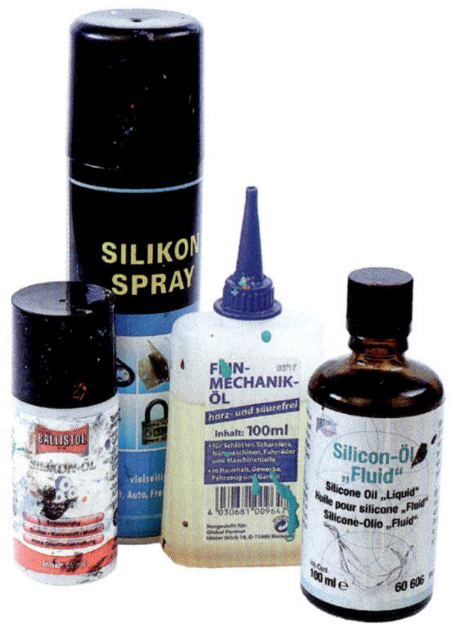

VERSIEGELN

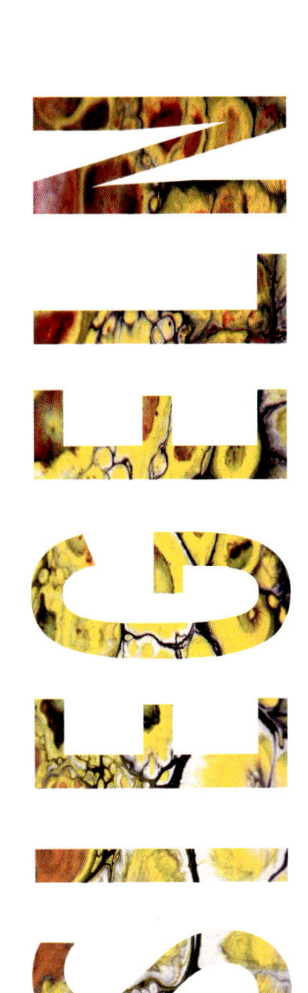

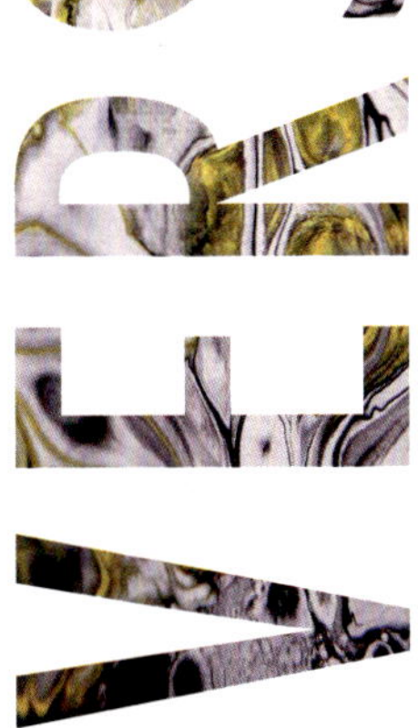

Da die Bilder mit Acrylfarbe nicht gleichmäßig im Glanz wegtrocknen und wir sie außerdem schützen möchten, müssen wir sie versiegeln.

Ganz wichtig: Lassen Sie Ihre Bilder nach der Fertigstellung unbedingt ausreichend trocknen, bevor Sie mit dem Versiegeln beginnen. Auch nach dem oberflächlichen Trocknen befindet sich noch ein sehr hoher Silikonanteil an der Oberfläche. Da Silikon die Eigenschaft hat, Feuchtigkeit abzustoßen, empfehlen wir Ihnen, die Bilder zunächst ruhig ein paar Wochen liegen zu lassen. Wenn Ihnen das zu lange dauert, können Sie diesen Prozess natürlich auch beschleunigen. Dafür reinigen Sie die Oberfläche mit einem Baumwolltuch, das Sie mit Spiritus, Alkohol oder Verdünnung tränken.

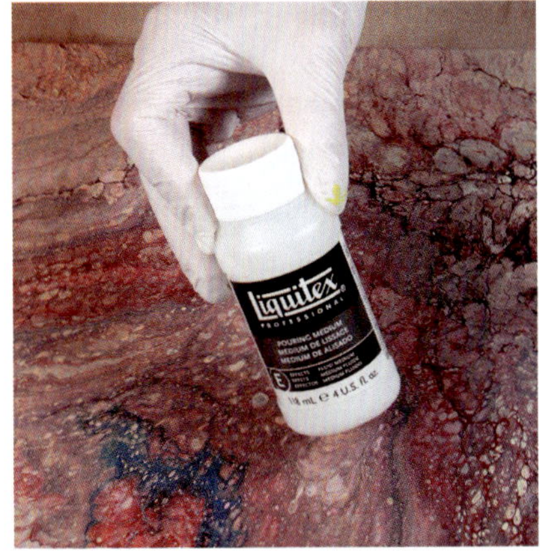

Mit einem glänzenden Acryllack oder mit **Pouring Medium** können Sie Ihre Bilder hochglänzend versiegeln. Wir empfehlen, dafür keinen Pinsel zu verwenden. Schneller und einfacher geht es mit einem angefeuchteten Schwamm oder einer Baumwollwalze.

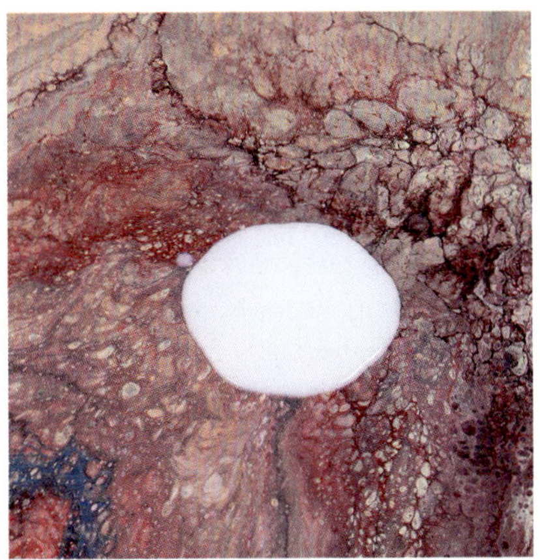

Geben Sie wie abgebildet etwas Lack oder Pouring Medium in die Bildmitte, so dass eine Pfütze entsteht.

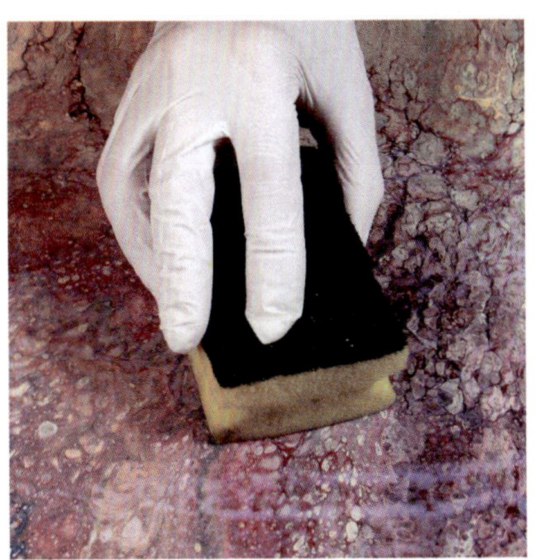

Nun verteilen Sie mit einem Küchenschwamm, den Sie vorher leicht befeuchtet haben, das Medium gleichmäßig auf der Leinwand. Alternativ können Sie auch mit einer handelsüblichen Baumwollwalze über die Leinwand gehen. Sowohl die Baumwollwalze wie den Schwamm nach dem Befeuchten unbedingt ausdrücken! Und noch ein Tipp: Falls schaumige Bläschen entstehen, können Sie ganz kurz und vorsichtig mit dem Crème-Brûlée-Brenner über das Bild gehen und die Bläschen zum Platzen bringen.

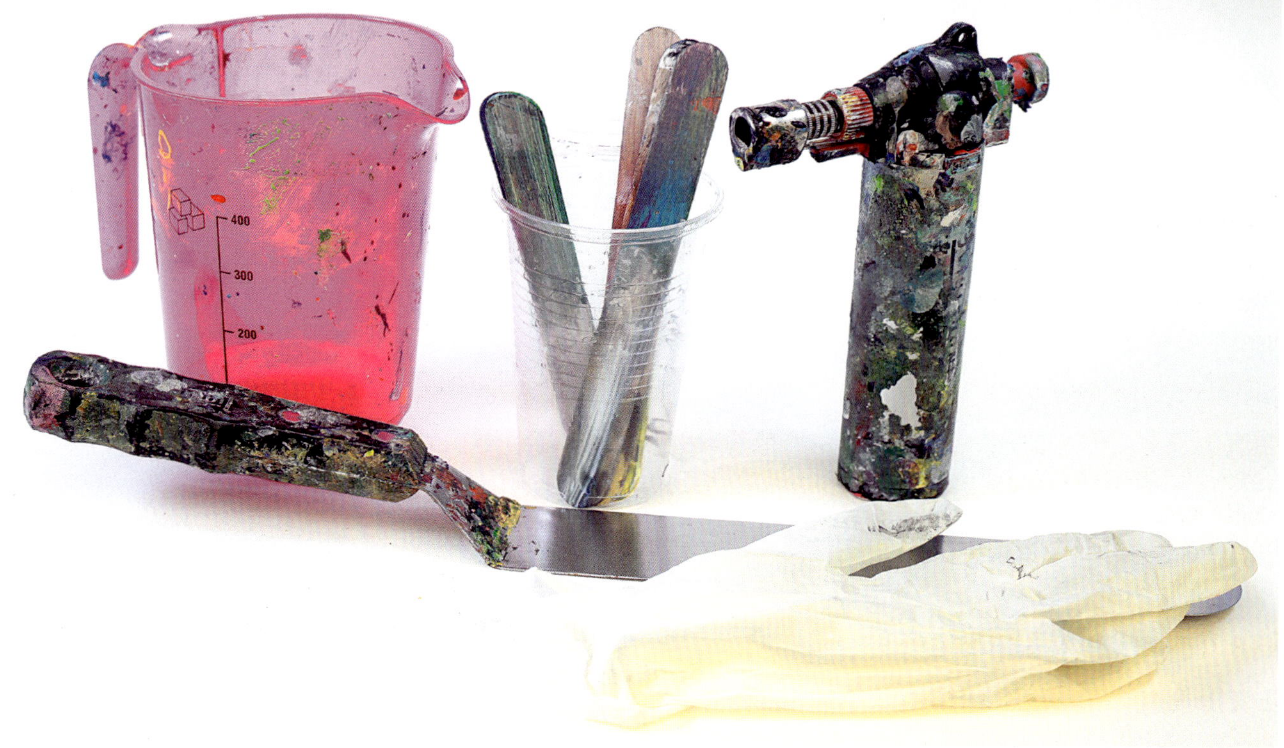

ZUSATZMATERIALIEN

Mischbecher

Für die Schütttechniken brauchen Sie jede Menge Becher zum Anmischen der Farben. Gut eignen sich dafür alte, saubere Joghurtbecher oder auch Einweg-Plastikbecher. Becher aus Hostalenkunststoff haben den Vorteil, dass sie keine Acrylfarben annehmen und Sie diese nach dem Eintrocknen einfach herausklopfen können. Alternativ funktionieren auch ausrangierte Glasbehälter.

Kunststoffflaschen

Zum Anrühren von Farben, die wir ständig brauchen, benutzen wir gerne leere Kunststoffflaschen von Pouring Medium oder auch gereinigte Smoothie-Fläschchen. Oder Sie kaufen im Handel passende Tüllenflaschen. Darin können Sie Ihre Farben für die unterschiedlichsten Objekte vorbereiten und haben jederzeit die optimale Mischung zur Hand.

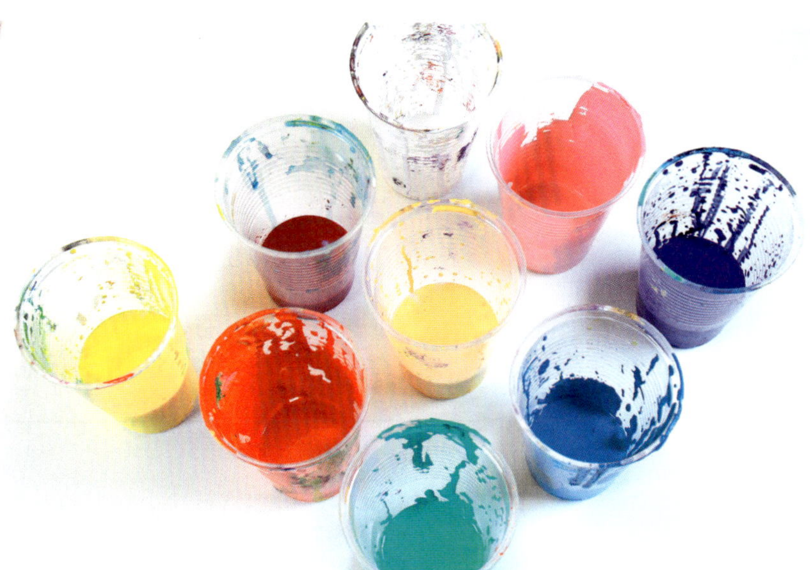

Unser Tipp

Reste in Ihren Mischbechern können Sie mit Frischhaltefolie luftdicht und fest abdecken, dann bleiben Ihre Farbreste noch ein paar Tage frisch. Testen Sie vor dem Wiederverwenden, ob Sie diese nochmals etwas verdünnen müssen.

Rührhölzchen

Zum Untermischen und Umrühren dürfen Rührhölzchen oder Rührstäbchen nicht fehlen.

Milchaufschäumer

Vielleicht möchten Sie zum Umrühren lieber einen Milchaufschäumer einsetzen, den Sie überall günstig kaufen können. Achtung: Zum Unterziehen von Silikonöl ist er nicht geeignet!

Crème-Brûlée-Brenner, auch Küchenbrenner

Ein toller Trick, um noch schönere Zellen zu erhalten. Mit einem Crème-Brûlée-Brenner ziehen Sie Silikontropfen an die Oberfläche und erzielen dadurch die gewünschten Effekte. Evtl. Luftbläschen werden durch die Wärme zum Platzen gebracht. Eine Heißluftpistole ist dafür nur bedingt geeignet, da sie die Farben mit dem heißen Luftstrom auseinanderdrückt. Halten Sie in beiden Fällen unbedingt einen Sicherheitsabstand ein, damit Ihr Bild keinen Schaden nimmt.

Pins und Hölzer

Damit die Leinwand nicht am Untergrund festklebt und die überschüssige Farbe gut ablaufen kann, benötigen Sie Abstandshalter. Handelsübliche Kunststoffpins lassen sich einfach von hinten in die Ecken der Leinwand stecken und schaffen so ausreichend Raum. Alternativ können Sie auch die Keile verwenden, die fertigen Keilrahmen meist beiliegen.

Papier und Folien zum Auslegen und Einrichten des Arbeitsplatzes

Festes Papier oder Palettmesser

Für bestimmte Techniken wie den „Swipe" benötigen Sie ein paar Bogen festes Papier zum Abziehen und Verteilen der Farbe. Alternativ können Sie auch ein Palettmesser verwenden.

Einmalhandschuhe

Da Sie mit großen Farbmengen, Lacken und Pouring Medium arbeiten, empfehlen wir Ihnen das Tragen von Handschuhen. Zwar sind die Materialien nicht gesundheitsschädlich, aber nur durch intensives Waschen von Ihren Händen zu entfernen.

Katzenzungenpinsel

Dieser Pinsel eignet sich optimal für zarte Verläufe.

Spitzpinsel

Der Pinsel fürs Feine! Spitzpinsel sind unsere erste Wahl für kleine und detailgenaue Arbeiten.

Flachpinsel

Er ist gut geeignet für großflächige Verläufe oder dicke Farbaufträge.

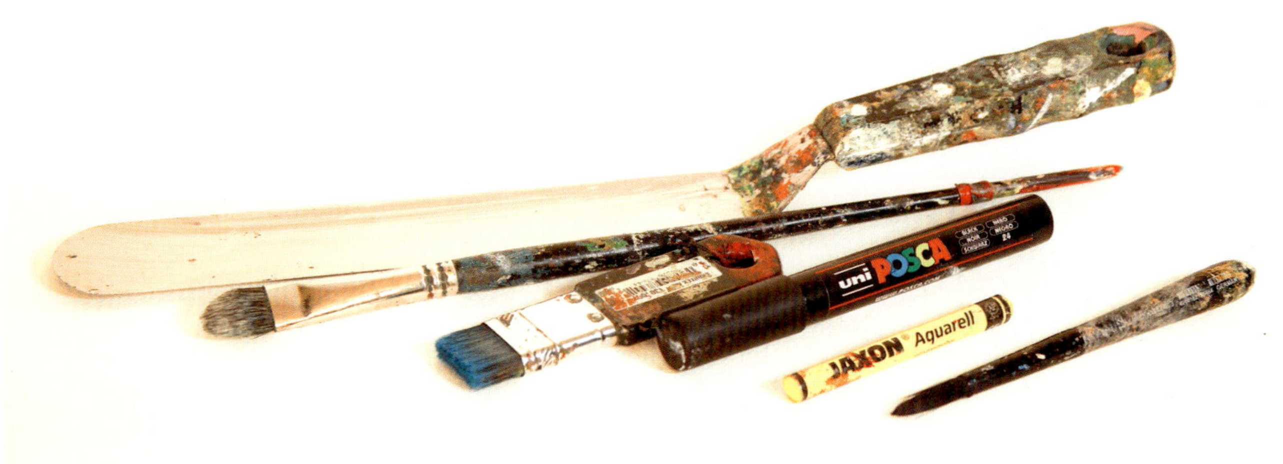

FARBEN FÜRS POURING VORBEREITEN

Das A und O beim Pouring ist neben interessanten Farbkombinationen das richtige Anmischen der Farben. Wir zeigen Ihnen hier, wie's geht.

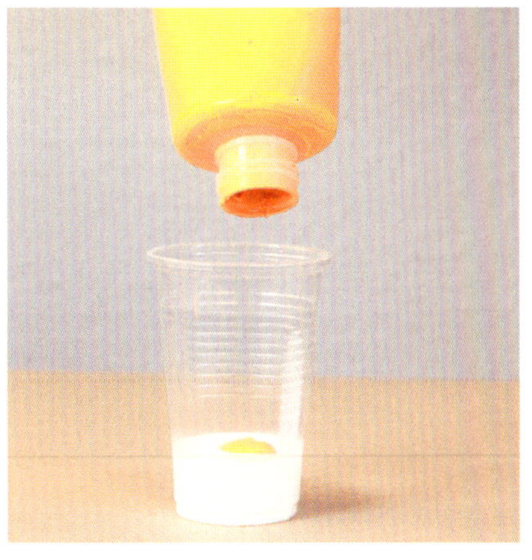

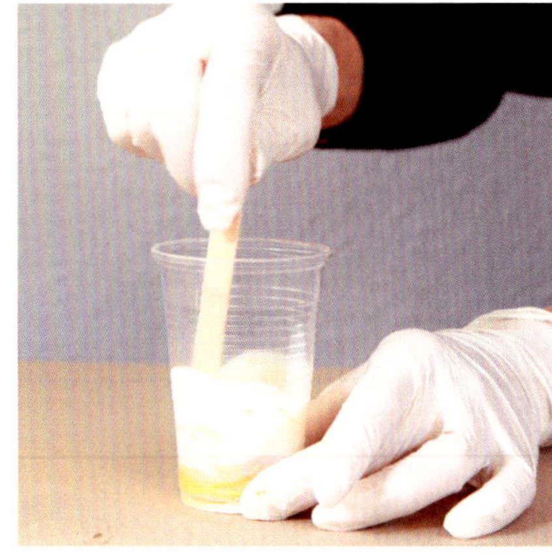

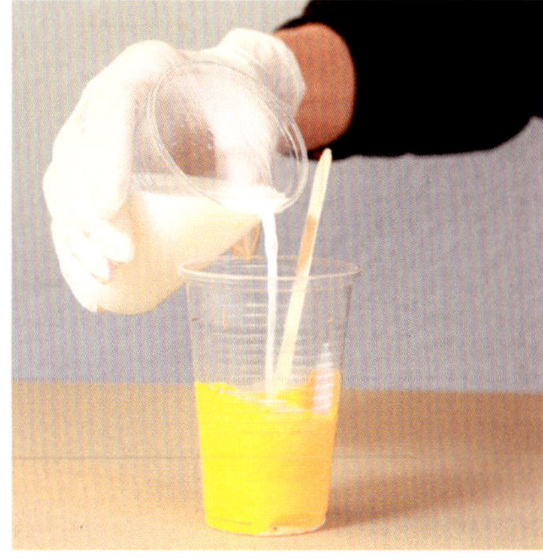

Schritt 1
Für jede Farbe füllen Sie zuerst etwas Pouring Medium in einen leeren Becher und geben ungefähr 20 bis 30 % Farbe, in diesem Fall Gelb, dazu.

Schritt 2
Rühren Sie die Masse gut um, bis eine homogene geschmeidige Farbmischung entsteht.

Schritt 3
Noch ist das Ganze etwas zu fest, daher geben Sie zum Verdünnen etwas Tiefgrund oder destilliertes Wasser hinzu, bis die Mischung **sirupartig** wird.

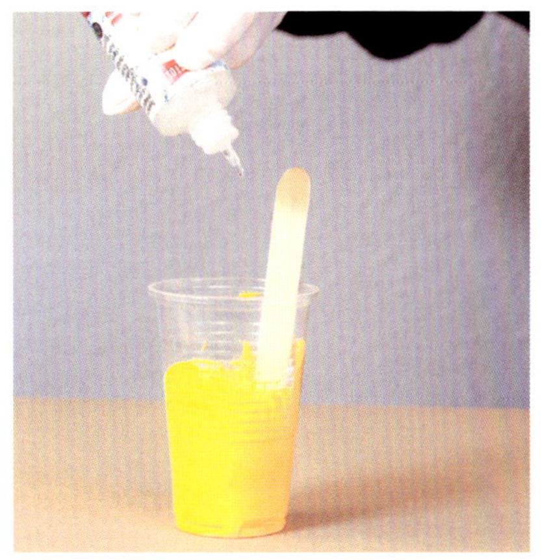

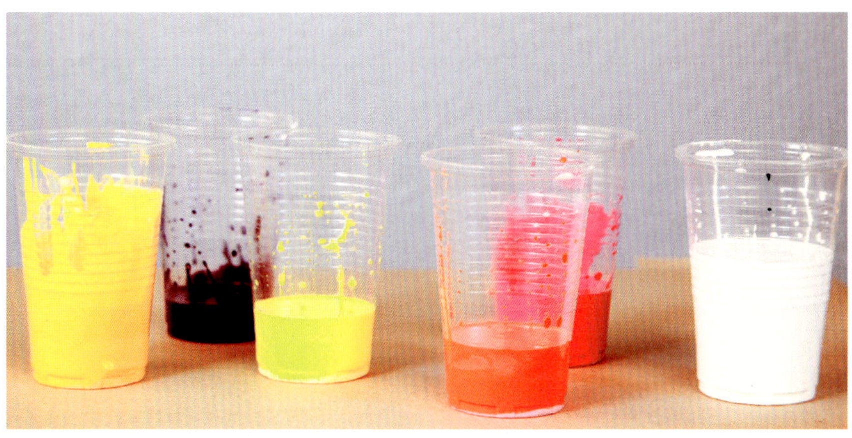

Schritt 4
Zum Schluss ziehen Sie 2 bis 3 Tropfen Silikonöl vorsichtig wie geschlagenes Eiweiß unter.

Schritt 5
Diese Schritte wiederholen Sie mit allen benötigten Farbtönen. Und schon steht alles für ein schönes Pouring bereit. Achtung: **Für die Untermalung** – in diesem Falle Titanweiß – verwenden Sie grundsätzlich **kein Silikonöl!**

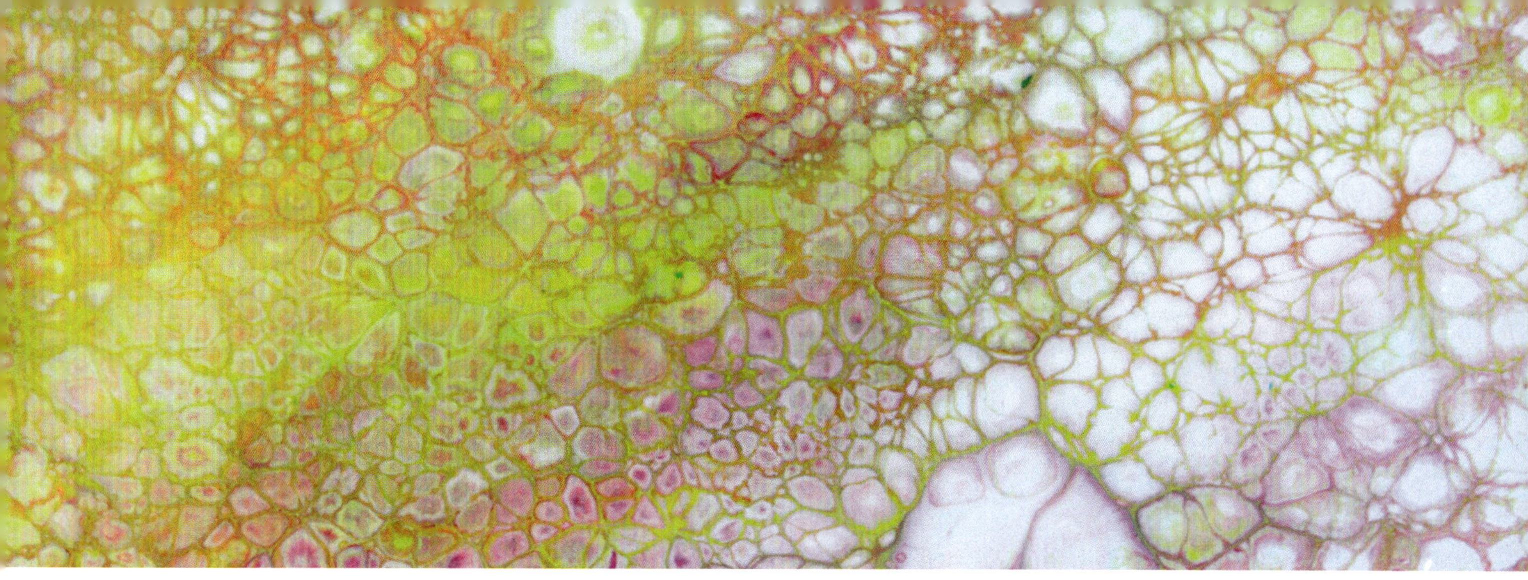

FLIP CUP ALS HINTERGRUND

Der sogenannte Flip Cup ist die beliebteste Technik beim Pouring und auch in diesem Buch setzen wir ihn sehr oft ein. Hier zeigen wir Ihnen an einem Beispiel, wie Sie einen tollen Hintergrund für Ihre Bilder zaubern können.

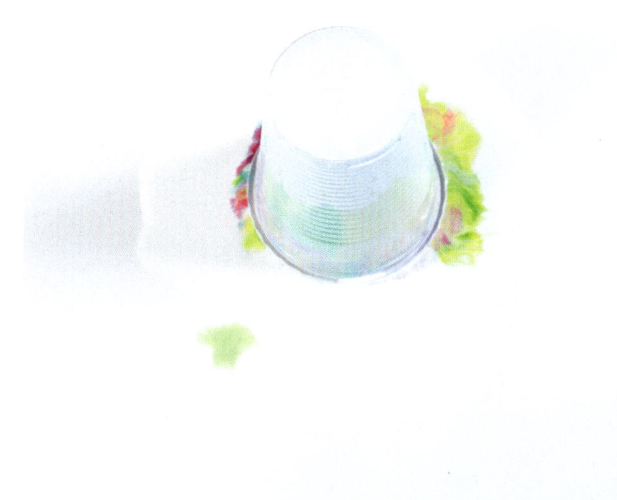

Schritt 1

Für die Untermalung dieses Flip Cups benötigen Sie eine Mischung aus Titanweiß und Pouring Medium ohne Silikonöl. Zum Verdünnen etwas mehr Tiefgrund oder destilliertes Wasser nehmen, da das Titanweiß hauptsächlich als Gleitfilm dient. Die anderen drei Farben, in diesem Fall Magentarot, Kadmiumgelb und Phthalogrün, jeweils einzeln wie auf Seite 14 gezeigt mit Pouring Medium mischen und dann vorsichtig 2 bis 3 Tropfen Silikonöl unterziehen. Nun im Wechsel Titanweiß und die drei Bunttöne langsam in einen leeren Becher füllen und etwas ruhen lassen. Inzwischen tragen Sie mit einem Palettmesser eine dünne Schicht verdünntes Titanweiß auf die Leinwand auf.
Mit einer schnellen Bewegung geben Sie den Inhalt des Schüttbechers in die Mitte der Leinwand.

 **Das Video zum Thema Flip Cup finden Sie in der Digitalen Bibliothek.**

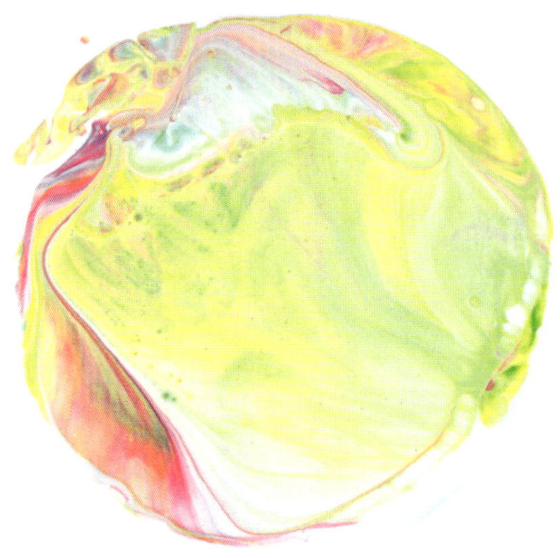

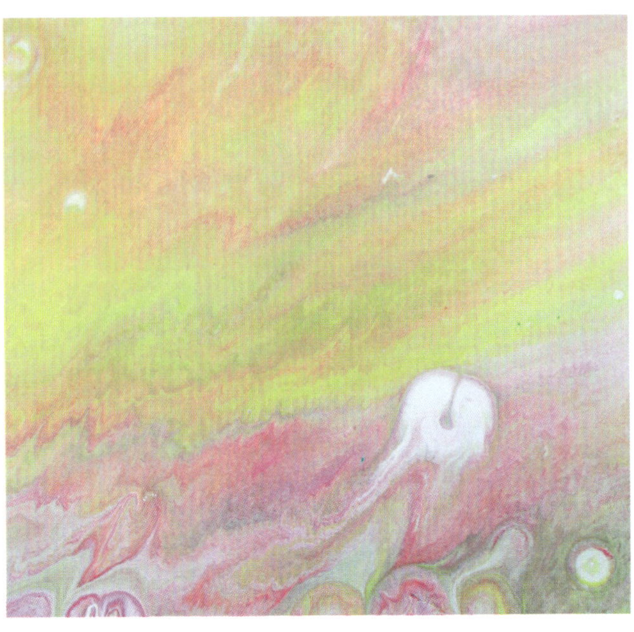

Schritt 2
Durch die Zugabe des Silikonöls entstehen bereits die ersten Zellen.

Schritt 3
Heben Sie die Leinwand an und lassen Sie die Farbe durch Drehen und Kippen in die gewünschten Richtungen laufen. Der zuvor aufgetragene flüssige Untergrund in Titanweiß unterstützt Sie dabei. Das Ganze sieht momentan wie eine Marmorierung aus.

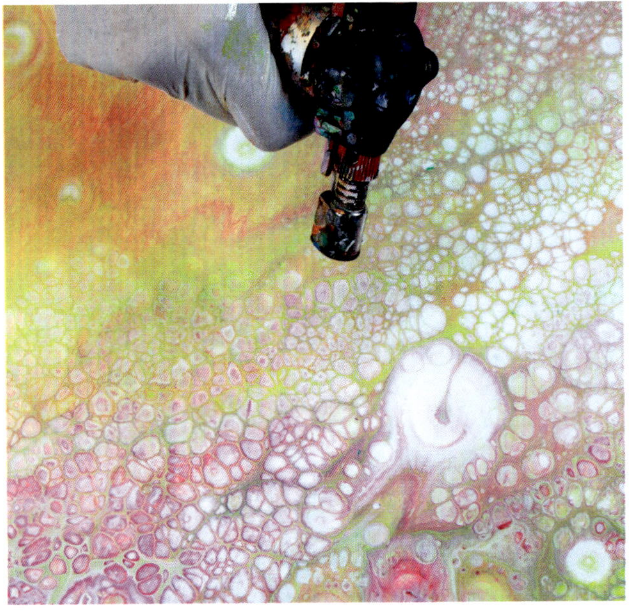

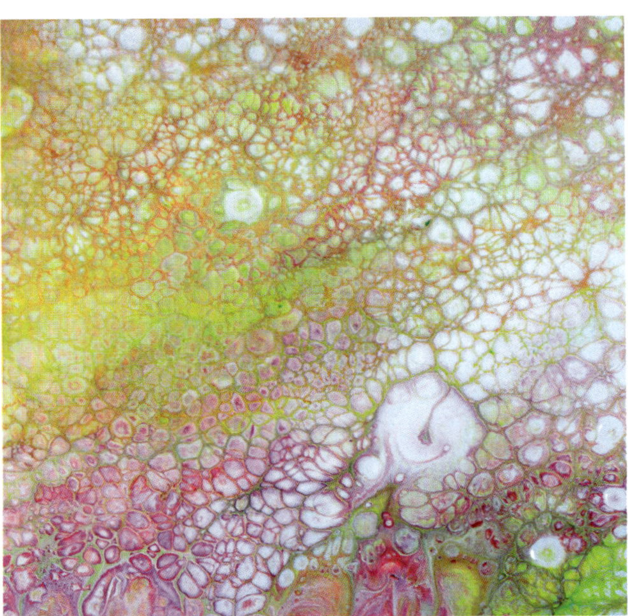

Schritt 4
Jetzt kommt der Crème-Brûlée-Brenner ins Spiel. Gehen Sie damit leicht über die Farbfläche, die Zellen öffnen sich und innerhalb von Sekunden entsteht ein kontrastreiches Spiel der Farben.

Schritt 5
So sieht Ihr Pouring nach dem Trocknen aus und Sie können sich überlegen, welches Motiv Sie damit kombinieren – die Kieselsteine (Seite 25ff.), die Libelle (Seite 32ff.), der Drache (Seite 36ff.) oder entdecken Sie in diesem Hintergrund etwas ganz anderes?

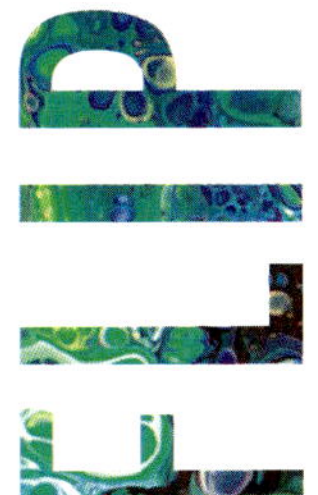

FLIP CUP ALS MOTIV

Diesmal gehen wir anders vor: Wir wählen einen einfarbigen Hintergrund und ziehen einen farbigen Flip Cup für das Motiv über die Leinwand.

Unser Tipp

Achten Sie darauf, dass zuerst die silikonfreie Weißmischung den Becherboden gut bedeckt. Dann folgen im Wechsel die einzelnen Farbtöne.

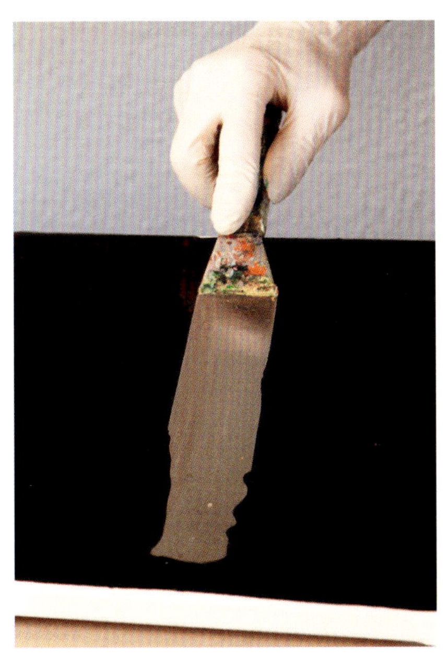

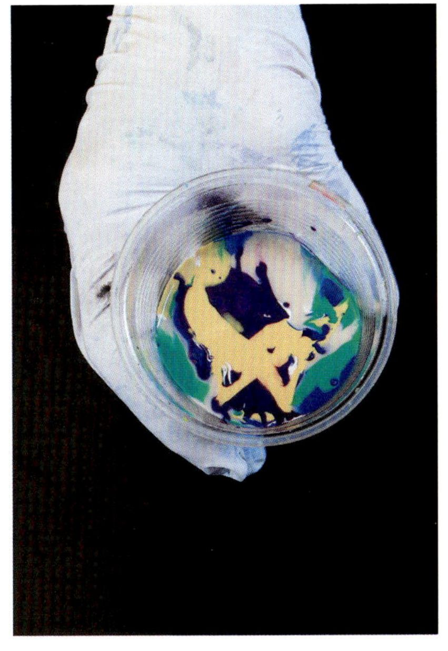

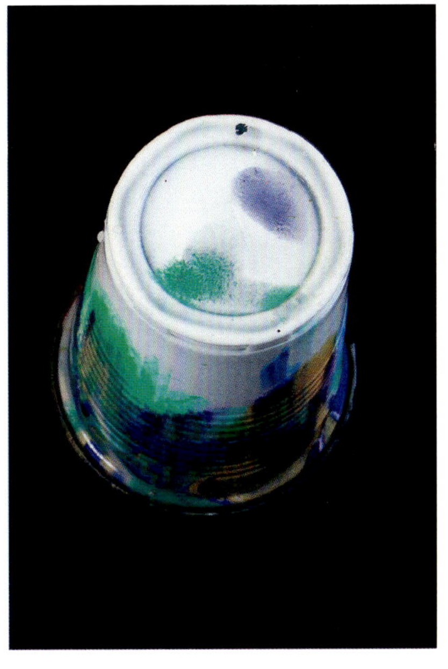

Schritt 1
Für die Untermalung mischen Sie Schwarz mit Pouring Medium im Verhältnis 1:1 und tragen die Mischung mit dem Palettmesser glatt auf.

Schritt 2
Für den Schüttbecher bereiten Sie Titanweiß, Indischgelb, Orange, Lichter Ocker, Phthalogrün, Phthaloblau und Violett wie auf Seite 14 beschrieben jeweils in einem Becher vor. Dann geben Sie die angemischten Farben im Wechsel vorsichtig in den Schüttbecher und lassen ihn nach dem Füllen ruhig 1 bis 2 Minuten stehen. So kann sich das Silikonöl gut verteilen.

Schritt 3
Stellen Sie nun den Schüttbecher nach dem Füllen umgedreht auf die Leinwand.

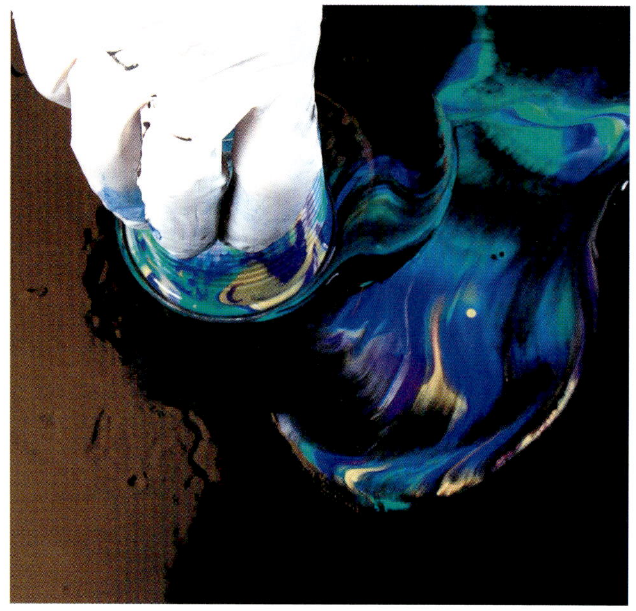

Schritt 4
Diesmal ziehen Sie den Becher nicht senkrecht nach oben ab, sondern führen ihn wie abgebildet bzw. in der gewünschten Form über die Leinwand. Dabei lassen Sie die Farben vorsichtig aus dem Becher fließen.

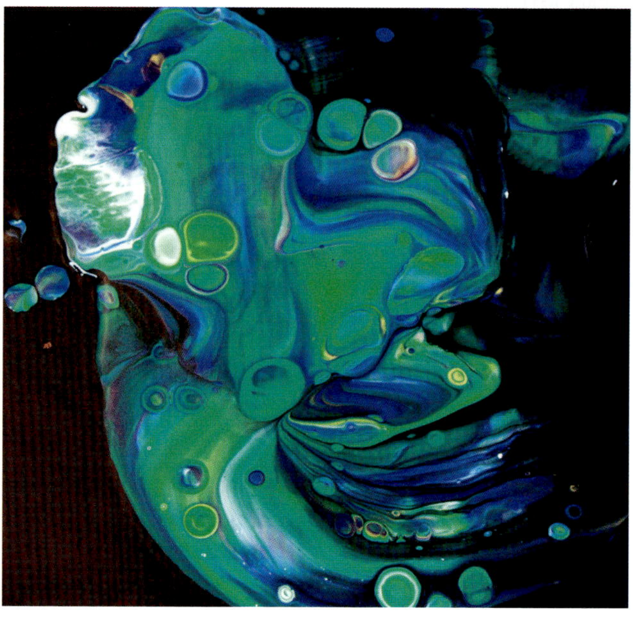

Schritt 5
Hier kann man gut sehen, dass das Bild durch das gesteuerte Ziehen eine ganz andere Dynamik erhält als beim senkrechten Hochziehen.

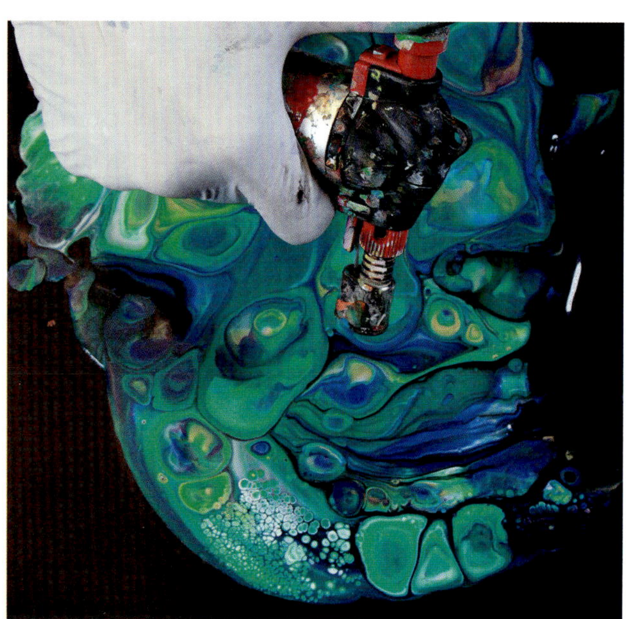

Schritt 6
Damit das Bild noch lebendiger wird, flammen Sie die Oberfläche kurz mit dem Crème-Brûlée-Brenner an. Dadurch bilden sich weitere dekorative Zellen.

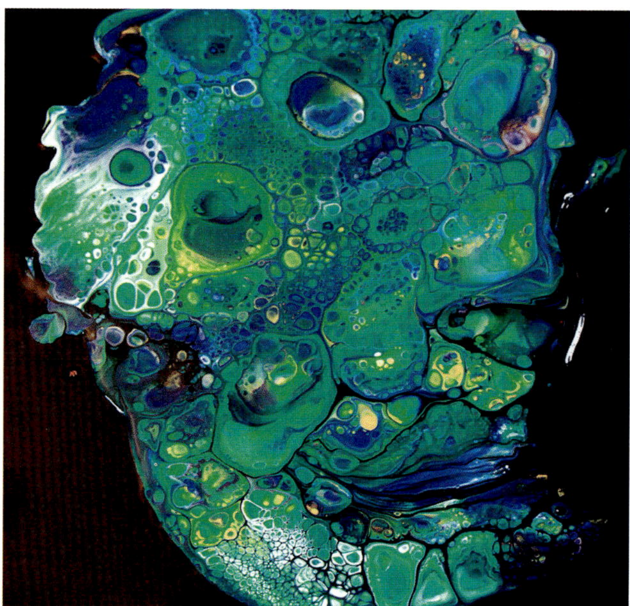

Schritt 7
So sieht der gezogene Flip Cup nach dem Trocknen aus und lädt Sie zur Motivsuche ein. Was erkennen Sie: einen schillernden Fisch oder einen anderen Meeresbewohner oder? Noch ein paar Striche und Ihr neuer Hingucker ist fertig!

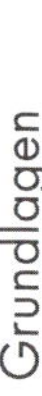

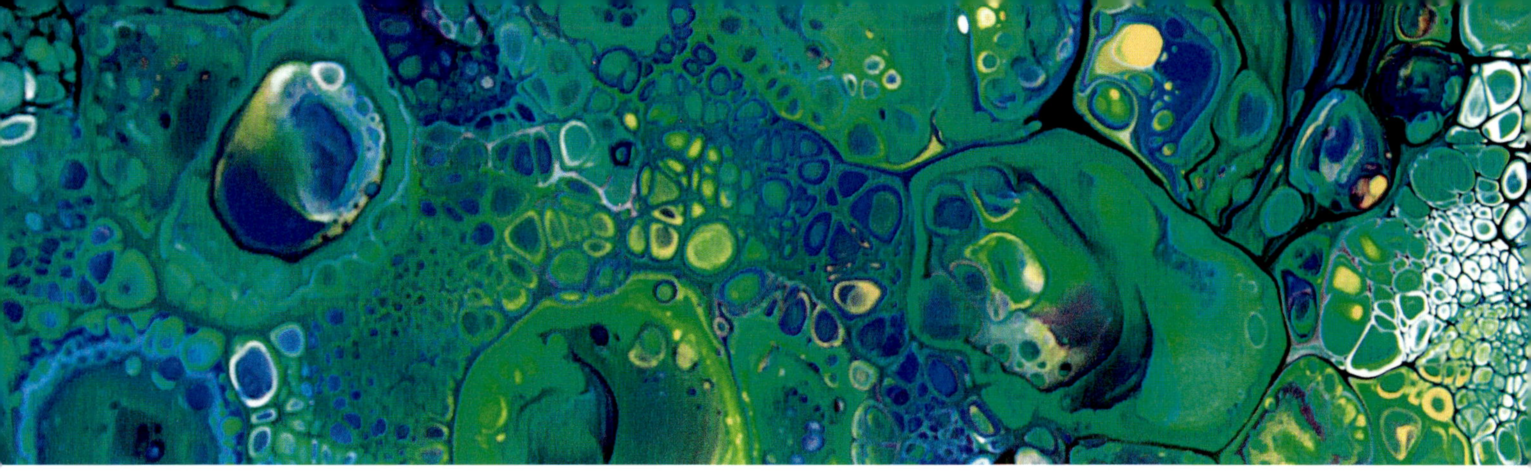

MOTIVE VORZEICHNEN UND RICHTIG PLATZIEREN

Spätestens nach dem Gießen des Flip Cups (siehe Seite 18) ist Ihre Fantasie gefragt! Wenn Ihnen nicht sofort ein mögliches Motiv ins Auge springt, probieren Sie es mal so: Drehen Sie das Bild immer um 90 Grad und versuchen Sie, nach jeder Drehung ein Motiv darin zu erkennen. Einfacher ist es natürlich, wenn Sie das Bild bereits in der gewünschten Grundform anlegen. Einige Beispiele dazu finden Sie im Kapitel „Flip Cup als Motiv" (Seite 48ff.).
So oder so – Eines können wir Ihnen aus Erfahrung versprechen: Wenn Sie sich auf das Spiel mit Formen und Farben einlassen, dann haben Sie es schon fast geschafft!

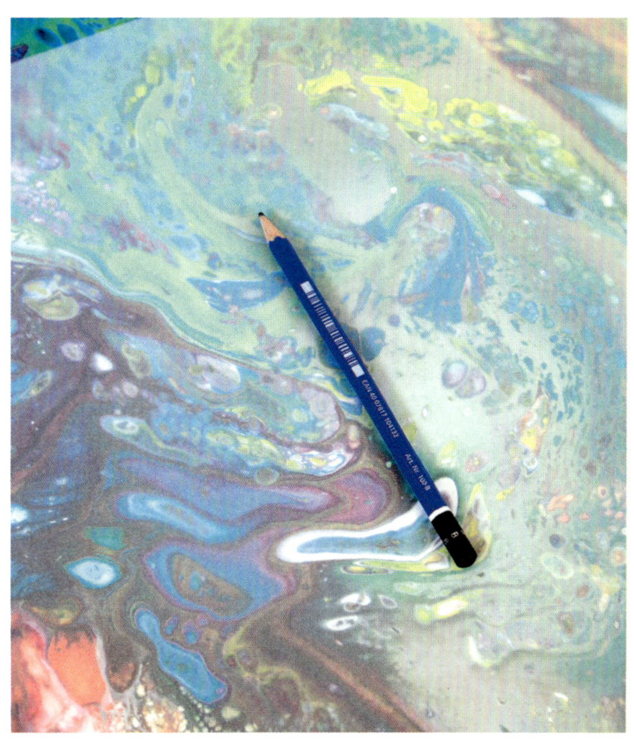

Schritt 1
Nehmen Sie ein Transparentpapier und zeichnen Sie das gewünschte Motiv mit einem Bleistift oder einem schwarzen Marker vor.

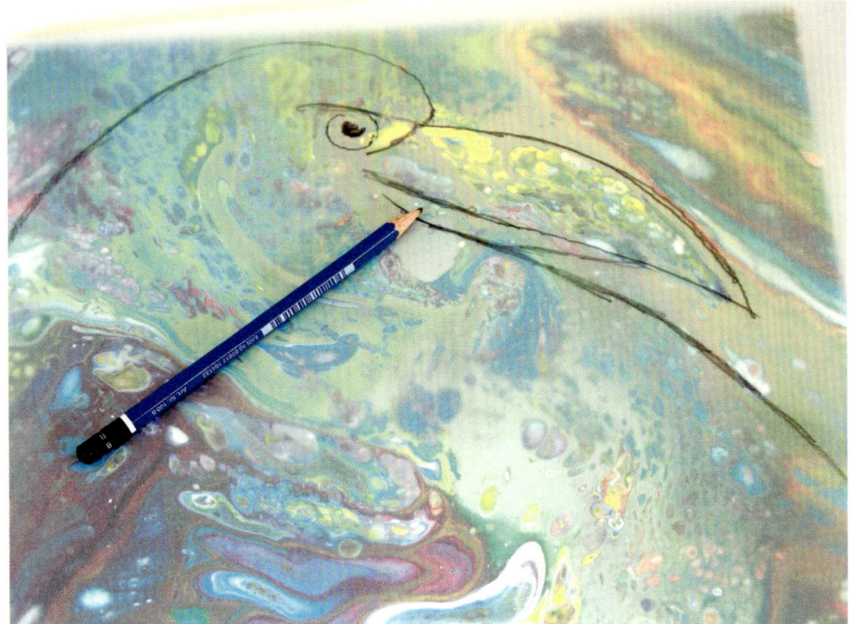

Schritt 2
Nun legen Sie Ihre Vorzeichnung auf die Leinwand und drehen sie so lange, bis das Motiv optimal passt. So kommen Sie leichter in dem Wirrwarr der Kugeln und Strukturen in Ihrem Pouring zurecht. Das Transparentpapier können Sie natürlich auch später als Grundlage zum Übertragen Ihrer Vorzeichnung verwenden.

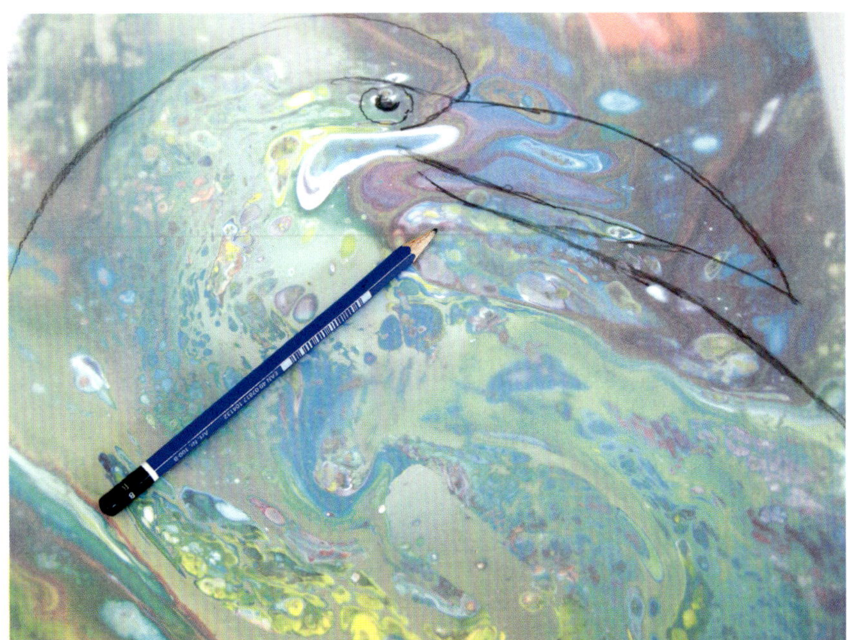

Schritt 3
Probieren Sie ruhig andere Platzierungen für Ihr Motiv aus. Das Transparentpapier hilft Ihnen dabei.

Unser Tipp

Da sich nach dem Trocknen eine feine Schicht Silikon an der Bildoberfläche abgesetzt hat, sollten Sie diese unbedingt mit einem Baumwollläppchen und etwas Spiritus oder Alkohol reinigen. Das Silikon lässt sonst die später aufgetragenen Farben bei der Motivausarbeitung abperlen.

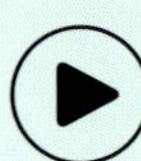
Das Video zum Thema Vorzeichnung finden Sie in der Digitalen Bibliothek.

SWIPE

Der Swipe ist eine ganz einfache Wischtechnik und immer wieder für Überraschungen gut. Durch das Abziehen mit einem Palettmesser oder einer starken Kunststofffolie mischen Sie die Farben nach dem Schütten neu. Dadurch kann sogar eine missglückte Arbeit gerettet werden.

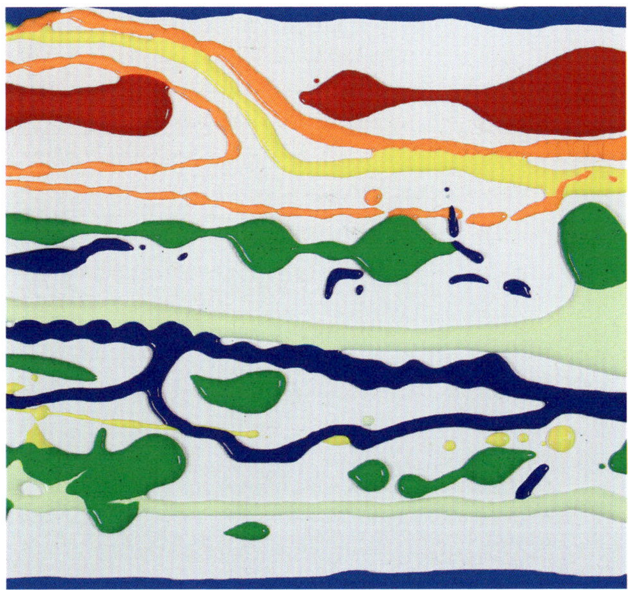

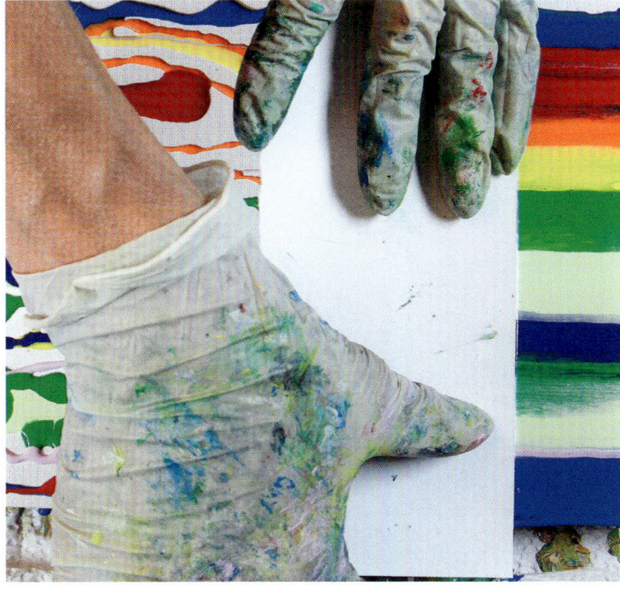

Schritt 1
Für die Grundierung mischen Sie Titanweiß mit Pouring Medium im Verhältnis 1:1 und verdünnen mit Tiefgrund, so dass die Farbe gut über die Leinwand fließen kann. Die weiteren Gelb-, Rot-, Grün- und Blautöne wie gewohnt (Seite 14) anmischen und nacheinander in langen Streifen über die noch feuchte Grundierung laufen lassen.

Schritt 2
Jetzt setzen Sie die Kunststofffolie an der Kante der Leinwand auf und ziehen sie damit ohne Druck über die gesamte Farbfläche. Dadurch vermischen sich bereits die ersten Farbtöne und Sie erhalten an den Grenzen eine leichte Zellstruktur.

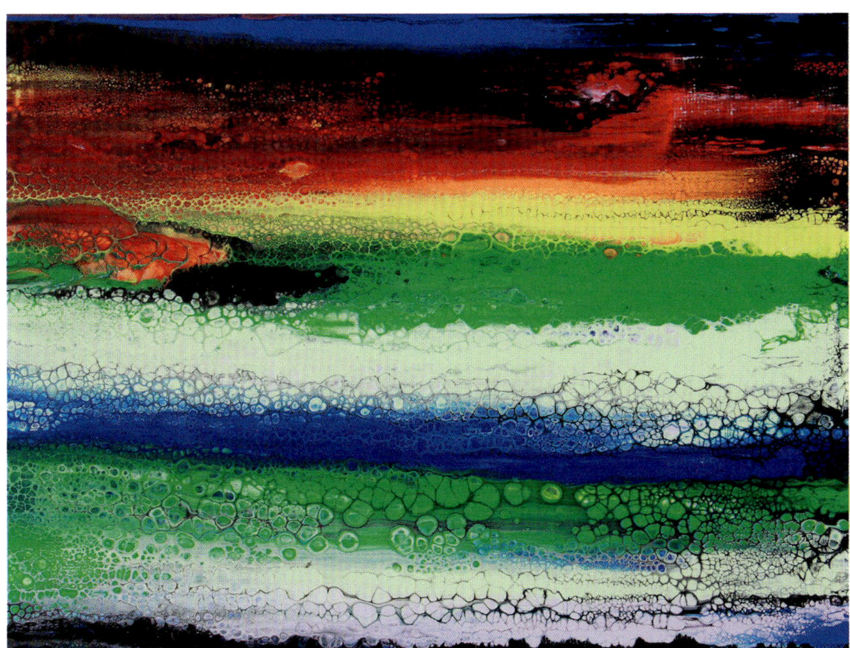

Unser Tipp

Den hellgrünen Farbton können Sie aus Titanweiß, Kadmiumgelb und Permanentgrün mischen.

Schritt 3
Abschließend kommt der Crème-Brûlée-Brenner zum Einsatz, um die entstandenen Zellen noch zu erweitern. Durch die zarten Übergänge beim Wischen entstehen feinste, dekorative Netzstrukturen.

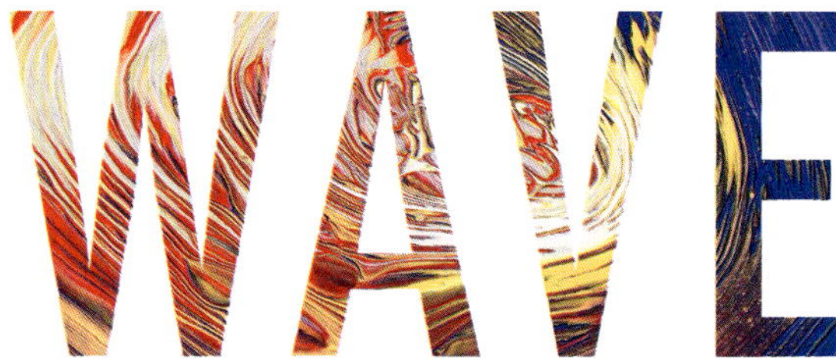

WAVE

Bei dieser Technik wird mit sehr zäh fließenden Farben gearbeitet. Der Wave verlangt Geschick und eine ruhige Hand beim Gießen. Aber die fantastischen Ergebnisse lohnen allemal die Mühe. Sehen Sie selbst!

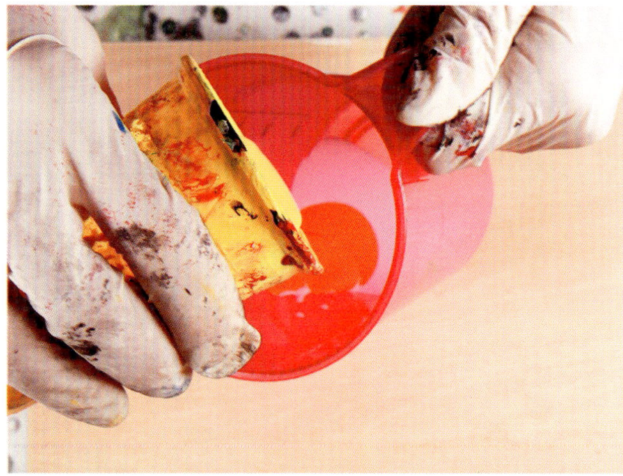

Schritt 1
Beim Vorbereiten der Farben (Titanweiß, Gelb, Rot und Blau) beachten Sie, dass die Mischung diesmal wie zäher Honig vom Rührhölzchen fließen soll. Also Vorsicht beim Verdünnen mit Tiefgrund oder destilliertem Wasser! Um die Farben besser gießen zu können, füllen Sie sie in einen Messbecher. Diesen beim Einfüllen schräg halten und die einzelnen Farben im Wechsel immer an die gleiche Stelle laufen lassen – bereits im Becher sehen Sie, wie ringförmige Elemente entstehen. Beginnen Sie beim Einfüllen mit Titanweiß.

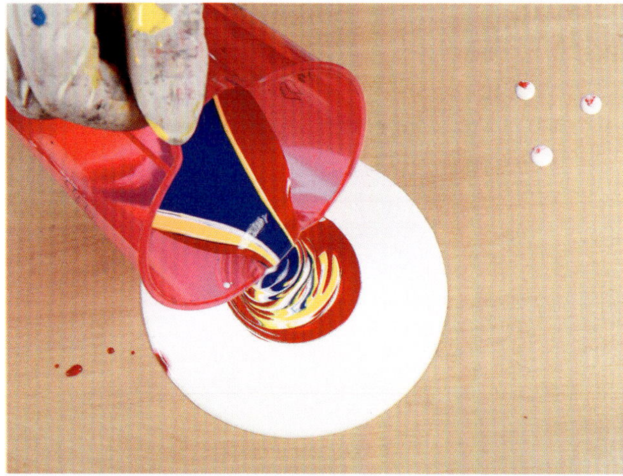

Schritt 2
Gießen Sie nun die Farben vorsichtig in einer leicht kreisenden Bewegung aus dem Messbecher in eine Pfütze aus verdünntem Titanweiß und Pouring Medium auf die nicht grundierte Leinwand oder – wie in diesem Fall – in die Mitte der Holzmaltafel. Kippen Sie den Untergrund nach dem Ausgießen so, dass die Farben in die gewünschte Richtung laufen.

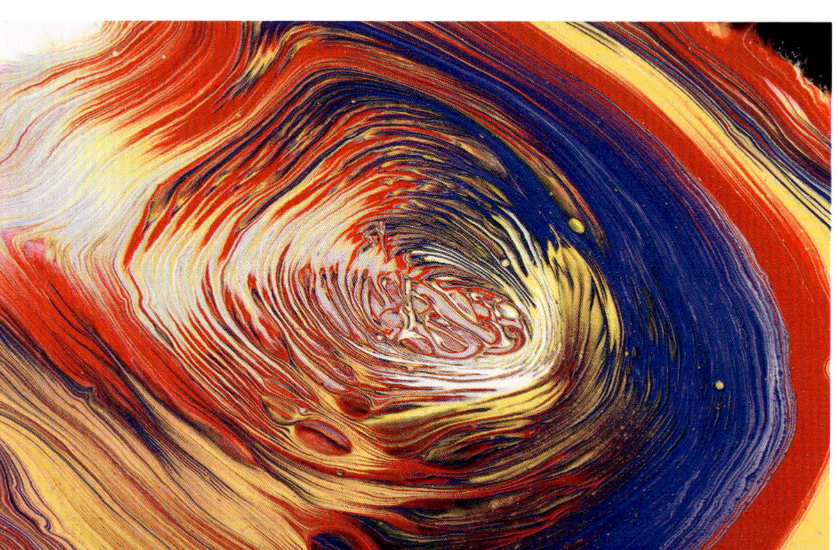

Schritt 3
Das Ergebnis ist beeindruckend, es sieht fast wie ein Wirbelsturm oder ein fein gebänderter Achat aus. Eine wunderschöne Grundlage für die weitere Ausarbeitung!

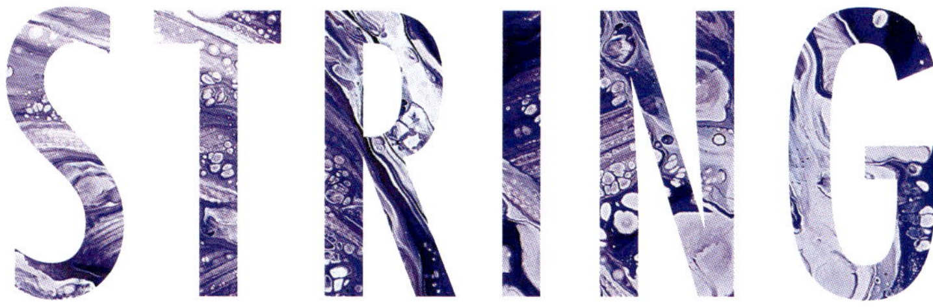

STRING

Keine andere Technik beim Pouring verlangt so viel Disziplin wie der String. Dabei geht es nicht um das Gießen, sondern um die nachfolgende Bearbeitung eines Bildes. Mit einem Wollfaden bringen Sie federartige Effekte und Blüten in Ihre Bilder. Auch wenn diese Technik gezielt eingesetzt wird, ist man immer wieder vom ungewöhnlichen Ergebnis und der Farbigkeit überrascht.

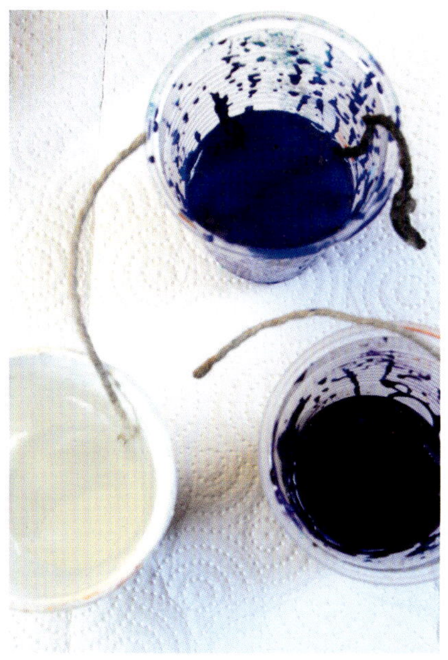

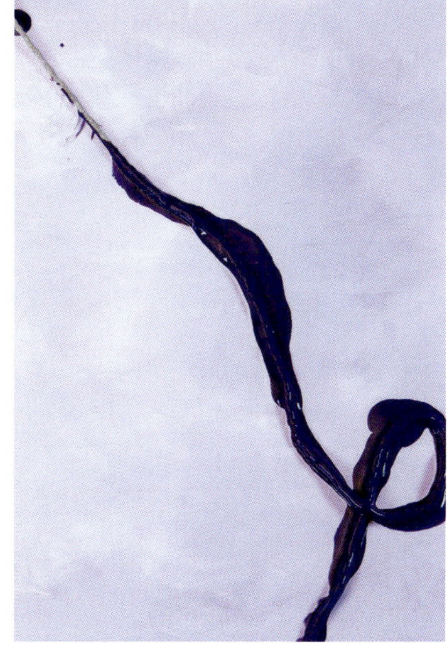

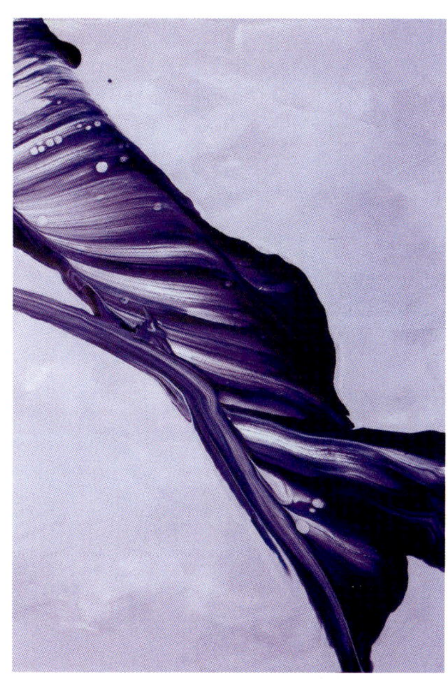

Schritt 1
Für die Grundierung mischen Sie Violett und Titanweiß zu einem zarten Violett-Ton sowie Pouring Medium im Verhältnis 30 % Farbe und 70 % Pouring Medium. Bei Bedarf verdünnen Sie die Mischung mit etwas Tiefgrund oder Wasser. Dann bereiten Sie Violett und Phthaloblau wie üblich einzeln mit Pouring Medium vor und geben ein paar Tropfen Silikonöl dazu.

Schritt 2
Nun tauchen Sie jeweils einen Wollfaden pro Farbe in den Farbbecher und lassen ihn einige Minuten Farbe aufnehmen. In der Zwischenzeit grundieren Sie die Leinwand mit dem Palettmesser. Anschließend legen Sie den ersten Wollfaden wie abgebildet wellenförmig auf der Leinwand aus.

Schritt 3
Ziehen Sie jetzt vorsichtig den violett eingefärbten Faden über die Leinwand und schon entsteht eine wunderbar leicht anmutende Feder. Wiederholen Sie diesen Vorgang mit dem violetten und blauen Faden so oft, bis Sie mit dem Ergebnis zufrieden sind. Damit noch feinere Netzstrukturen entstehen, gehen Sie zum Abschluss mit dem Crème-Brûlée-Brenner leicht über die Oberfläche.
Natürlich können Sie bei dieser Arbeit auch Ihre Lieblingsfarben verwenden. Achten Sie aber unbedingt darauf, dass Sie bei einer dunklen Grundierung helle deckende Töne nehmen, um gute Kontraste zu erzielen, und umgekehrt!

FLIP CUP ALS HINTERGRUND

Beim Flip Cup werden die vorbereiteten Farben nacheinander in den Schüttbecher gegeben und auf die Leinwand gegossen. Der „umgedrehte Becher“ ist fast nicht steuerbar und sorgt daher häufig für überraschende Ergebnisse.

Das Video zum Thema Flip Cup finden Sie in der Digitalen Bibliothek.

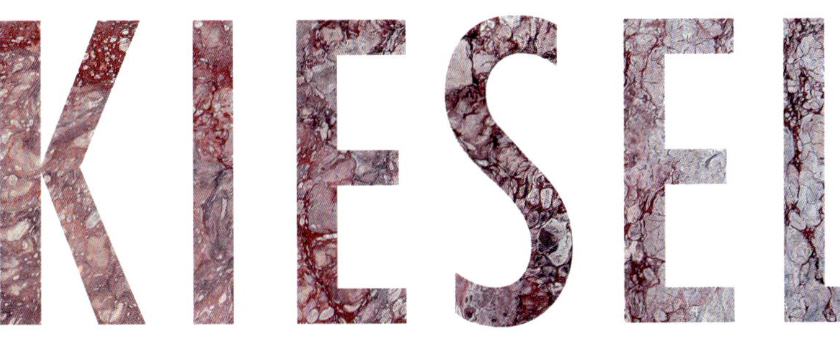

Jeder, der schon mit Pouring gearbeitet hat, findet unter seinen Bildern bestimmt das eine oder andere Werk, das zwar schön ist, aber nicht die gewünschte Wirkung erzielt hat. Auf der Grundlage eines solchen Bildes, das wir für unser erstes Buch „Acrylic Pouring" geschüttet haben, zeigen wir Ihnen, was Sie aus diesen Bildern herausholen können. Es bedarf manchmal nur weniger Striche, um aus einem Bild, das zuvor eher belanglos erschien, einen Hingucker zu machen.

MATERIAL

Leinwand, z. B. 30 cm x 40 cm | Farben: Titanweiß, Lichter Ocker, Karminrot, Violett, Phthaloblau, Paynesgrau, Schwarz | 8er Spitzpinsel, synthetisch | 11er Katzenzungenpinsel, Borste

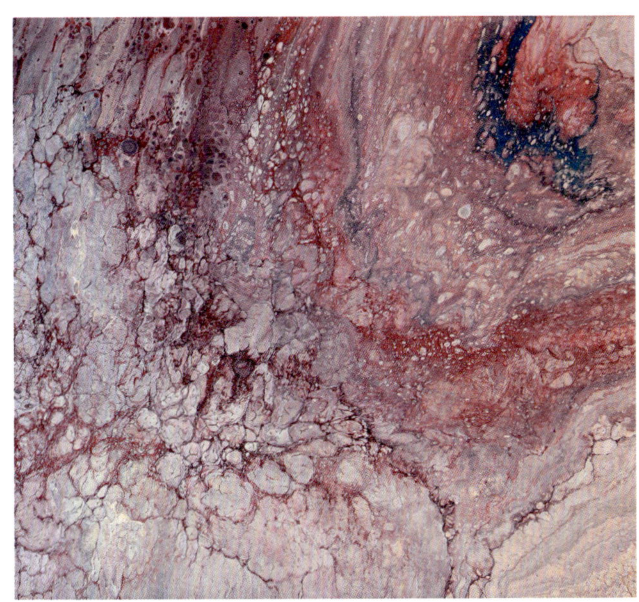

1 Dieses aus unserer Sicht nicht gelungene Pouringbild verweilte eine ganze Zeit lang in der Ecke und erfährt jetzt eine Wiedergeburt. Auch Sie werden bestimmt ein Bild in Ihrem Fundus haben, das von der Struktur und Zellbildung her unserem hier gezeigten entspricht. Daher sind die von uns angegebenen Farben nicht zwingend erforderlich und können bei Ihnen komplett anders ausfallen.

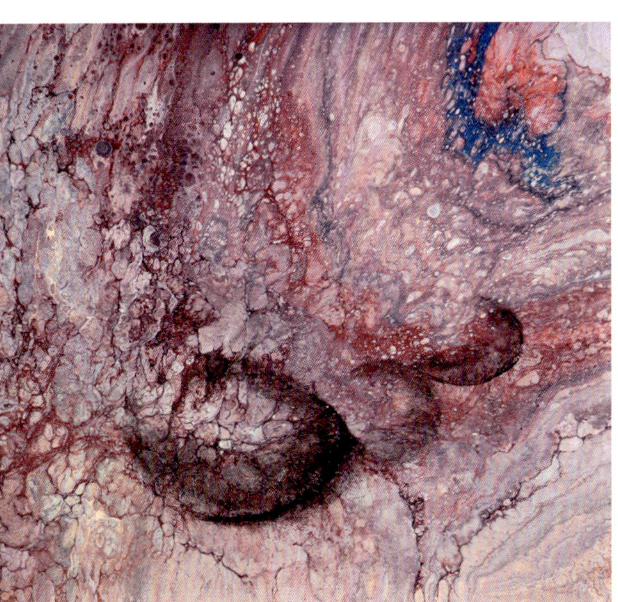

2 Mit dem nur ganz leicht angefeuchteten Katzenzungenpinsel reiben Sie zuerst die Grundformen der Steine zart heraus. Dazu verwenden Sie einen Hauch Schwarz.

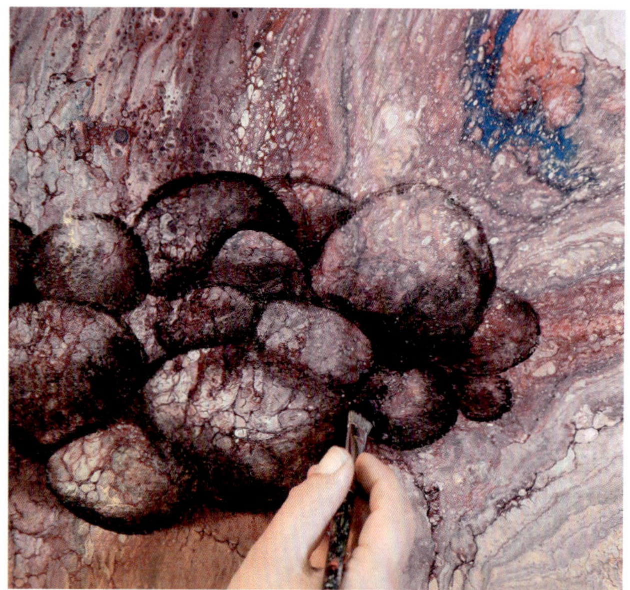

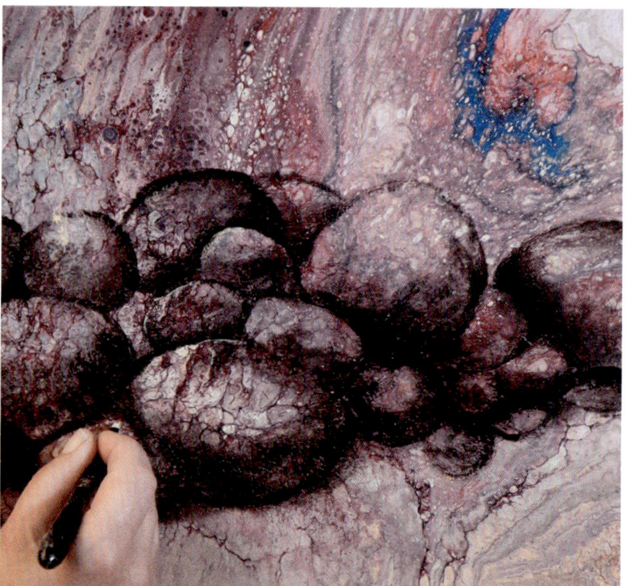

3 Die Steine legen Sie so an, dass jeweils der vordere Stein einen leichten Schatten auf den dahinter liegenden Stein wirft. Auch an der Unterseite der Steine brauchen Sie etwas mehr Schatten, damit sie dreidimensional wirken. Achtung: Malen Sie Ihre Steine nicht aus! Auch hier reicht es, wenn Sie ganz wenig Farbe auf Ihrem Pinsel haben. Denn Sie möchten ja die Struktur Ihres Pourings behalten.

4 Mit dem Spitzpinsel bringen Sie nun etwas Lichten Ocker und Titanweiß an die Seite der Steine auf, die dem Licht zugewandt ist.

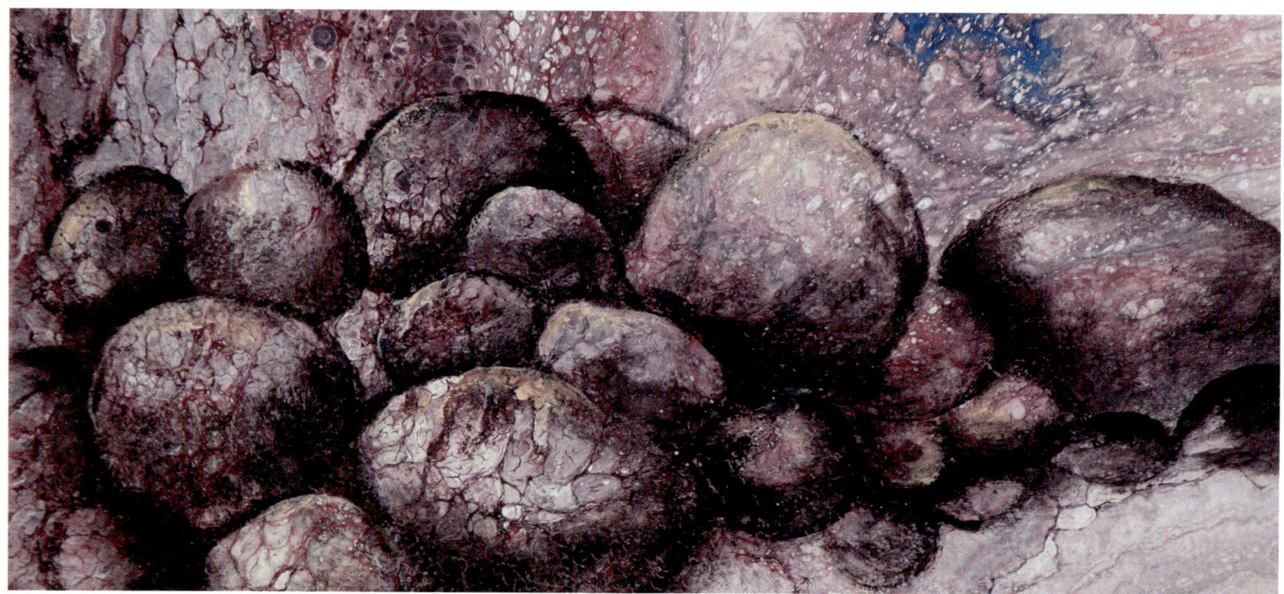

5 Sie sehen, wie schnell aus einem Bild, das bisher keine Beachtung fand, etwas Spannendes werden kann. Experimentieren Sie nach Herzenslust mit Ihren vermeintlich danebengegangenen Bildern und freuen Sie sich über die gelungene Verwandlung!

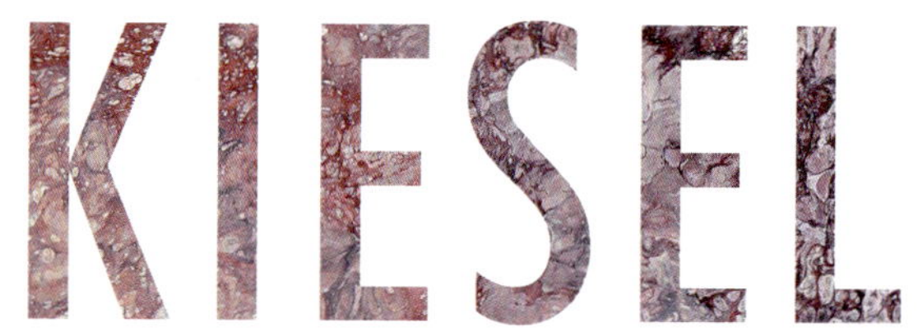

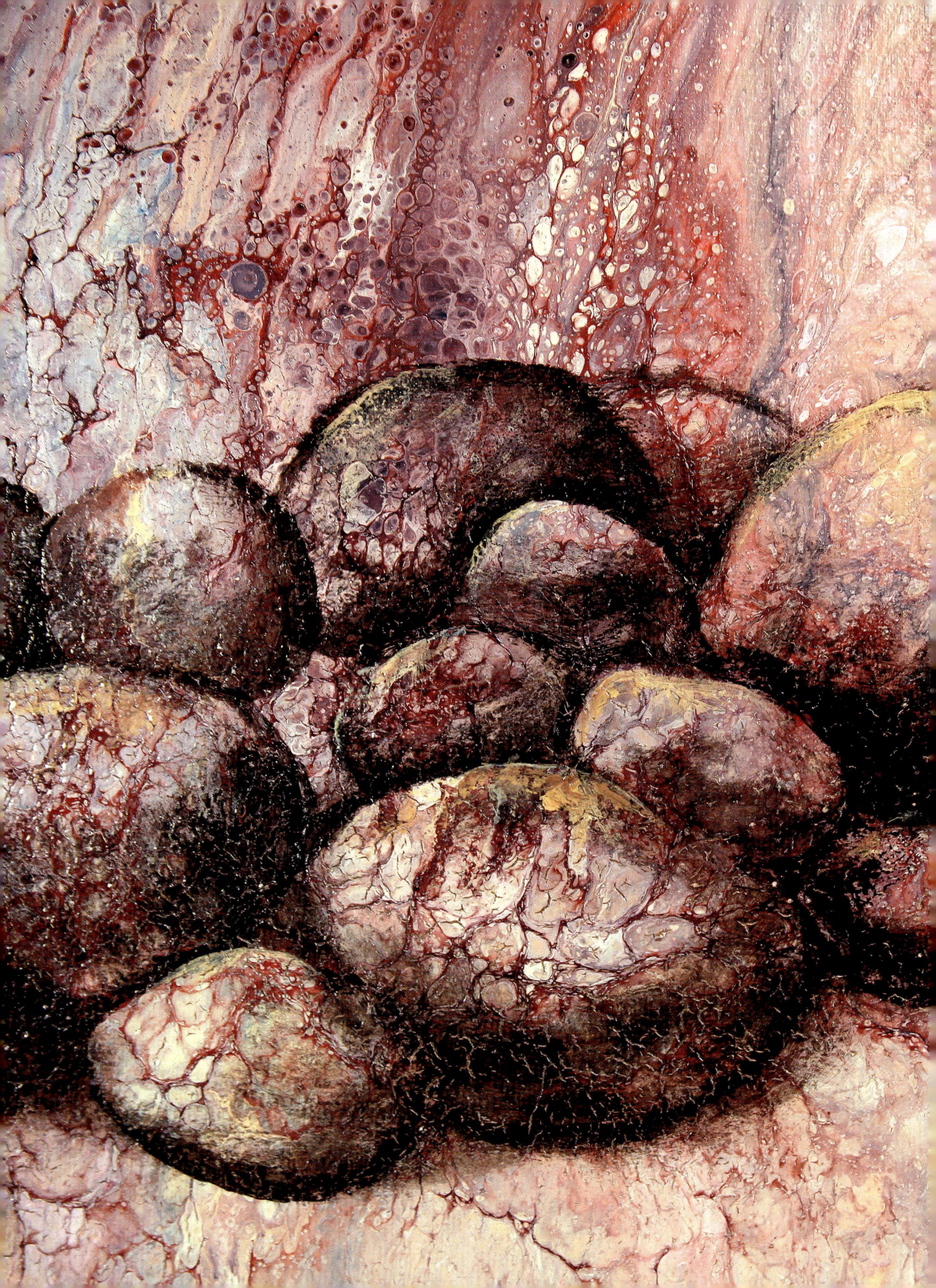

POURING TRIFFT PICASSO

Sie lieben Pablo Picasso (1881-1973)? Dann setzen Sie doch mal dieses Motiv in der Art des Meisters der abstrakten Malerei um. Hier fungiert die Pouring-Technik als optimale Untermalung, um Lebendigkeit und Struktur ins Bild zu bringen. Wir verzichten bei dieser Arbeit auf Zellbildung und lassen die Pouring-Mischung eher sehr verdünnt über die Leinwand fließen. Dadurch entsteht eine Marmorierung, die das Bild attraktiv macht. Vielleicht haben Sie ja auch bereits eine Arbeit in Ihrem Fundus, die sich als Hintergrund für einen „Picasso" eignet.

MATERIAL

Leinwand 30 cm x 40 cm | Farben: Titanweiß, Lichter Ocker, Indischgelb, Phthaloblau, Türkis, Paynesgrau, Schwarz | 8er Katzenzungenpinsel, Borste | 8er Spitzpinsel, synthetisch | mehrere Becher | Rührhölzchen | Pouring Medium | destilliertes Wasser oder Tiefgrund | Pastellkreide in Weiß zum Vorzeichnen | Acrylmarker in Schwarz 2,5 mm

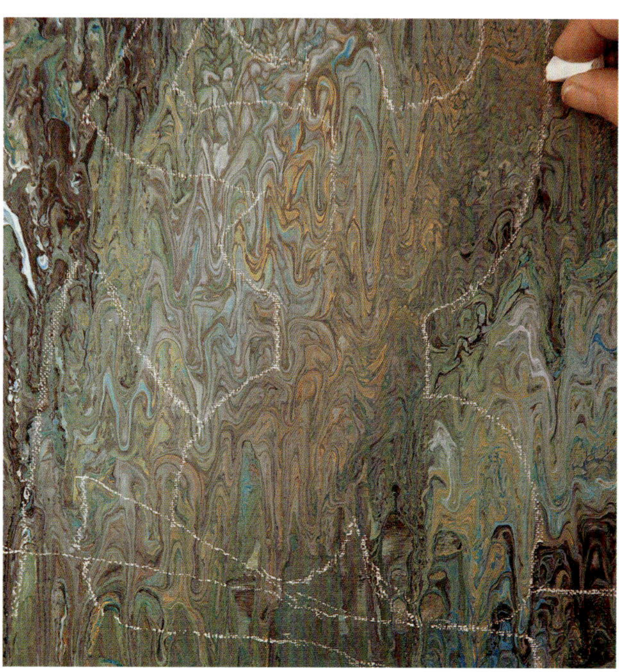

1 Nachdem Sie den marmorierten Hintergrund mit den Buntfarben – außnahmsweise ohne Silikonöl – gestaltet haben, lassen Sie das Pouring gut durchtrocknen. Dann geht es mit einer weißen Pastellkreide an die Vorzeichnung, die Sie in der Digitalen Bibliothek finden.

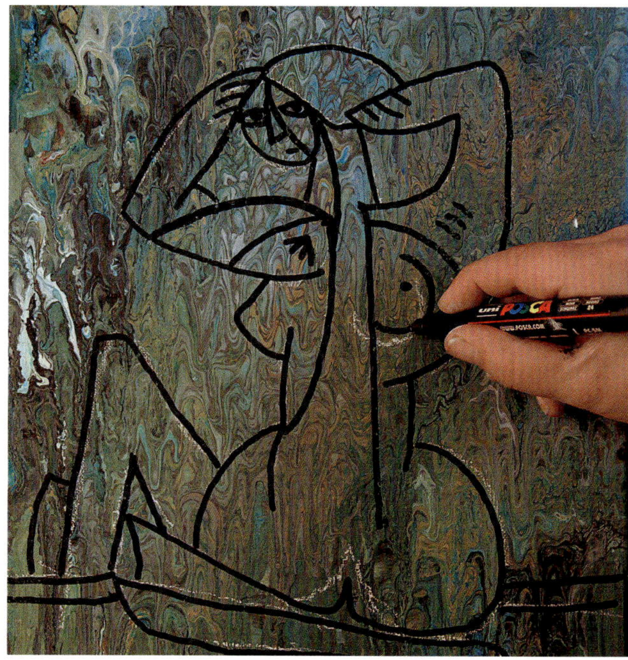

2 Jetzt ziehen Sie alle Linien mit einem schwarzen Acrylmarker nach. Er eignet sich für diese Technik besonders gut, da Sie mit ihm sehr schöne und gestochen scharfe Linien mit einer gleichmäßigen Strichbreite erzeugen können.

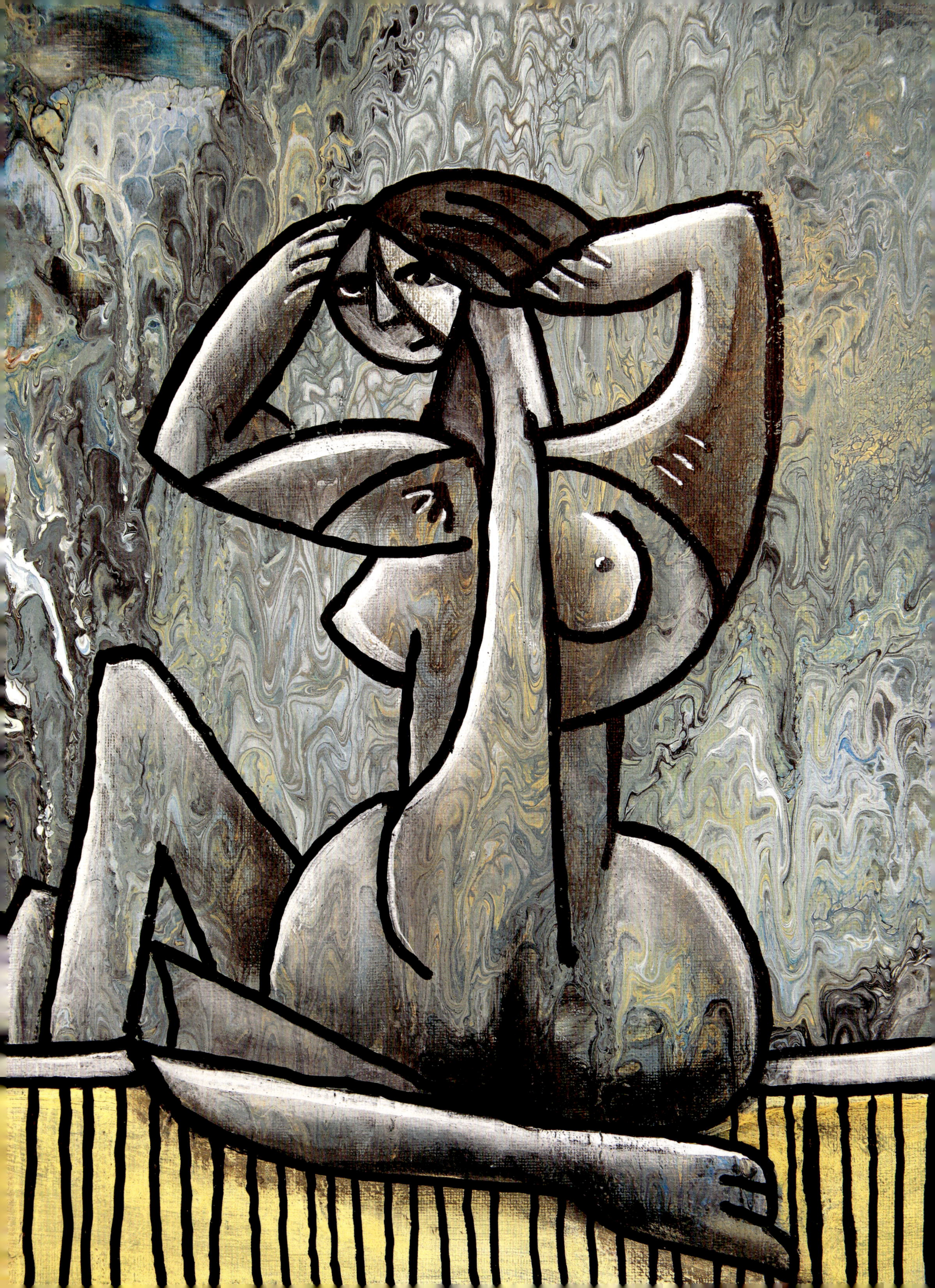

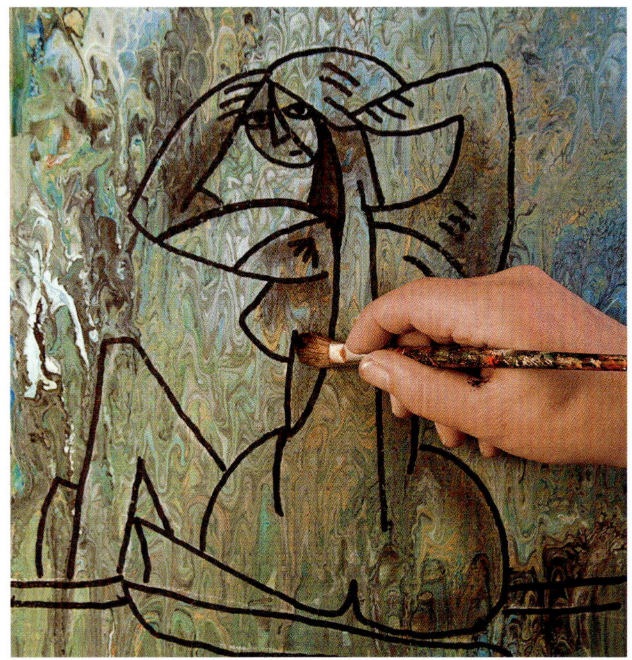

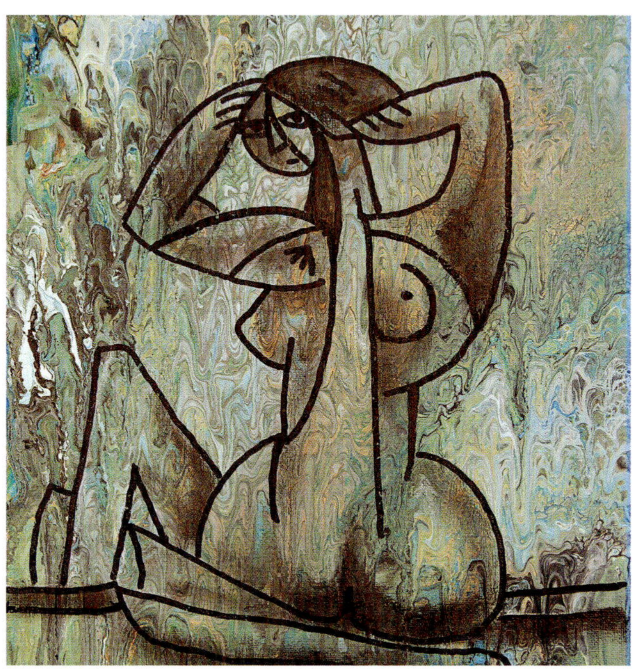

3 Mit dem fast trockenen Katzenzungenpinsel granulieren Sie zarte Schattenverläufe. Bitte benutzen Sie hierfür nur einen Hauch Paynesgrau, da zu viel Farbe das Bild sehr stark abdunkeln und dadurch die Marmorierung im Hintergrund der Figur verdecken würde.

4 Achten Sie darauf, dass der Hintergrund noch zart durch die Figur durchscheint! Hier sehen Sie, wie schön die Figur damit spielt und harmoniert.

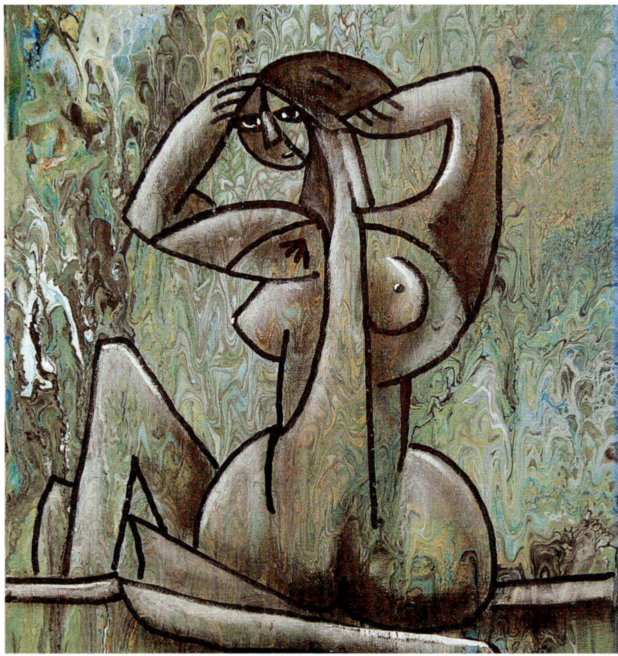

5 Nun reiben Sie die Lichter mit etwas Titanweiß wie abgebildet in das Motiv. Mit dem Spitzpinsel und etwas Titanweiß setzen Sie noch einige Highlights und Striche an die schwarzen Kanten des Markers. Vergessen Sie dabei nicht die Augen, die Nase und die Lippen.

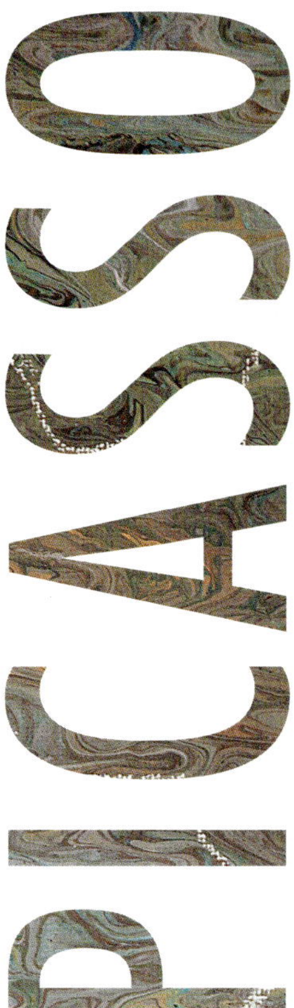

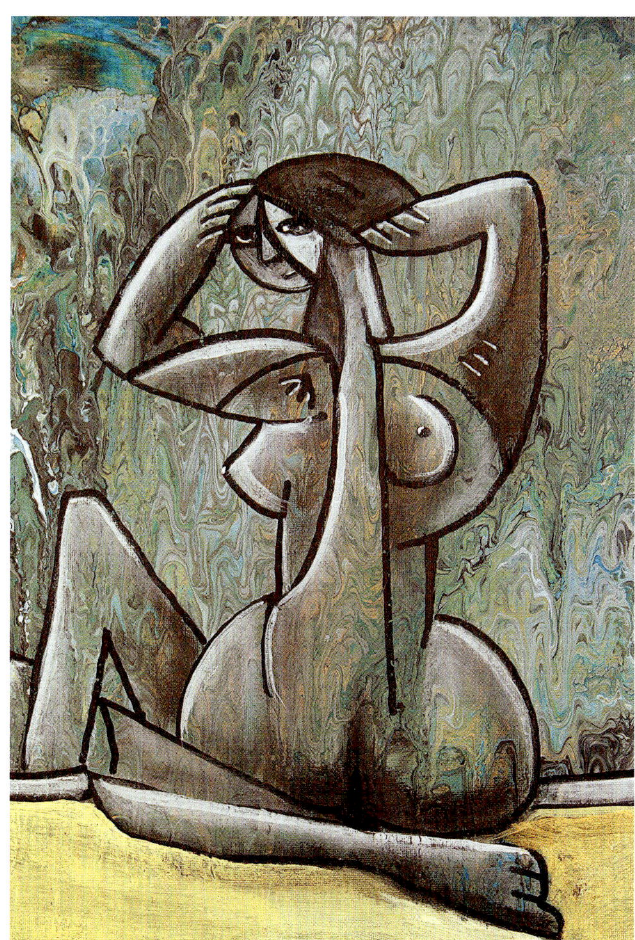

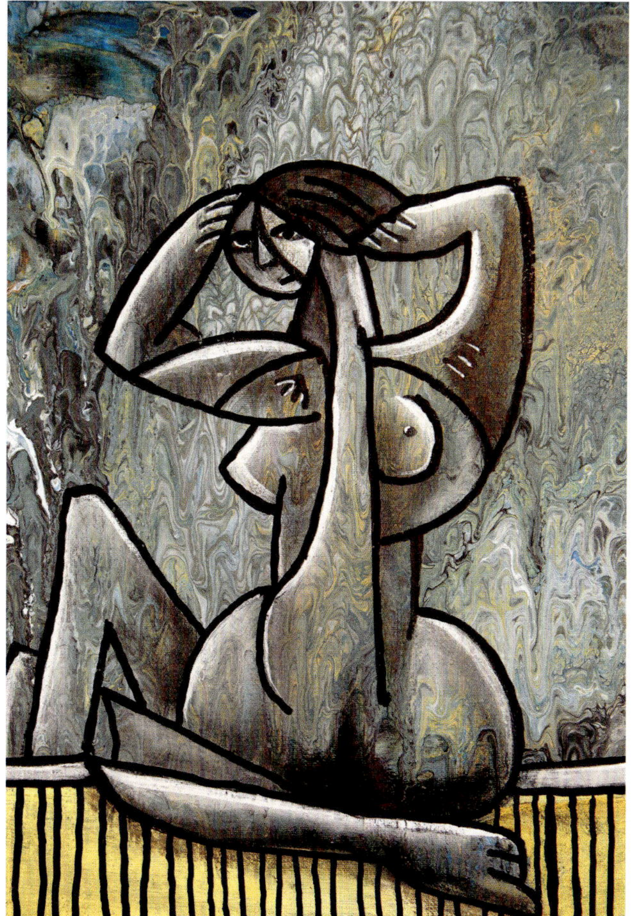

6 Anschließend füllen Sie die Decke, auf der die Figur sitzt, mit einer Mischung aus Indischgelb und etwas Titanweiß aus. Damit auch dieser Bereich lebendig wirkt, lassen Sie an einigen Stellen den Untergrund durchscheinen.

7 Nachdem der Gelbton getrocknet ist, ziehen Sie noch ein paar senkrechte Linien hinein. Auch die Linien, die bei den vorherigen Schritten leicht übermalt wurden, können Sie noch einmal nachziehen.
Picasso hätte wahrscheinlich seine wahre Freude daran gehabt, in dieser Technik zu arbeiten und so seine Hintergründe zu gestalten. Probieren Sie es einfach mal selbst aus.

Unser Tipp

Für einen marmorierten Hintergrund verzichten Sie beim Vorbereiten der Farben einfach auf die Zugabe von Silikonöl. Zusätzlich verdünnen Sie Ihre Mischungen stärker als üblich. Dann klappt es bestimmt!

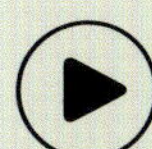 **Das Video zum Thema Picasso finden Sie in der Digitalen Bibliothek.**

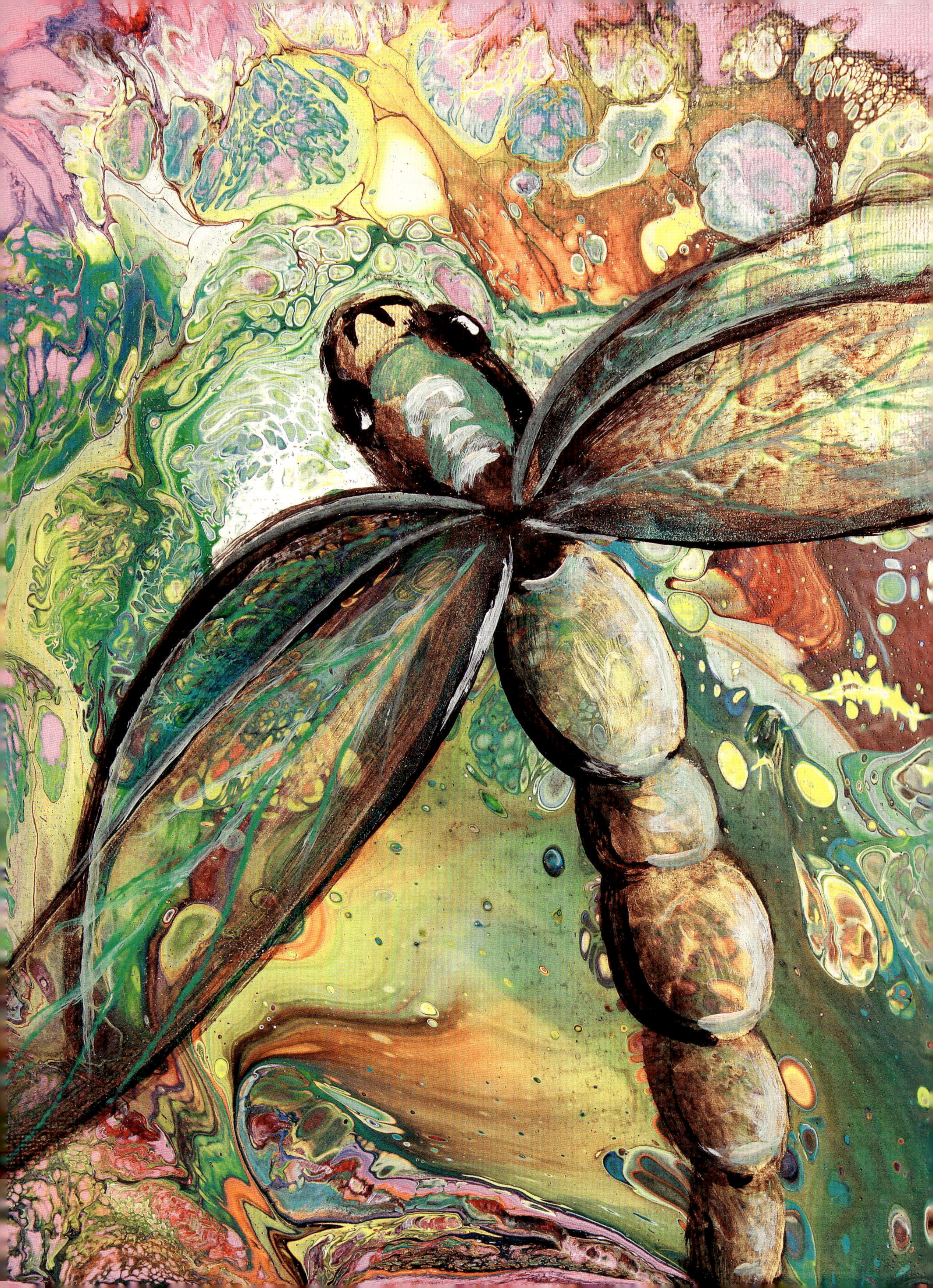

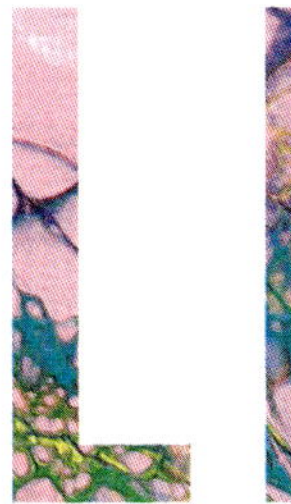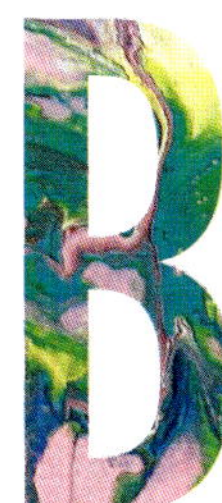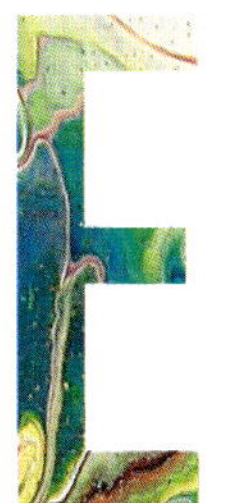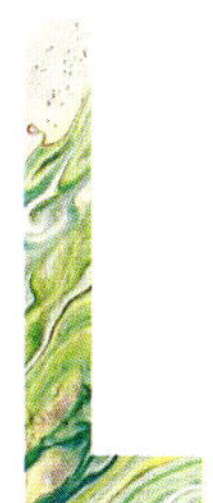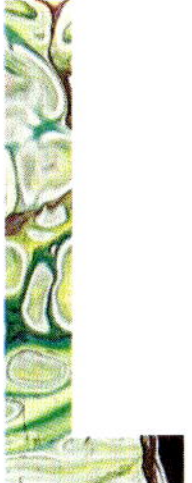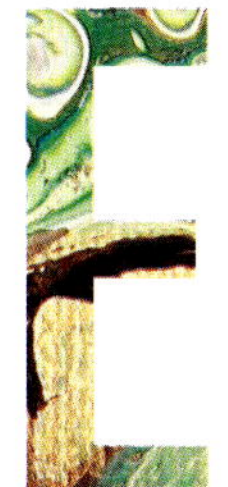
LIBELLE

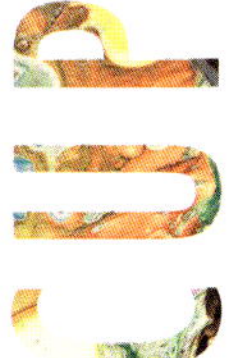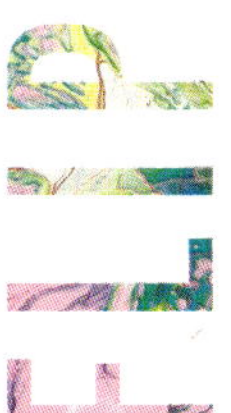
FLIP CUP

Hier zeigen wir Ihnen einen einfachen Weg, wie Sie eine Libelle schillernd und in zarten Metallictönen auf einem willkürlich geschütteten Pouring platzieren können. Durch die Transparenz ihrer Flügel eignet sich dieses Motiv besonders gut dafür.

MATERIAL

Leinwand 30 cm x 30 cm | Farben: Titanweiß, Lichter Ocker, Indischgelb, Orange, Pink, Karminrot, Phthaloblau, Phthalogrün, Gold, Schwarz | 8er Spitzpinsel, synthetisch | 8er Katzenzungenpinsel, Borste | mehrere Becher | Rührhölzchen |Silikonöl | Pouring Medium | destilliertes Wasser oder Tiefgrund | Crème-Brûlée-Brenner | 1 Blatt Transparentpapier DIN A4 für die Vorzeichnung | 1 Blatt Kopierpapier | Bleistift HB | Pastellkreide in Schwarz

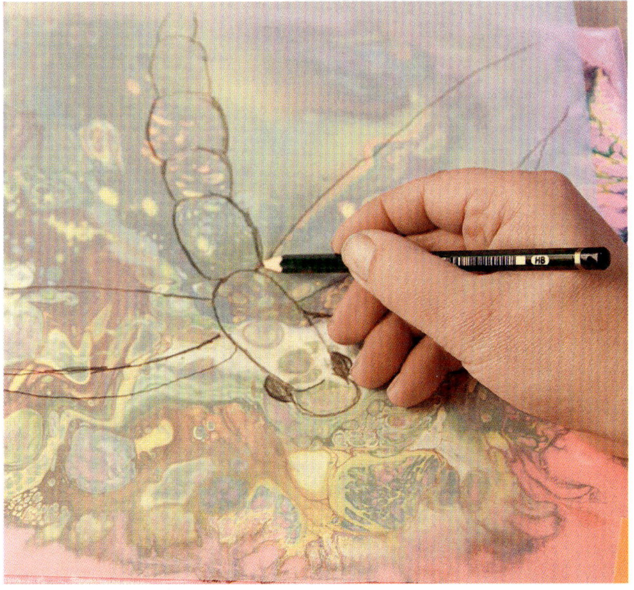

1 Nachdem Ihr Pouring (Seite 15) durchgetrocknet ist, legen Sie das Transparentpapier auf das Bild und zeichnen die Libelle vor. Unsere Skizze finden Sie in der Digitalen Bibliothek.

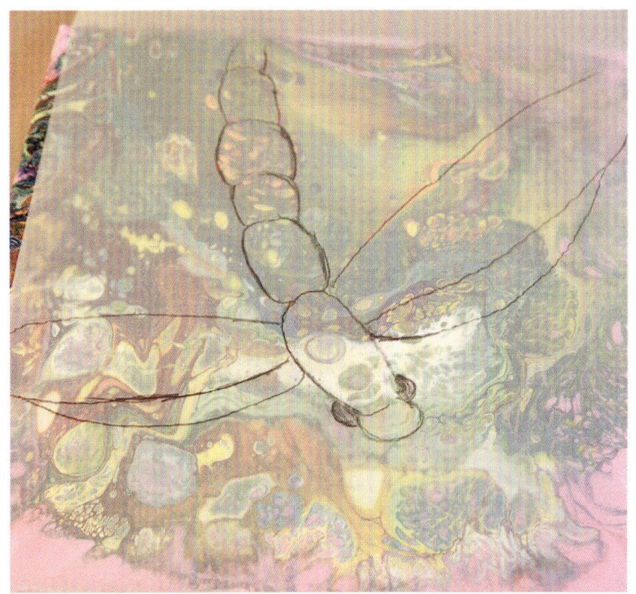

2 Da das Transparentpapier durchsichtig ist, können Sie gut sehen, wie das Motiv später auf dem Bild erscheint und es so optimal platzieren.

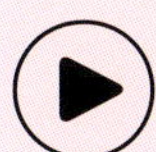 **Das Video zum Thema Libelle finden Sie in der Digitalen Bibliothek.**

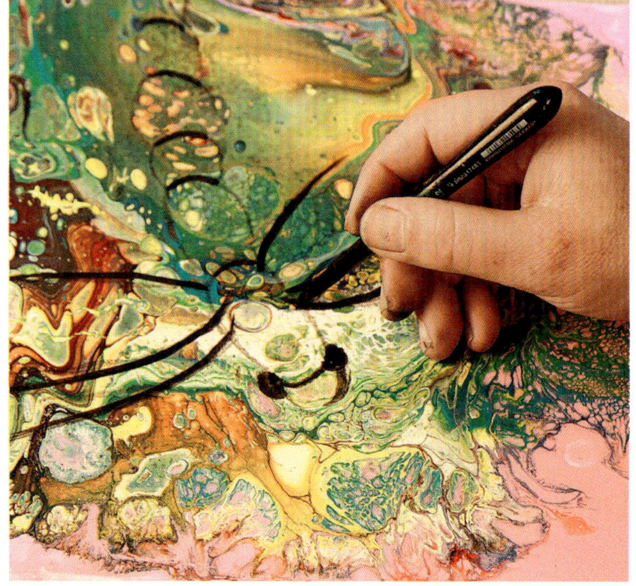

Unser Tipp

Färben Sie das Blatt Kopierpapier alternativ mit weißer Pastellkreide ein. So wird die Vorzeichnung besser sichtbar. Dann legen Sie das eingefärbte Blatt mit der Kreideseite nach unten wie ein Kohlepapier zwischen Transparentpapier und Bild und zeichnen die Umrisse mit dem Bleistift nach.

3 Nun fixieren Sie die Vorzeichnung in der gewünschten Position mit etwas Klebeband auf der Leinwand. Darunter legen Sie ein Stück Kopierpapier, das Sie vorher auf der Rückseite mit der schwarzen Pastellkreide komplett eingefärbt haben. Einfacher wäre es zwar mit Kohlepapier, aber leider färbt es zu stark durch und würde so die später aufgetragene Farbe verändern.

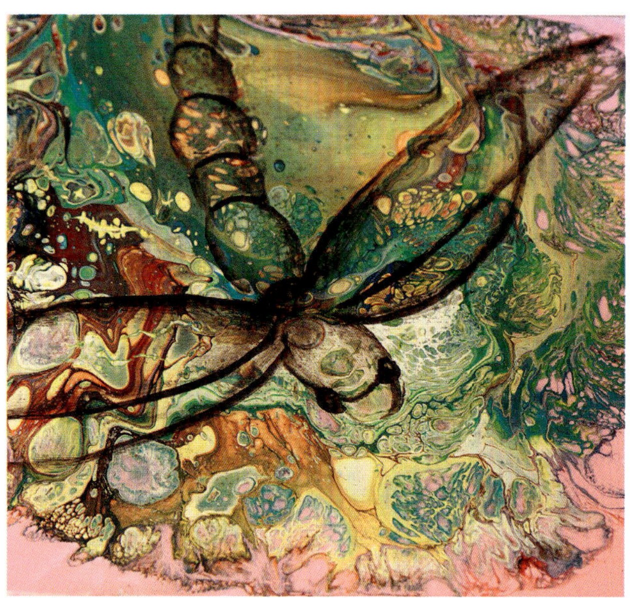

4 Mit dem Spitzpinsel und etwas Schwarz arbeiten Sie die ersten Konturen der Vorzeichnung heraus.

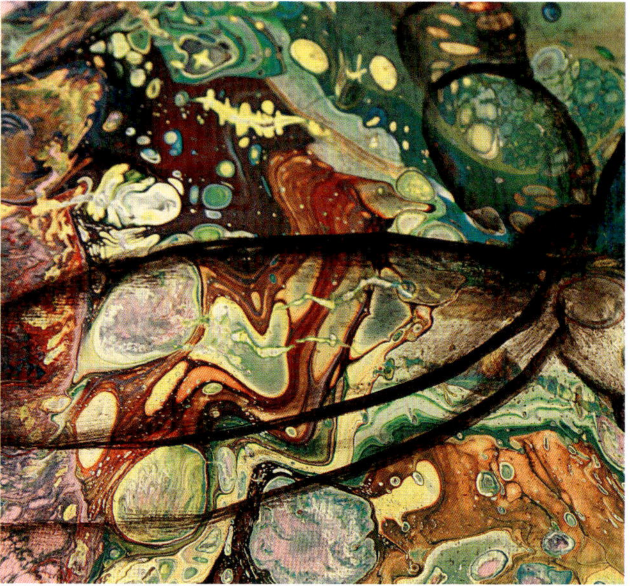

5 Mit dem fast trockenen Katzenzungenpinsel reiben Sie zarte Schattierungen in Schwarz auf die Flügel und den Körper. Wenn Sie nur einen Hauch Farbe verwenden, scheint der Untergrund noch fast komplett durch.

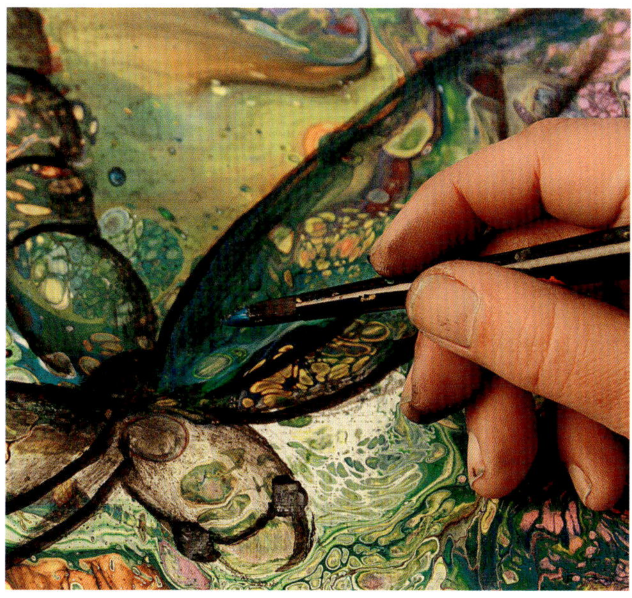

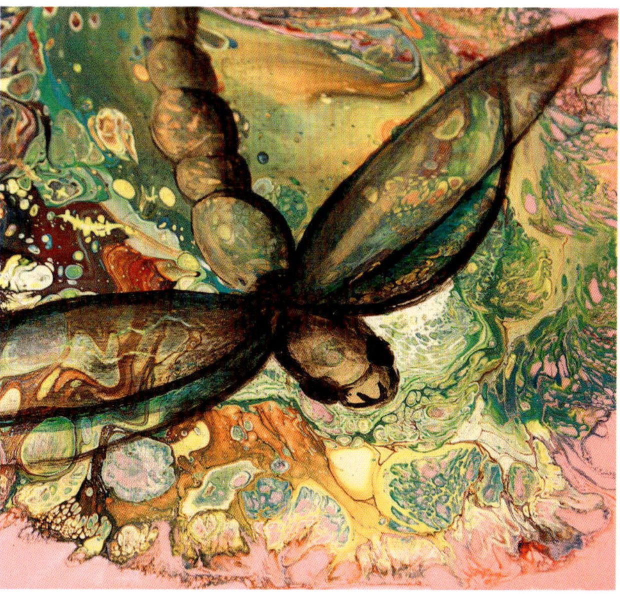

6 Mit einer Mischung aus etwas Gold mit ein wenig Phthaloblau verleihen Sie den Flügeln einen metallisch wirkenden Glanz.

7 Dann kommt pures Gold zum Einsatz und verstärkt den Metallicglanz auf den Flügeln sowie auf dem Körper. Sie können gut erkennen, wie schön die Struktur des Pourings aufgrund der lasierenden Wirkung der Farben durchscheint.

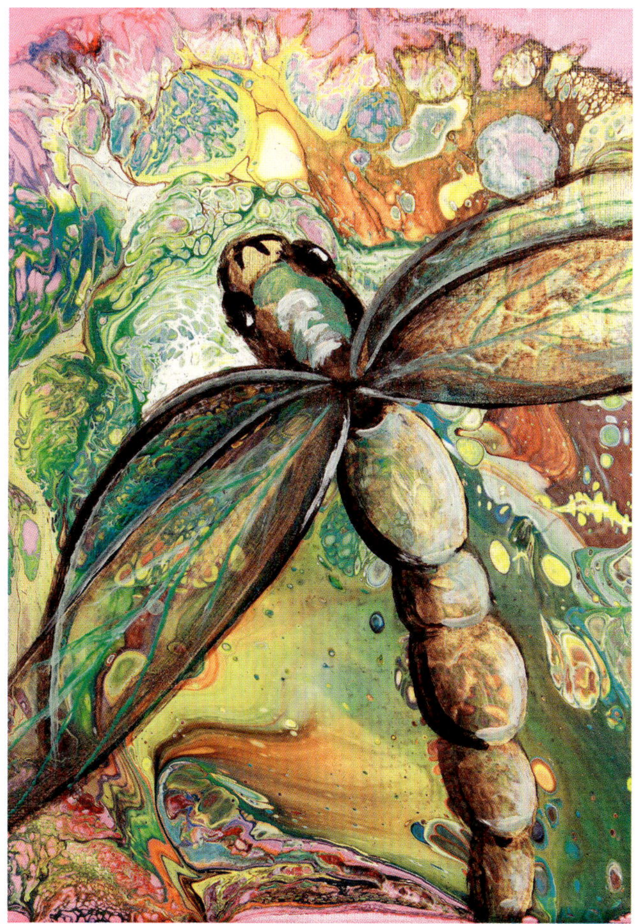

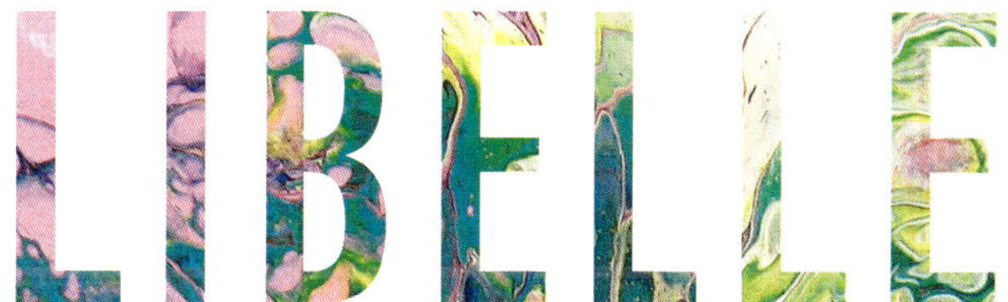

8 Zu guter Letzt setzen Sie der Libelle mit dem Spitzpinsel und etwas Titanweiß Lichter auf. Auch die feine wabenartige Struktur auf den Flügeln können Sie mit diesem Pinsel herausholen. Sie benutzen dazu eine Mischung aus Phthalogrün und etwas Titanweiß. Und schon ist der fliegende Edelstein über dem farbenfrohen Untergrund fertig!

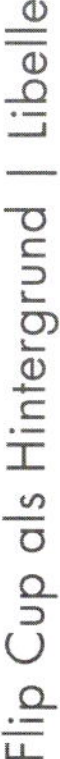

GLÜCKSDRACHE

Wie bereits beschrieben können Sie in Pourings, die eine starke und kontrastreiche Zellbildung aufweisen, häufig Echsen, Schlangen oder wie hier einen chinesischen Glücksdrachen erkennen und herausarbeiten. Lassen Sie Ihrer Fantasie freien Lauf!

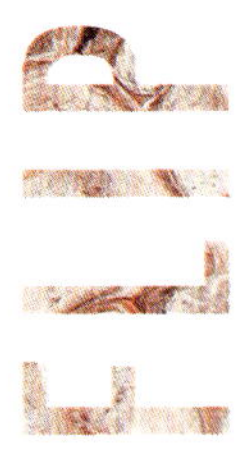

MATERIAL

Leinwand 40 cm x 40 cm | Farben: Titanweiß, Lichter Ocker, Indischgelb, Umbra Natur, Permanentgrün, Gold , Schwarz | 12er Katzenzungenpinsel, Borste | 8er Spitzpinsel, synthetisch | 6 Becher | Rührhölzchen | Silikonöl | Pouring Medium | destilliertes Wasser oder Tiefgrund | Crème-Brûlée-Brenner

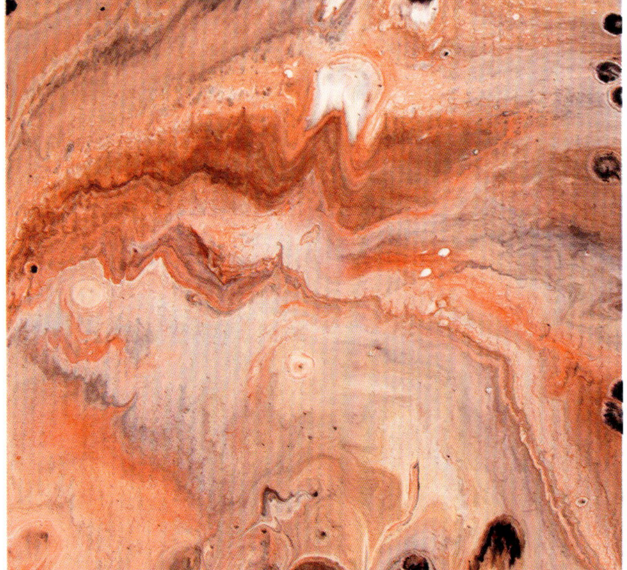

1 Sie beginnen mit der Mischung für den Flip Cup. Dafür geben Sie Schwarz, Titanweiß, Gold, Lichten Ocker und Umbra Natur jeweils in einen leeren Becher. Bereiten Sie diese Farben wie auf Seite 14 beschrieben vor. Achtung: Von den dunkleren Tönen benötigen Sie bei diesem Bild nur kleinere Mengen! Indischgelb und Permanentgrün benötigen Sie erst für die spätere Bearbeitung des Bildes.
Jetzt geben Sie die vorbereiteten Farben im Wechsel zwischen hell und dunkel in den Mischbecher.
Für den Hintergrund verwenden Sie eine Mischung aus Schwarz und Tiefgrund ohne Zugabe von Silikonöl. Diese Mischung sollte dünnflüssiger sein als Ihre Buntfarben und auf der Leinwand flächig aufgetragen werden. Auf die noch feuchte Fläche schütten Sie den zuvor angemischten Flip Cup und lassen ihn in alle Richtungen laufen.

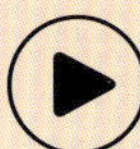
Das Video zum Thema Netzartige Strukturen für den Hintergrund finden Sie in der Digitalen Bibliothek.

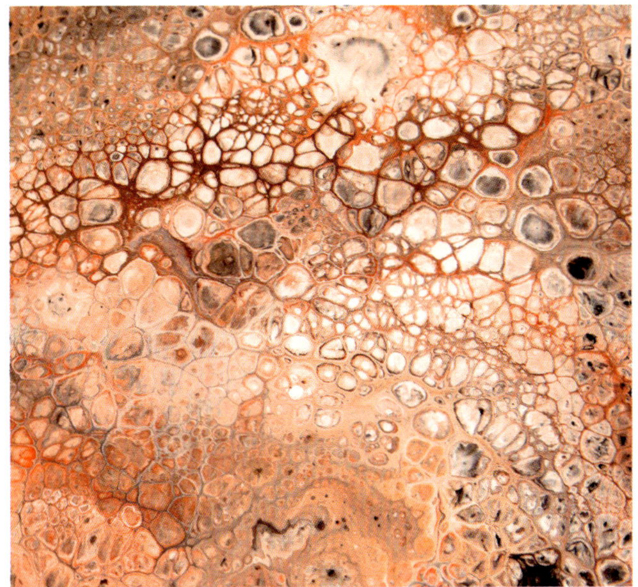

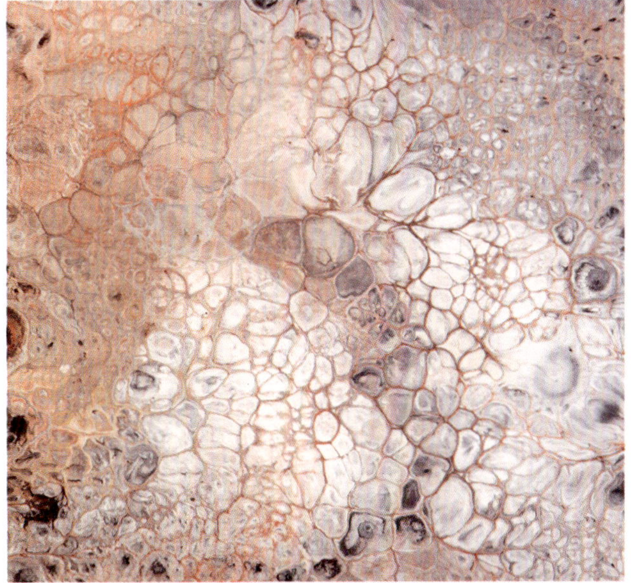

2 Nachdem Sie mit dem Crème-Brûlée-Brenner über das Bild gegangen sind, entstehen die unterschiedlichsten Zellstrukturen, die zuerst sehr gold- und braunlastig sind. Das Gold, das noch an der Oberfläche sichtbar ist, wird sich schnell aufgrund seines hohen Pigmentgewichts während des Trocknens den Weg nach unten suchen und nur als feine Nuance zu sehen sein.

3 Nach einer 24-stündigen Trockenzeit hat sich die bräunliche Schüttung in ein zart schimmerndes Bild verwandelt. Nun sind Sie gefragt, um das Motiv zu finden und herauszuarbeiten. Als Orientierung suchen Sie sich am besten eine Zelle, die Ihnen als Auge für den Drachen dient. Die Skizze für die Vorzeichnung finden Sie in der Digitalen Bibliothek.

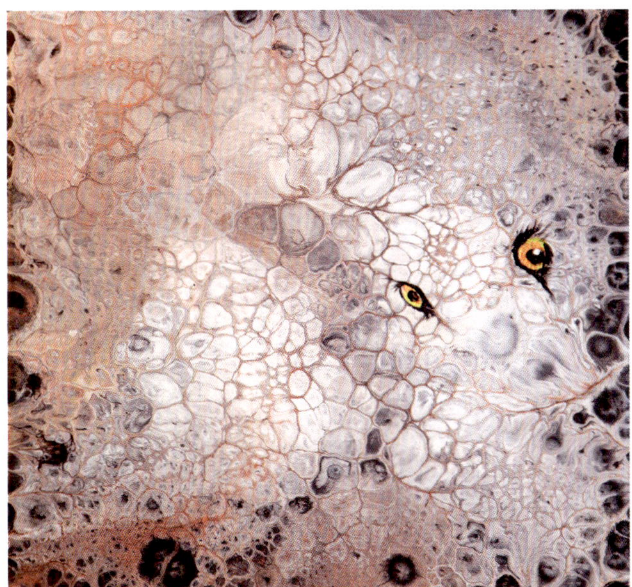

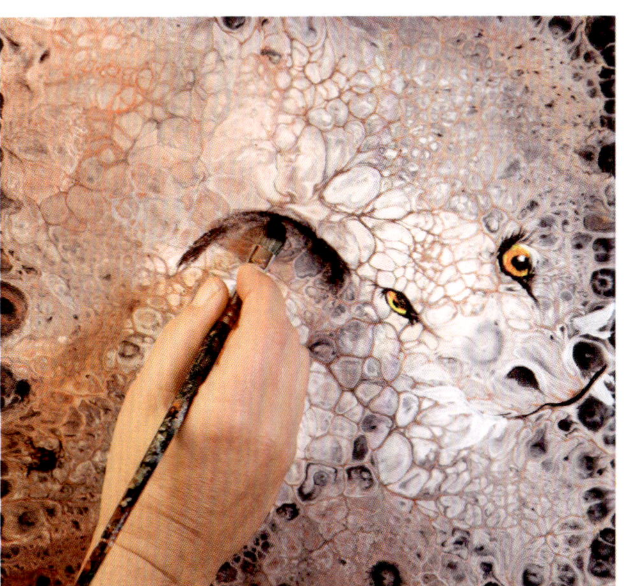

4 Dann geht es mit dem Spitzpinsel an die Ausarbeitung der Augen. Dazu benötigen Sie Indischgelb, Titanweiß, Schwarz und etwas Permanentgrün. Zuerst füllen Sie die Iris komplett mit einer Mischung aus Indischgelb und Titanweiß aus, an den Randbereichen fügen Sie einen Hauch Permanentgrün hinzu. Umranden Sie das Auge mit Schwarz, wie hier im Bild zu sehen ist, und arbeiten Sie auch die Pupille so heraus. Damit das Auge lebendig wird, setzen Sie der Pupille noch einen Lichtreflex auf.

5 Die Nasenlöcher und die Unterkante des Mauls deuten Sie zart mit dem Spitzpinsel in Schwarz an. Nun können Sie mit einem fast trockenen Katzenzungenpinsel einen Hauch Schwarz aufnehmen und die zarten Schattenverläufe am Hals und an den Nasenlöchern hineinreiben.

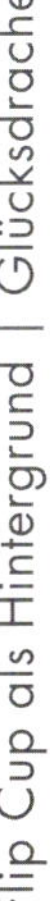

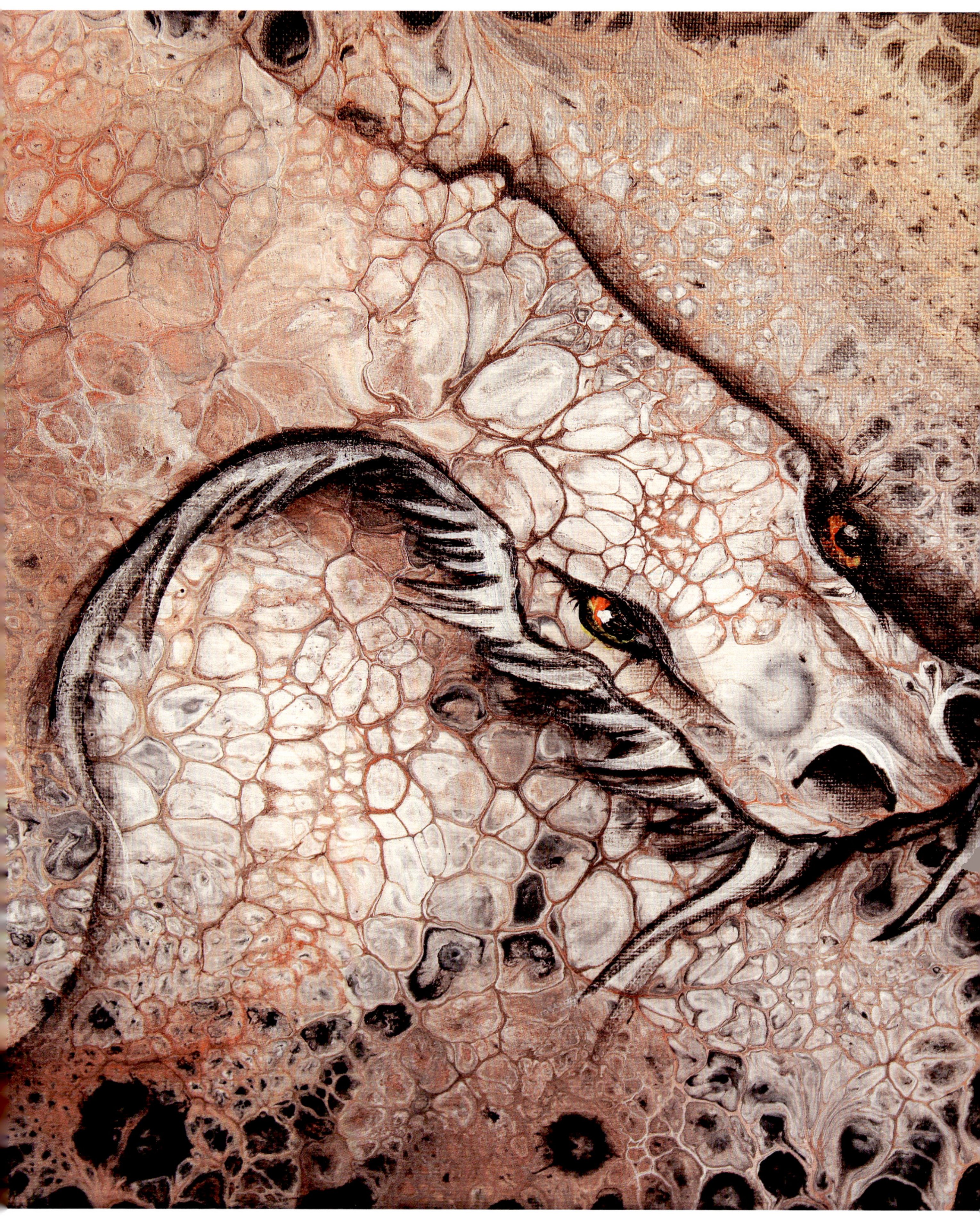

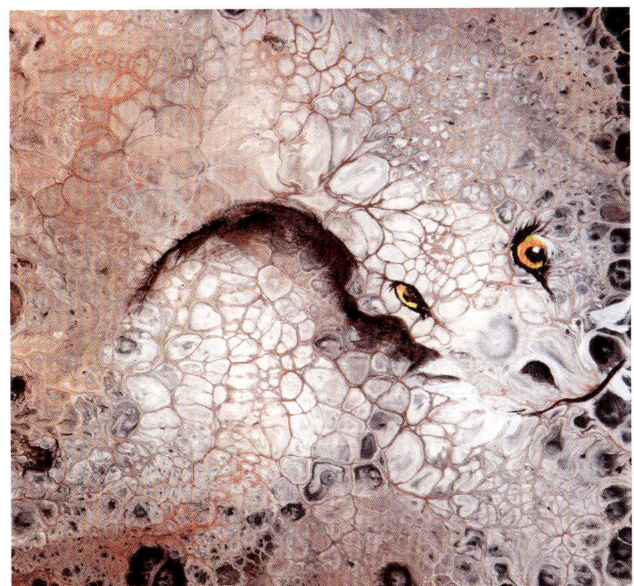

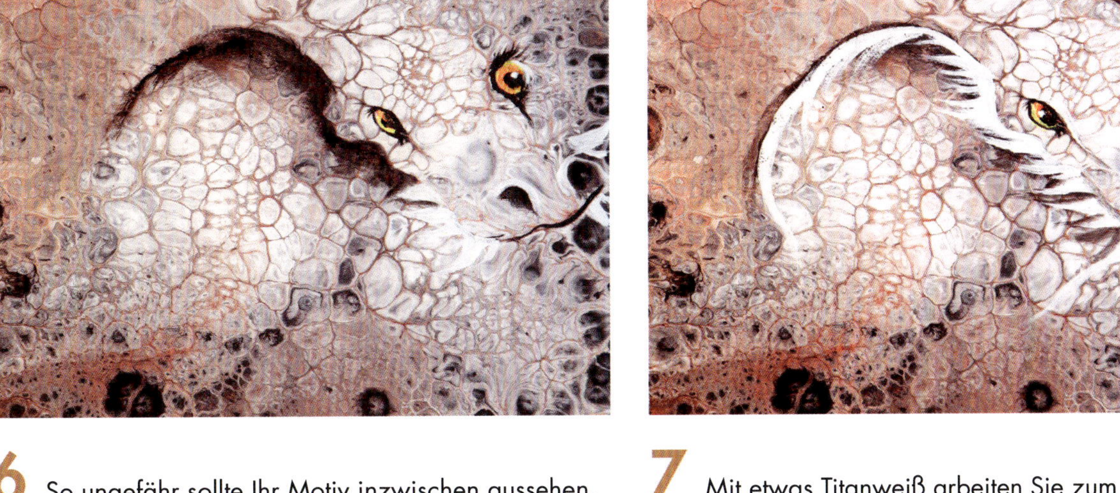

6 So ungefähr sollte Ihr Motiv inzwischen aussehen. Achten Sie darauf, dass Sie sich mit den dunklen Tönen am Anfang zurückhalten, da es leichter ist, mehr abzuschattieren, als zu dunkel abschattierte Flächen heller zu gestalten.

7 Mit etwas Titanweiß arbeiten Sie zum Schluss die typischen Barthaare eines Drachens heraus. Probieren Sie einfach mal aus, wie schnell Sie Ihren persönlichen Glücksdrachen in einem geschütteten Bild erkennen. Allein aufgrund der Zellstruktur wirkt es häufig wie eine Drachenhaut.

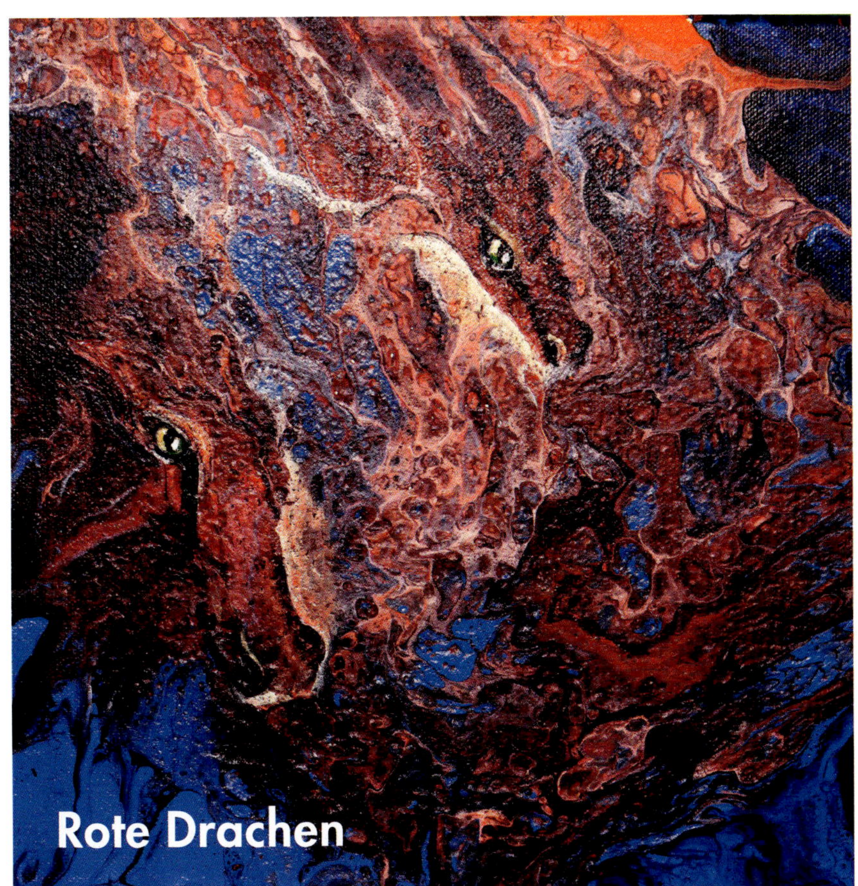

Rote Drachen

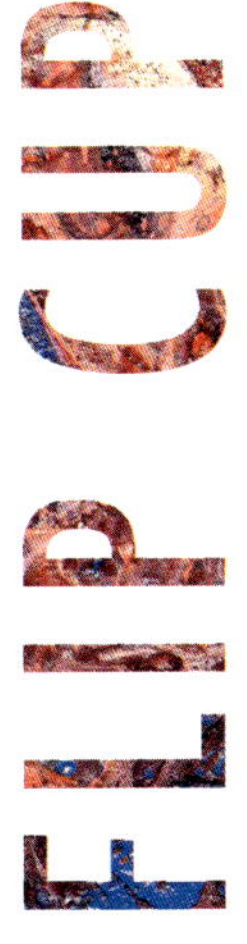

Beim Schütten eines Flip Cups erzielten wir zunächst nicht den gewünschten Effekt. Doch dann entdeckten wir bei näherer Betrachtung zwei rote Drachen. Durch die dynamische Richtung von links oben nach rechts unten benötigten wir dafür nur wenige Striche und schon schwebten sie ins Bild hinein.

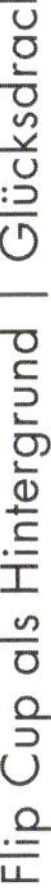

POURING TRIFFT TURNER

Wie beim Motiv „Kiesel" basiert diese Arbeit auf einer nicht optimal gelungenen Pouring-Schüttung. Durch viel Gelb und Orange sowie wenig Blau- und Grüntönen leuchtete die Leinwand regelrecht, doch eine zu hohe Verdünnung der Farbe verhinderte das Entstehen einer schönen Zellstruktur. Auf den ersten Blick war es nur eine farbenfrohe Fläche, die in schönen Kontrasten zueinander stand. Hier gilt es unterschiedliche Dinge zu erkennen. Wir sahen darin ein Feuerwerk der Farben, wie es der bekannte englische Maler William Turner (1775–1851) in seinen Werken verwendete. Und mit wenigen Strichen verwandelten wir dann die Farbfläche in ein ausdrucksstarkes Landschaftbild.

MATERIAL

Leinwand 30 cm x 40 cm | Farben: Titanweiß, Kadmiumgelb, Indischgelb, Orange, Karminrot, Violett, Phthaloblau, Phthalogrün, Schwarz | 11er Katzenzungenpinsel, Borste

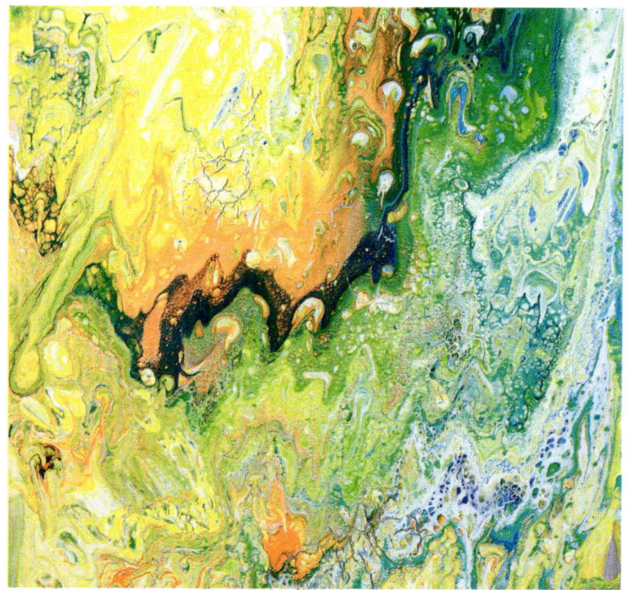

1 Diese Leinwand bildete die Grundlage für unsere Arbeit. Bevor Sie an die Ausarbeitung eines solchen Bildes gehen, betrachten Sie es aus verschiedenen Blickwinkeln sowohl im Hoch- als auch im Querformat. Malerei ist immer auch Sehen und Erkennen von Formen. In diesem Fall haben wir in der dunklen Linie, die Sie im Bild erkennen können, den Ausgangspunkt für ein wunderschön leuchtendes Landschaftsbild gesehen.

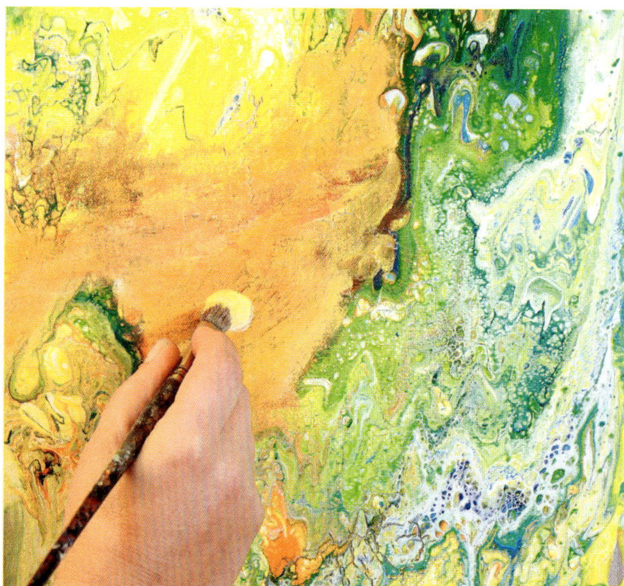

2 Mit einer Mischung aus Titanweiß und Indischgelb legen Sie die Grundlage für die untergehende Sonne am Horizont. Dafür setzen Sie den Borstenpinsel auf die Leinwand auf und ziehen ihn kreisförmig um die eigene Achse.

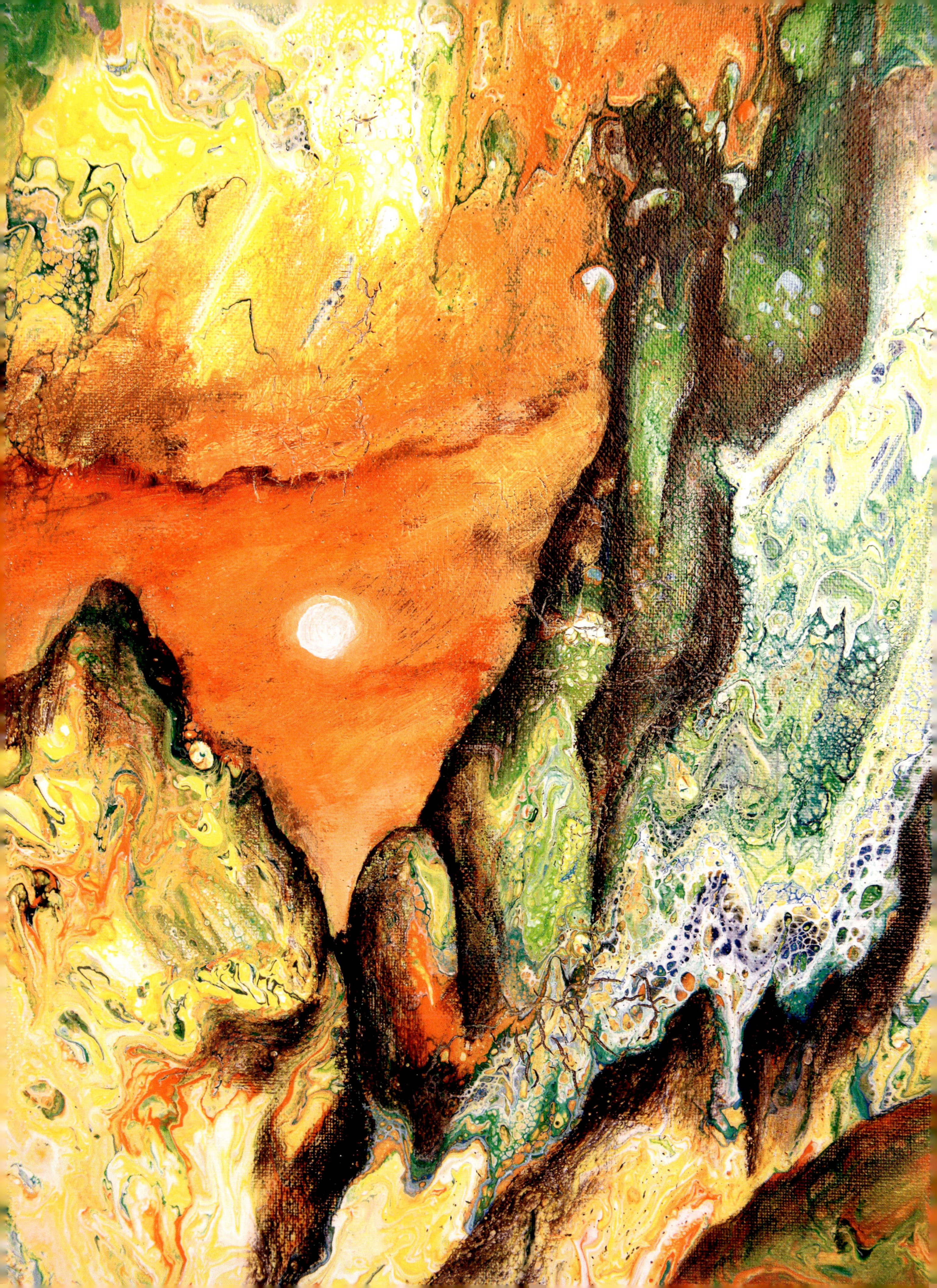

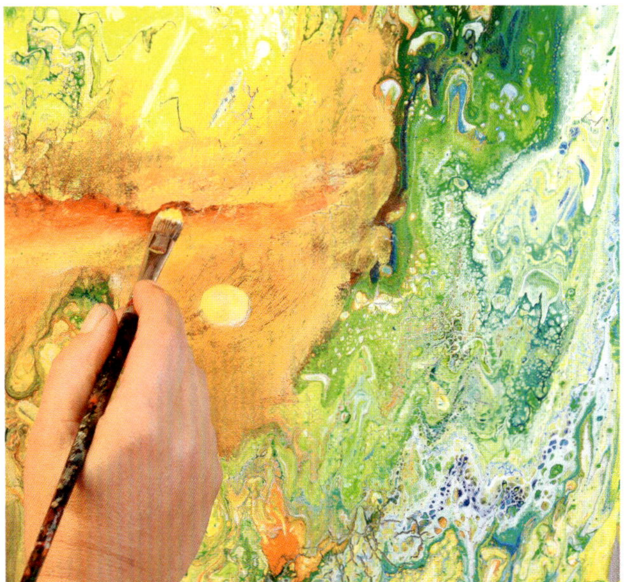

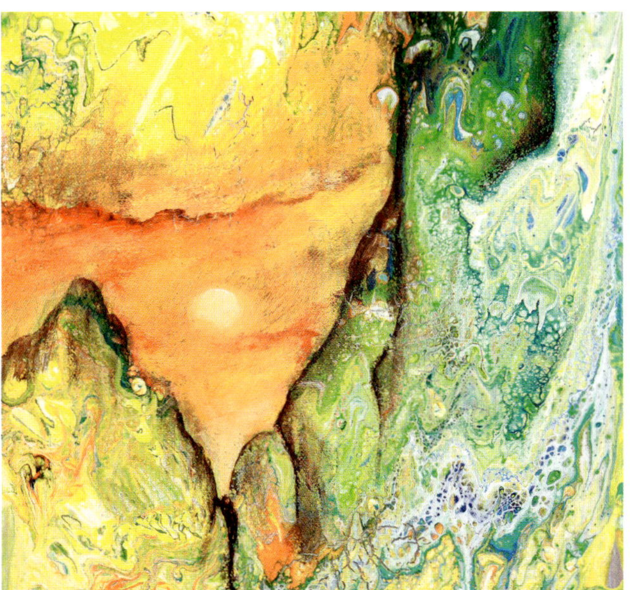

3 Mit etwas Karminrot schattieren Sie Wolken heraus, die über der Sonne stehen. Da Sie es bei diesem Bild mit einer fast abstrakt wirkenden Malerei zu tun haben, bedarf es hier nicht so sehr der Genauigkeit, sondern dem Gefühl für das Zusammenspiel von hellen und dunklen Kontrasten.

4 Nun können Sie die Flanken und Kanten der Bergspitzen dunkel herausarbeiten. Dazu nehmen Sie einen winzigen Hauch Schwarz auf Ihren fast trockenen Katzenzungenpinsel auf und reiben damit granulierend und ganz zart über die Bergkanten. Auch die ersten Felsformationen können Sie auf diese Weise abschattieren.

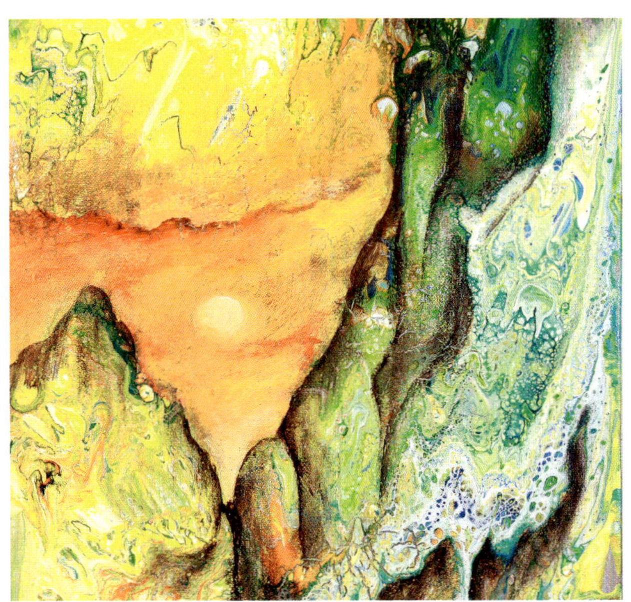

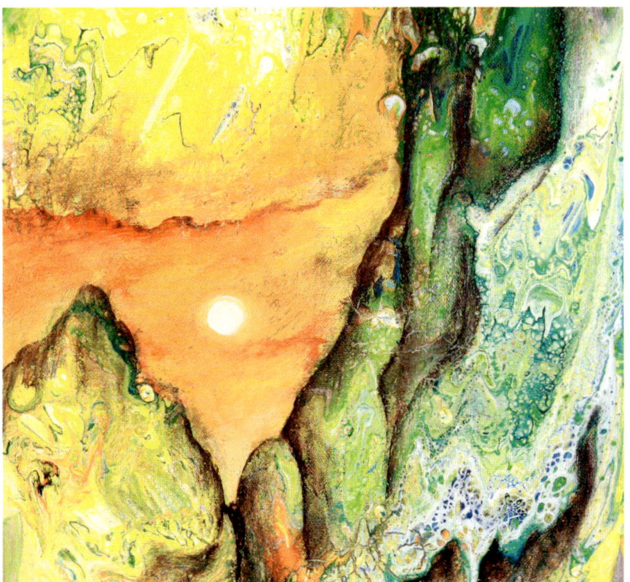

5 Sehen Sie sich genau an, welche Farben innerhalb der Felsformationen im Kontrast zueinander stehen. Gerade diese sind interessant, um nachträglich noch etwas abschattiert zu werden und um die Felsen noch lebendiger hervorzuheben.

6 Zum Schluss setzen Sie einen kleineren harten Kreis exakt in die Mitte der gelb-weißen Sonne und verstärken so ihre Leuchtkraft.
Hätten Sie gedacht, wie einfach es ist, durch richtiges Beobachten der Strukturen lebendige Bilder entstehen zu lassen? Natürlich muss es kein Landschaftsbild sein, in dieser Technik können auch wunderschöne abstrakte Bilder mit wenig Aufwand gezaubert werden.

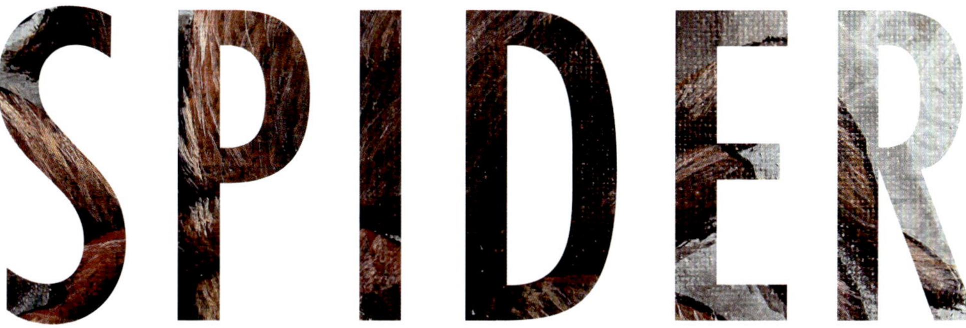

SPIDER

Wie Sie inzwischen wissen, lassen sich zarte Netzstrukturen hervorragend mit der Pouring-Technik gestalten. Da liegt es natürlich nahe, ein Thema wie „Listig lauert die Spinne im Netz" umzusetzen. Fast wie bei einer 3D-Malerei kommt uns die Spinne aus dem Bild entgegen. Vor diesem faszinierenden Tier müssen Sie jedoch keine Angst haben! Das Motiv verlangt zwar ein bisschen malerisches Können, ist aber durch die exakte Form der Spinne leicht umzusetzen.

MATERIAL

Leinwand 40 cm x 50 cm | Farben: Titanweiß, Lichter Ocker, Umbra Natur, Phthalogrün, Paynesgrau, Schwarz | 8er Spitzpinsel, synthetisch | Palettmesser, 30 cm | mehrere Becher | Rührhölzchen | Silikonöl | Pouring Medium | destilliertes Wasser oder Tiefgrund | Crème-Brûlée-Brenner | Aquarellstift in Schwarz zum Vorzeichnen

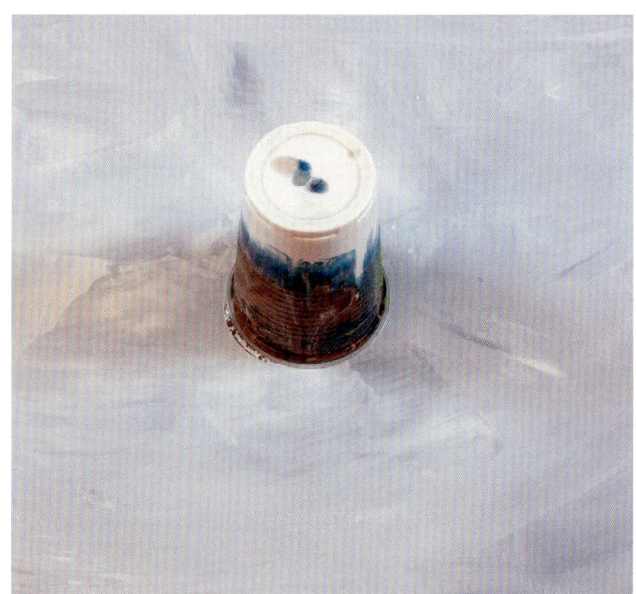

1 Als Grundlage für unser Spinnennetz dient hier eine Mischung aus Titanweiß und Paynesgrau zur Untermalung. Für das Pouring geben Sie die vorbereiteten Farben (siehe Seite 14) in den Mischbecher und stülpen ihn auf die Leinwand. Achten Sie darauf, dass Ihre Mischung dieses Mal dünnflüssiger ist als üblich. Das erreichen Sie durch die Zugabe von etwas mehr Tiefgrund beim Anrühren.

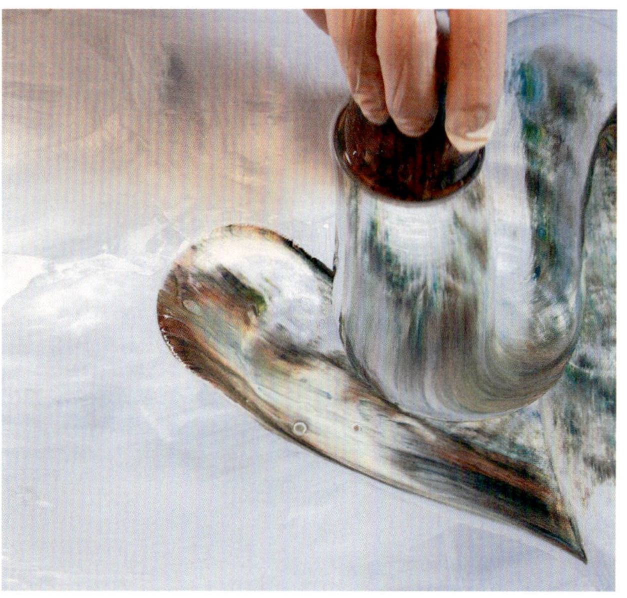

2 Ziehen Sie den Becher nun ohne Druck über die Leinwand und heben Sie ihn nicht gleich hoch. So entsteht eine gleichmäßig dicke Schicht auf der Leinwand.

FLIP CUP

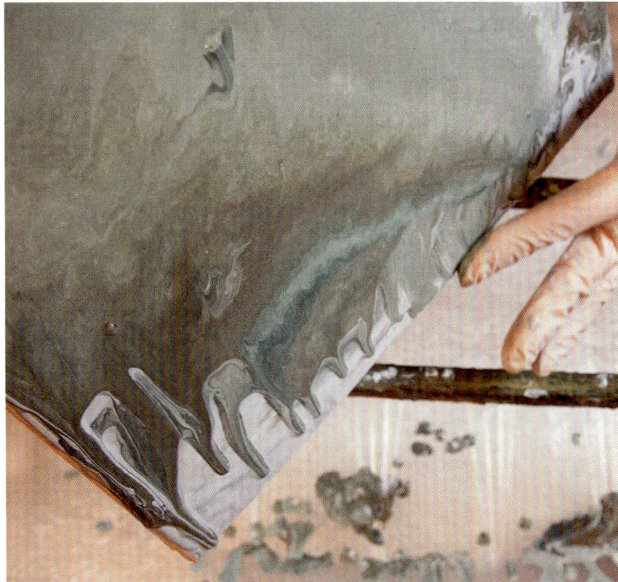

3 Nach dem Entfernen des Bechers lassen Sie die Farbmischung über die noch freien Bereiche des Bildes laufen.

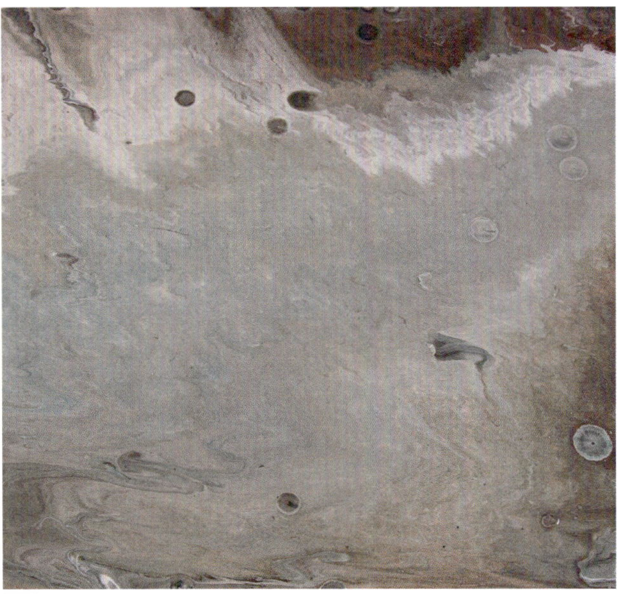

4 Keine Angst, zunächst ist noch nichts von Strukturen und Zellbildung zu sehen!

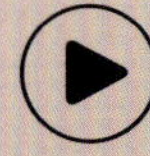

Das Video zum Thema Netzartige Strukturen für den Hintergrund finden Sie in der Digitalen Bibliothek.

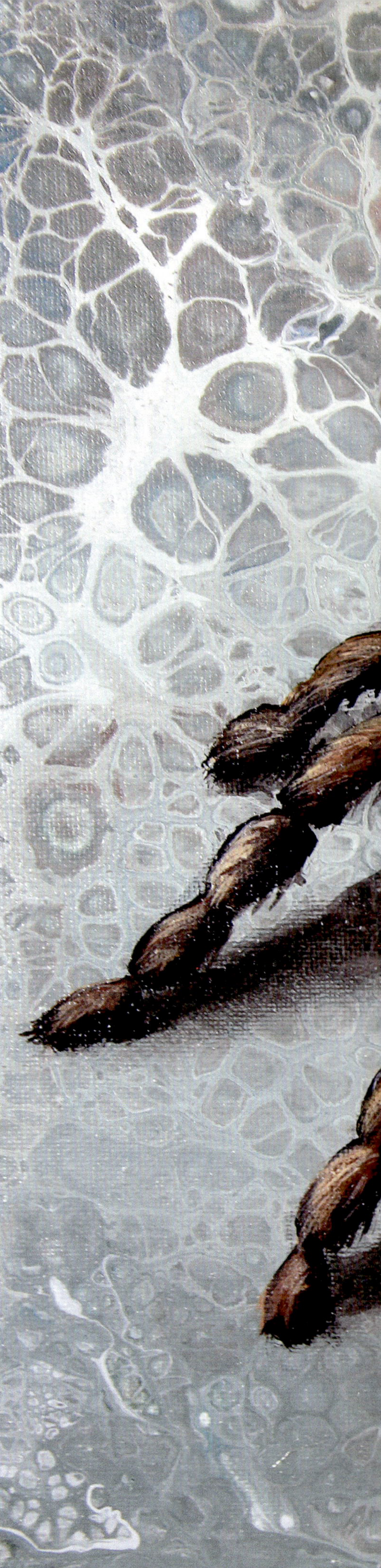

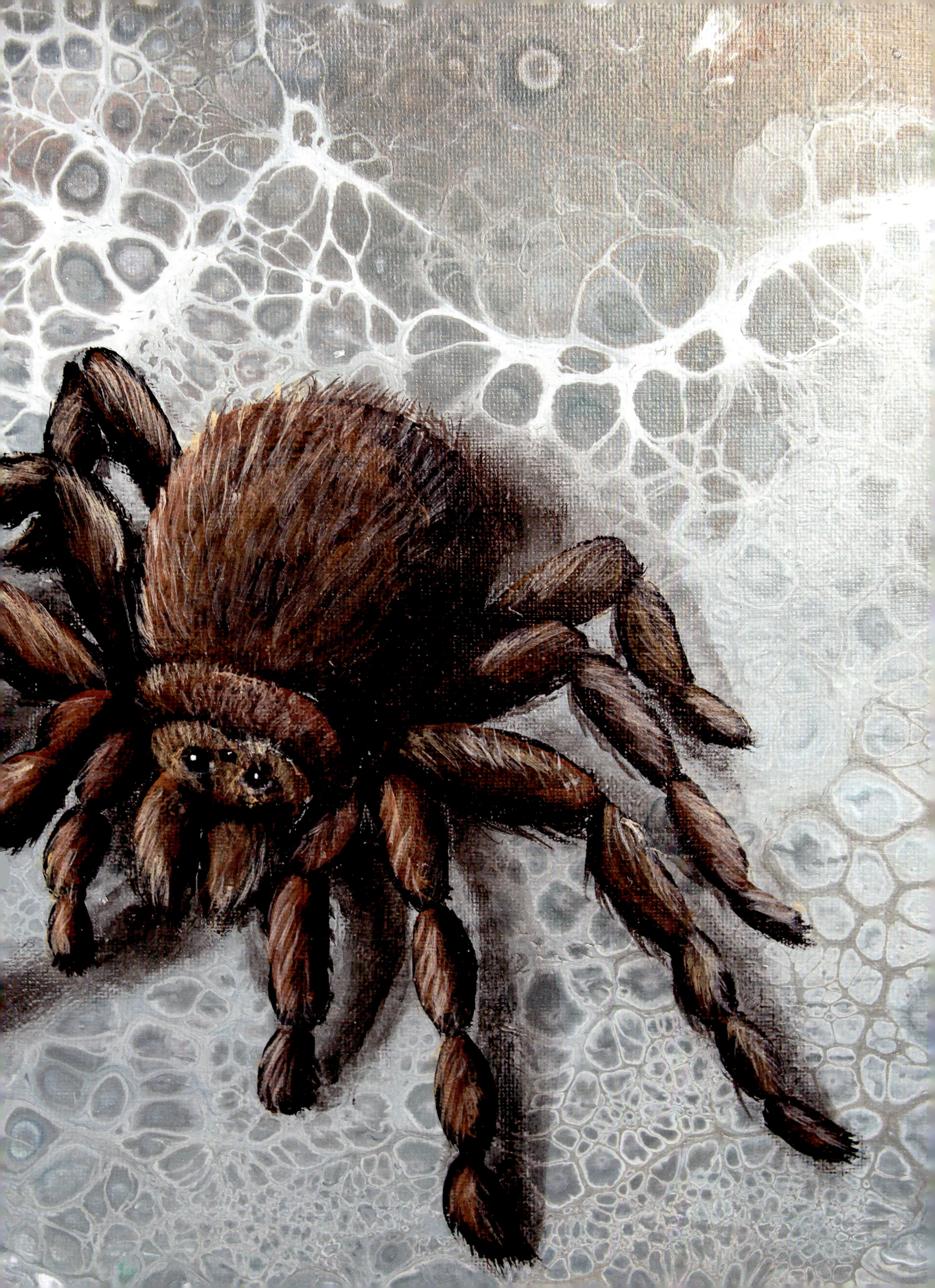

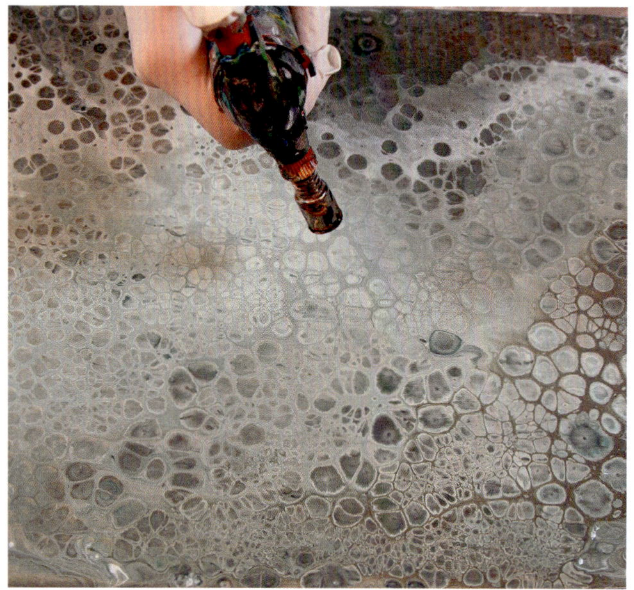

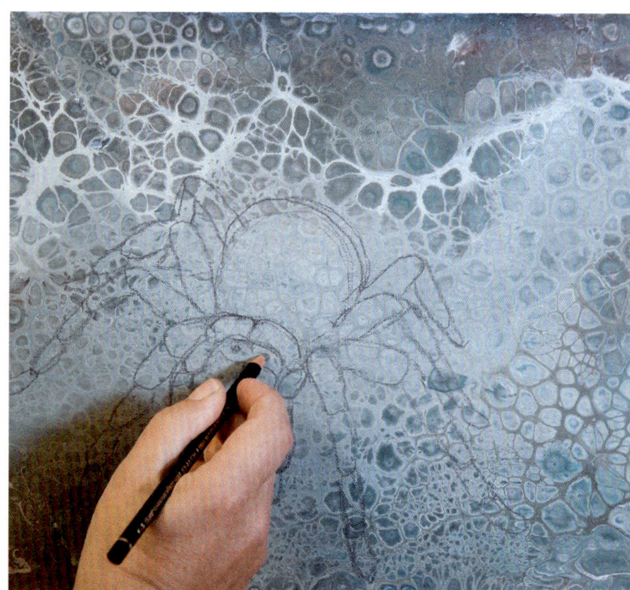

5 Sobald Sie die Oberfläche des Bildes mit dem Crème-Brûlée-Brenner leicht angeflammt haben, entsteht wie von Geisterhand ein Netz aus feinen Linien. Wichtig: Warten Sie mit dem Anflammen einen kleinen Augenblick nach dem Gießen und geben Sie dem Silikonöl Zeit, sich an die Oberfläche hindurch zu arbeiten! Und erschrecken Sie nicht über die anfänglich noch recht dunkel wirkende Netzstruktur. Sie wird sich nach dem Trocknen farblich verändern und heller.

6 Nach einer Trockenzeit von 24 Stunden zeichnen Sie die Spinne mit einem schwarzen Aquarellstift in die Mitte ihres Netzes. Die Skizze finden Sie in der Digitalen Bibliothek.

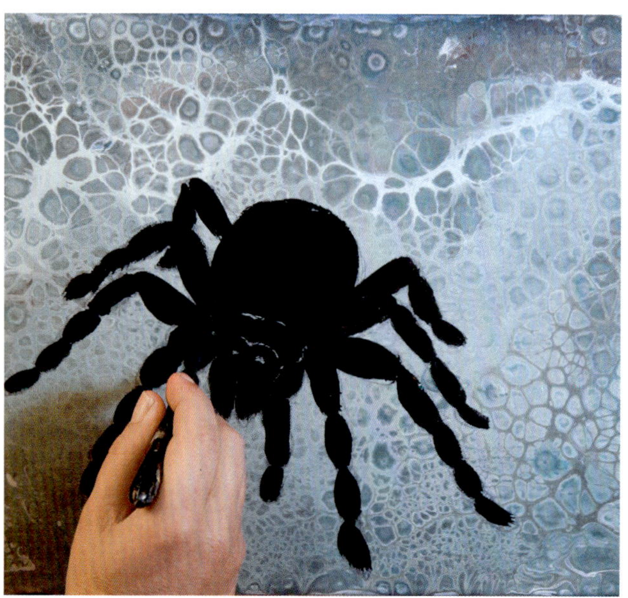

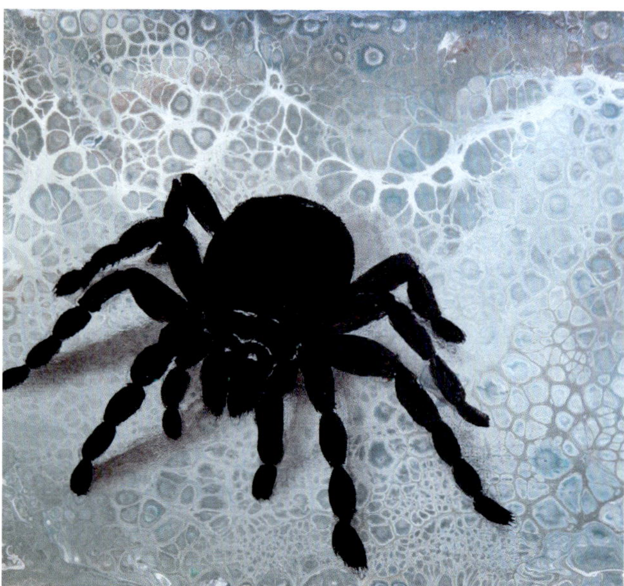

7 Mit dem Spitzpinsel füllen Sie die Vorzeichnung der Spinne komplett in Schwarz aus. Er eignet sich ausgezeichnet für ganz exaktes Arbeiten.

8 Nach kurzer Trockenzeit geben Sie einen Hauch Schwarz als Schatten unter die Spinne, damit sie sich vom Hintergrund abhebt.

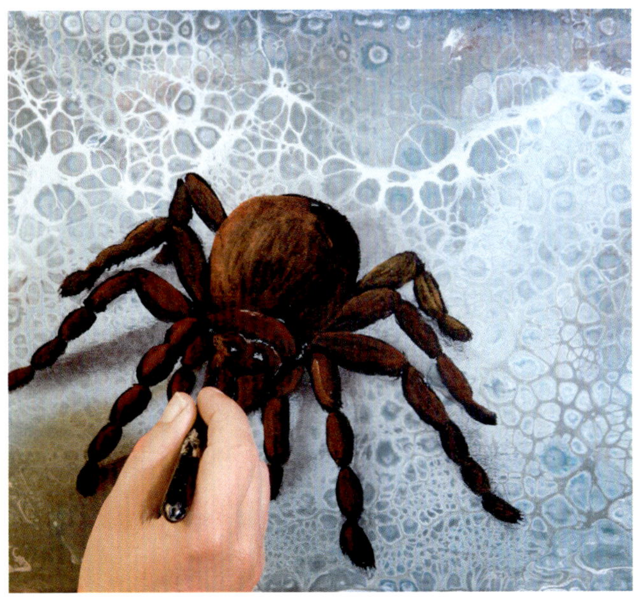

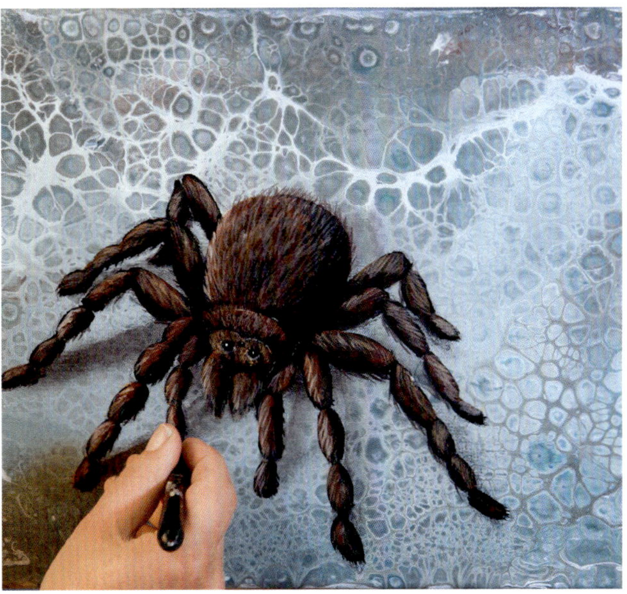

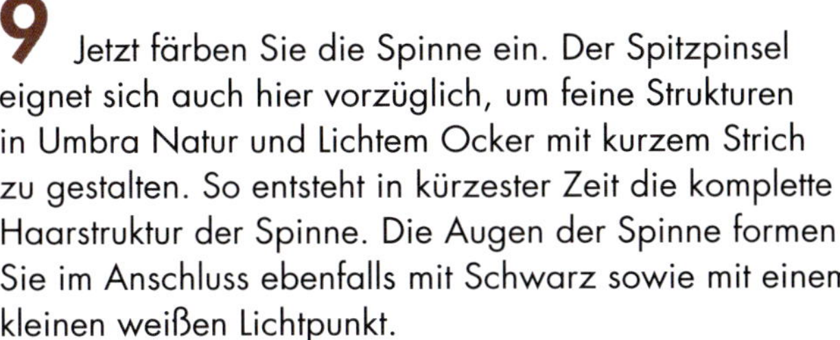

9 Jetzt färben Sie die Spinne ein. Der Spitzpinsel eignet sich auch hier vorzüglich, um feine Strukturen in Umbra Natur und Lichtem Ocker mit kurzem Strich zu gestalten. So entsteht in kürzester Zeit die komplette Haarstruktur der Spinne. Die Augen der Spinne formen Sie im Anschluss ebenfalls mit Schwarz sowie mit einem kleinen weißen Lichtpunkt.

10 Mit einer Mischung aus Titanweiß und ein wenig Umbra Natur bringen Sie etwas Licht auf der linken, der Licht zugewandten Seite der Spinne auf. Auch hier arbeiten Sie mit feinem kurzem Strich. Die Schattenseite erfährt mit einer Mischung aus Schwarz und Umbra Natur etwas mehr Tiefe, damit das Bild möglichst dreidimensional wirkt.

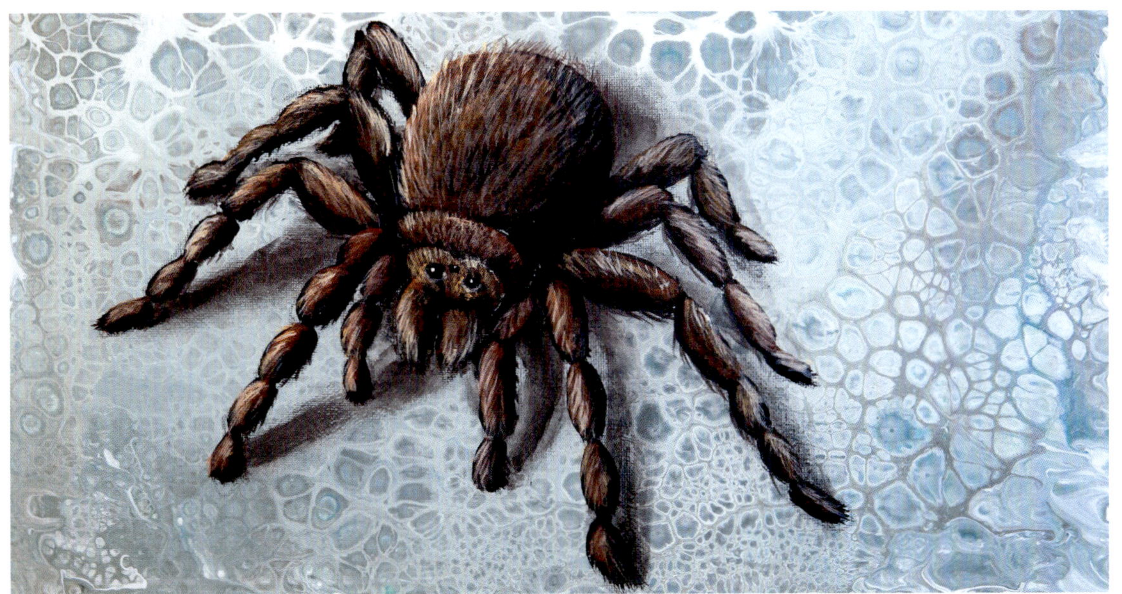

FLIP CUP

11 Fürchten Sie sich nicht, die Spinne bleibt garantiert auf der Leinwand! Mit dieser Arbeit wollten wir Ihnen zeigen, wie schön sich die Pouring-Technik mit anderen Maltechniken kombinieren lässt. Hier dominiert nicht der Flip Cup das Bild, sondern dient als fantastischer Hintergrund.

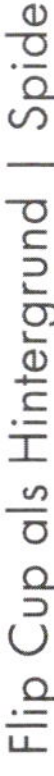

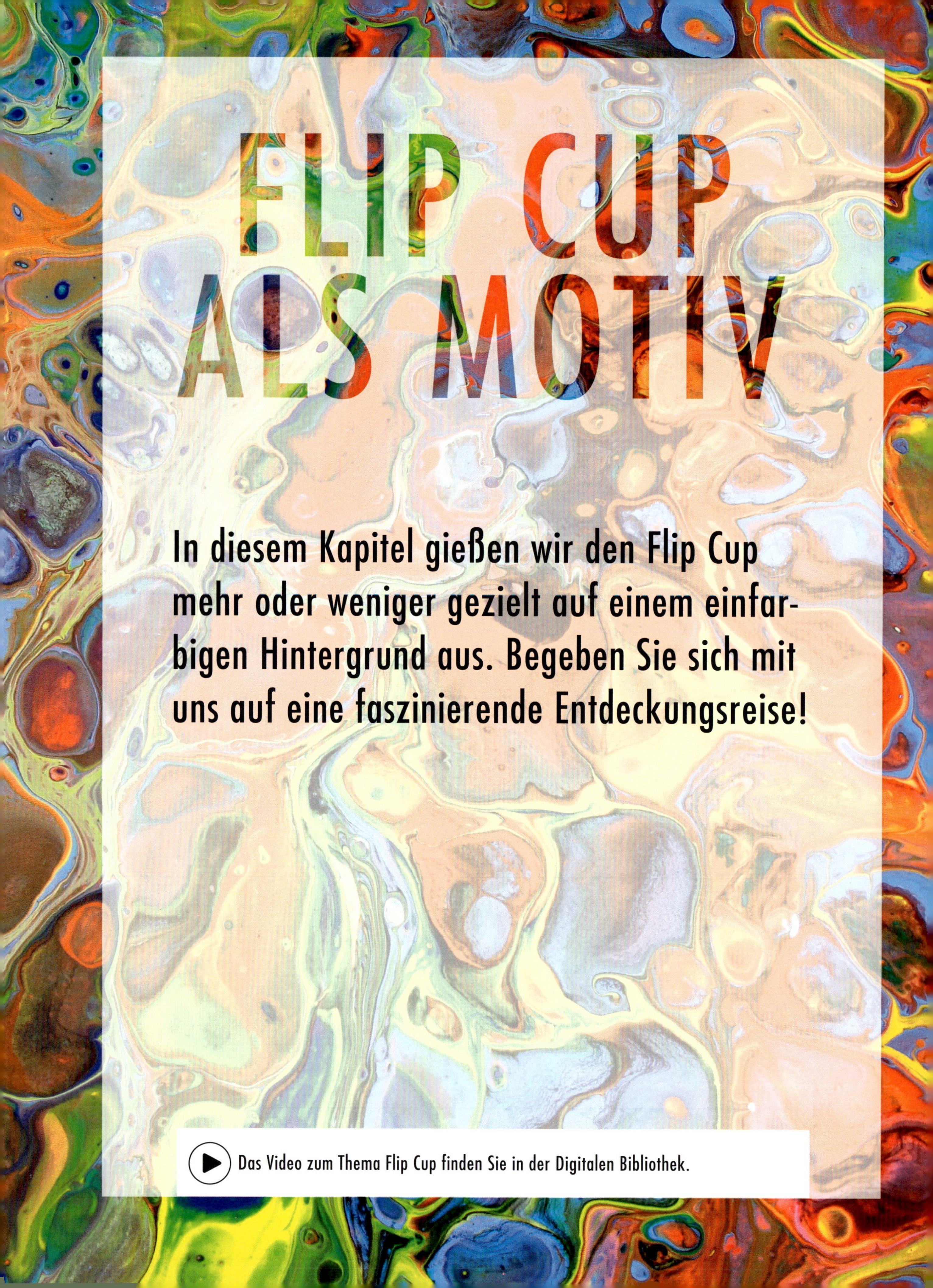

FLIP CUP ALS MOTIV

In diesem Kapitel gießen wir den Flip Cup mehr oder weniger gezielt auf einem einfarbigen Hintergrund aus. Begeben Sie sich mit uns auf eine faszinierende Entdeckungsreise!

Das Video zum Thema Flip Cup finden Sie in der Digitalen Bibliothek.

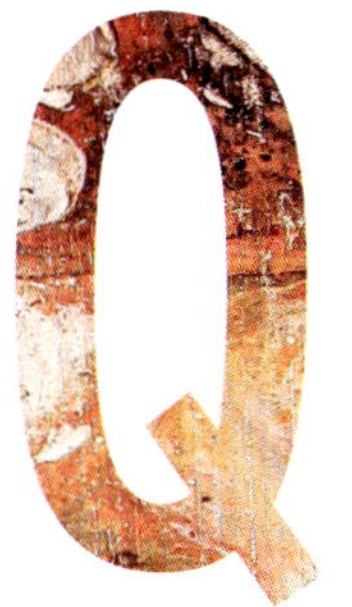
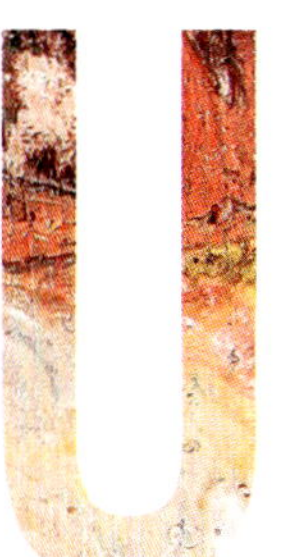
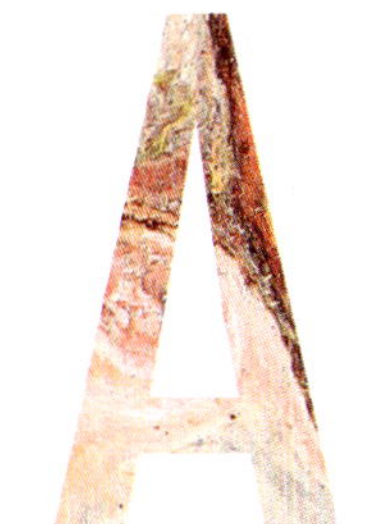
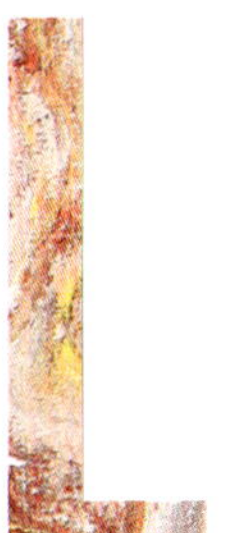
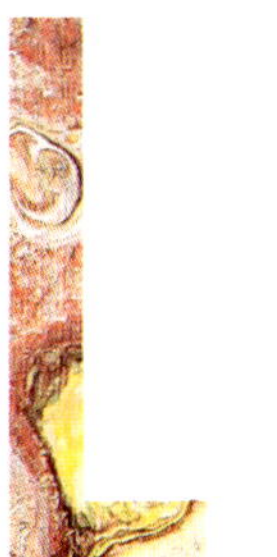
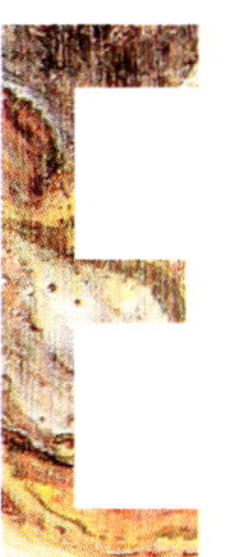

QUALLE

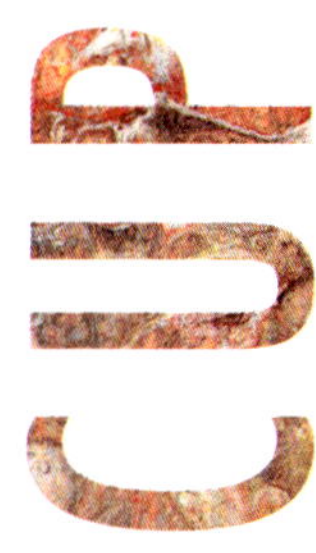

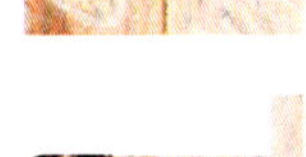
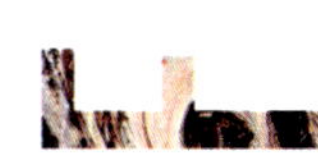

Bei diesem Bild steht die fast schwerelos wirkende Qualle im Mittelpunkt. Dieses Motiv können Sie auch aus übrig gebliebenen Farbresten von anderen Pouring-Bildern leicht umsetzen. Bannen Sie den Meeresbewohner mit wenigen Handgriffen eindrucksvoll auf die Leinwand und arbeiten Sie das Ganze mit viel Fantasie aus. Hier können Sie sowohl farbenfroh mit Kontrasten arbeiten oder auch nur mit zwei Farbtönen spielen. Das Ergebnis wird Sie in jeder Variante überraschen.

MATERIAL

Leinwand 30 cm x 40 cm | Farben: Titanweiß, Lichter Ocker, Indischgelb, Karminrot, Umbra Natur, Schwarz | Palettmesser, 30 cm | kleine Trapezspachtel | mehrere Becher | Rührhölzchen | Silikonöl | Pouring Medium | destilliertes Wasser oder Tiefgrund

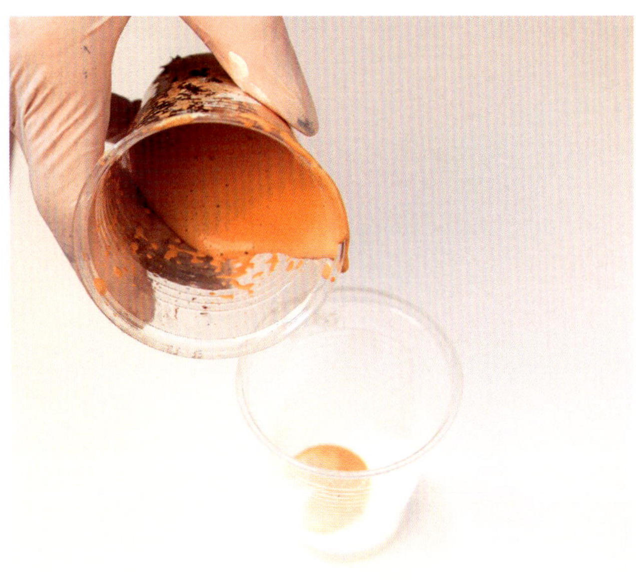

1 Als Erstes füllen Sie die vorbereiteten Farben (siehe Seite 14) in beliebiger Reihenfolge in einen Leerbecher. Bitte achten Sie darauf, dass Sie nicht zu viele dunkle Farben verwenden, um schöne Kontraste zu erzielen.

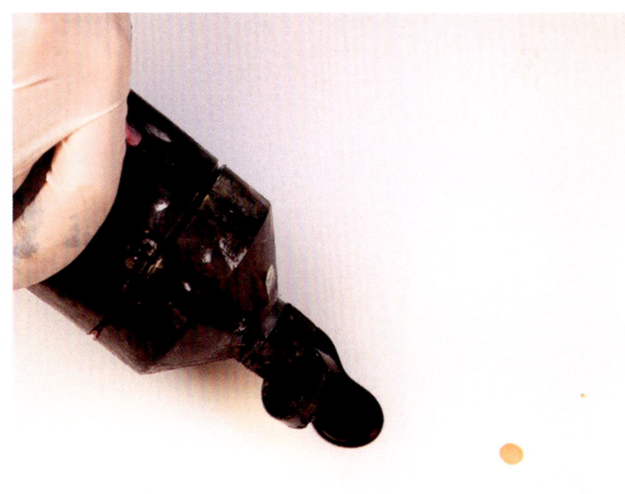

2 Dann geben Sie die ebenfalls vorbereitete schwarze Farbe (natürlich ohne Silikonöl!) als Grundierung auf die Leinwand.

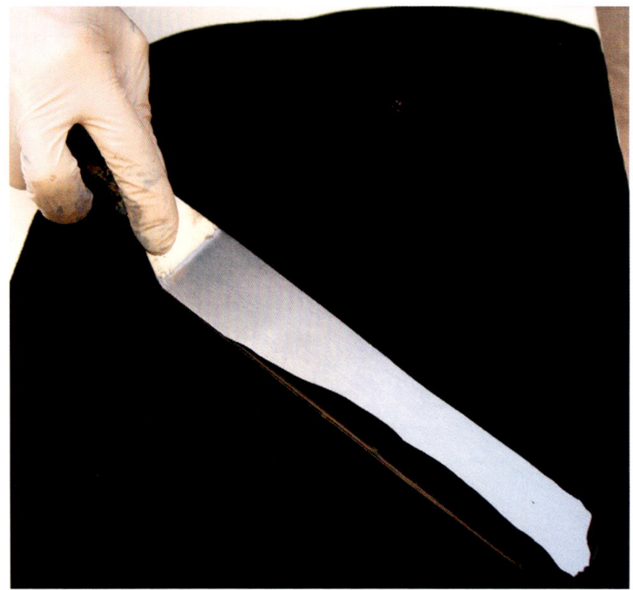

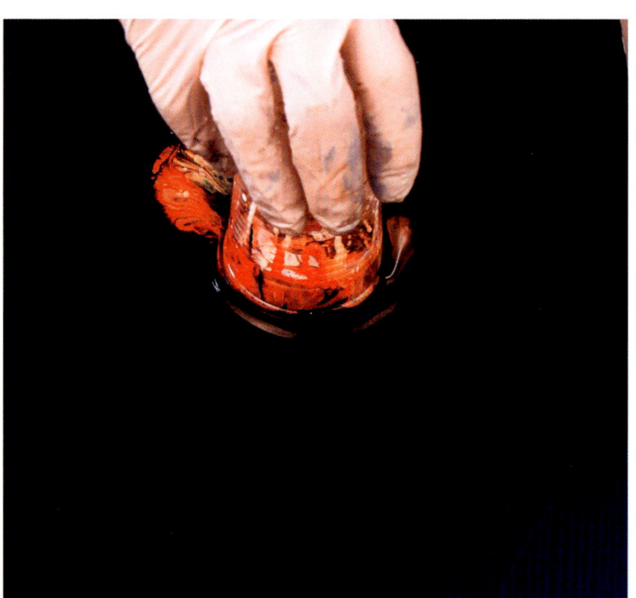

3 Mit einem Palettmesser verteilen Sie die Hintergrundfarbe gleichmäßig dünn über die gesamte Fläche und erhalten so einen fließfähigen Untergrund.

4 Stülpen Sie nun den Schüttbecher mit der Pouring-Mischung auf die Leinwand und ziehen Sie ihn senkrecht nach oben ab, sobald die Farbe nach unten gelaufen ist.

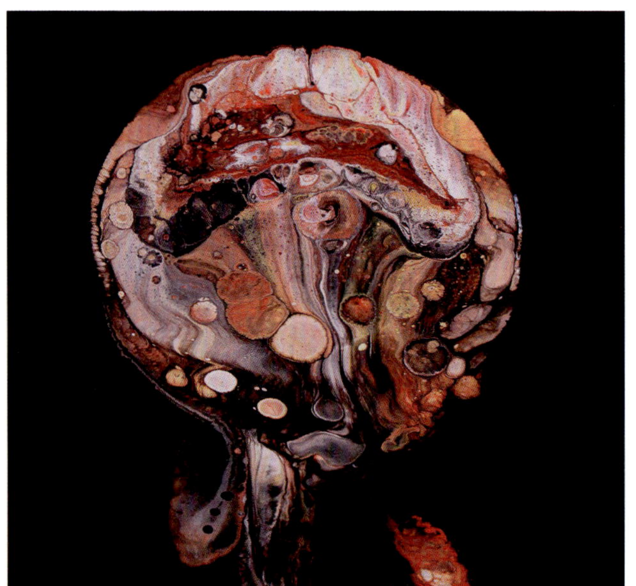

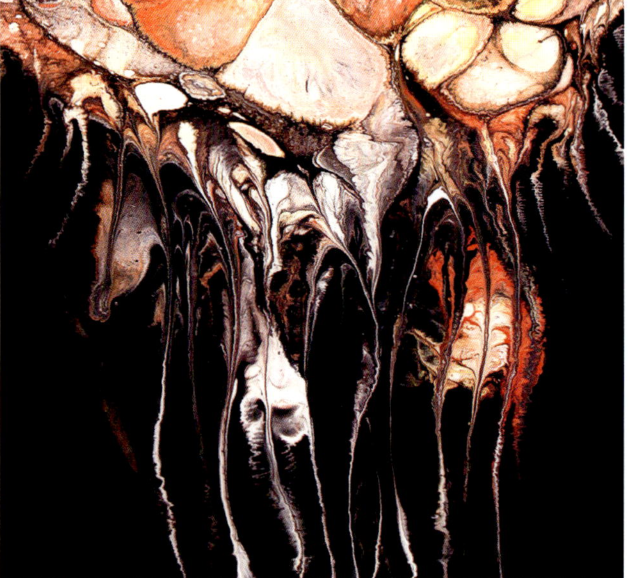

5 Durch die herausströmende Farbe ist ein großes ovales Gebilde entstanden und auch die Zellbildung erfolgt innerhalb weniger Augenblicke. Diesmal lassen Sie die Farbmischung nicht durchtrocknen, sondern gehen sofort an den nächsten Schritt.

6 Mit einer kleinen Spachtel ziehen Sie aus der noch feuchten Farbe die Nesselfäden der Qualle nach unten hin weg. Und schon ist Ihr Bild fertig und Sie wundern sich vielleicht, wie schnell und mit wenigen Schritten eine Qualle ausdrucksvoll gestaltet werden kann.

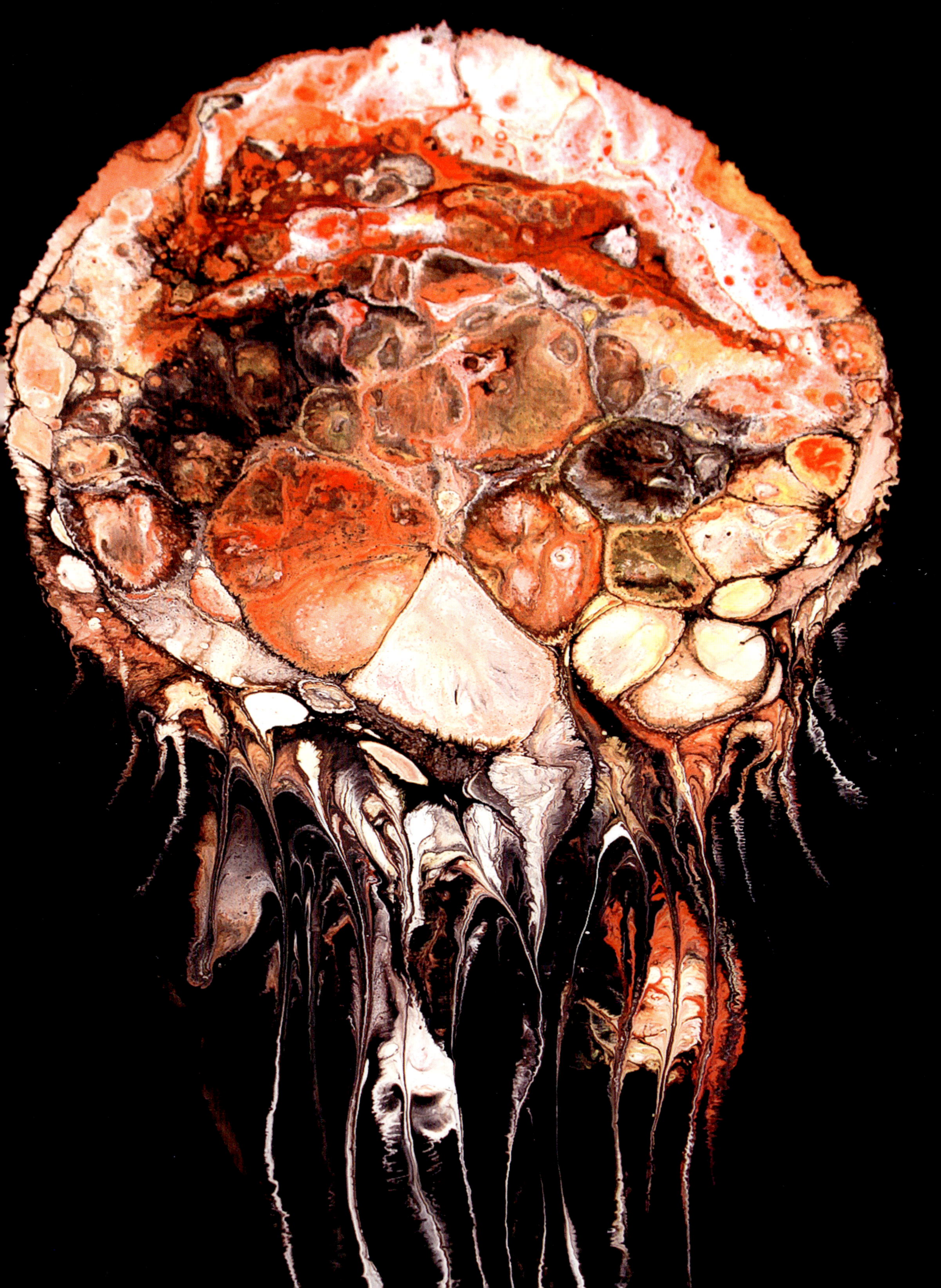

POURING TRIFFT CHAGALL

Bei diesem Bild wandeln wir auf den Spuren von Marc Chagall (1887–1985), der zu den herausragenden Künstlern des 20. Jahrhunderts zählt. Viele seiner Bildgestaltungen sind von magisch-märchenhaftem Charakter und faszinieren die Betrachter auf der ganzen Welt. Es lohnt sich, in seine Arbeiten einzutauchen und seine spezielle Form- und Farbgebung zu studieren. Wir haben uns bei diesem Motiv für zwei komplett gegenläufige Pouring-Schüttungen als Grundlage entschieden: auf der einen Seite ein kräftiges Blau mit Gelb- und Grüntönen, auf der anderen Seite ein knalliges Rot als Kontrast. Hier ist genaues Beobachten und Ausarbeiten gefragt, ganz anders als bei unserem Picasso (Seite 29), der aufgrund seiner grafischen Formgebung und dem gleichmäßigen Hintergrund sehr einfach von der Hand geht.

MATERIAL

Leinwand 30 cm x 40 cm | Farben: Titanweiß, Lichter Ocker, Indischgelb, Kadmiumgelb, Orange, Karminrot, Phthaloblau, Phthalogrün, Permanentgrün, Paynesgrau | 8er Spitzpinsel, synthetisch | 10er Katzenzungenpinsel, Borste | mehrere Becher | Rührhölzchen | Silikonöl | Pouring Medium | destilliertes Wasser oder Tiefgrund | Crème-Brûlée-Brenner | Acrylmarker in Schwarz

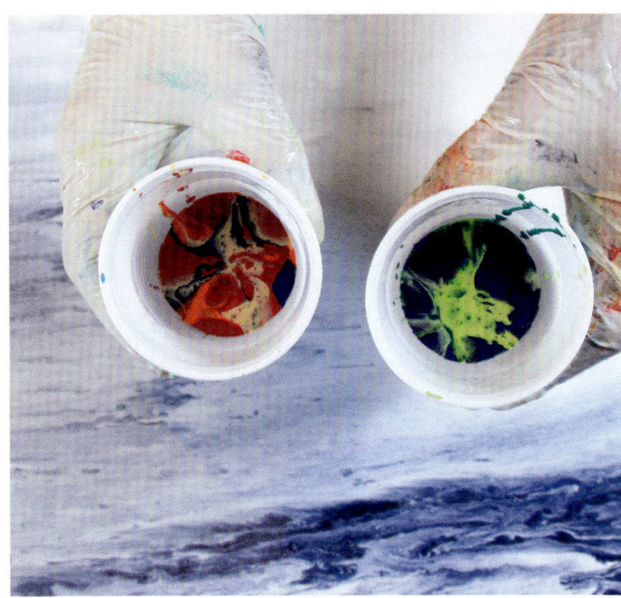

1 Für die beiden Pourings bereiten Sie jeweils einen Becher mit Rot- und Gelbtönen und einen mit Grün-, Blau- und Gelbtönen vor.

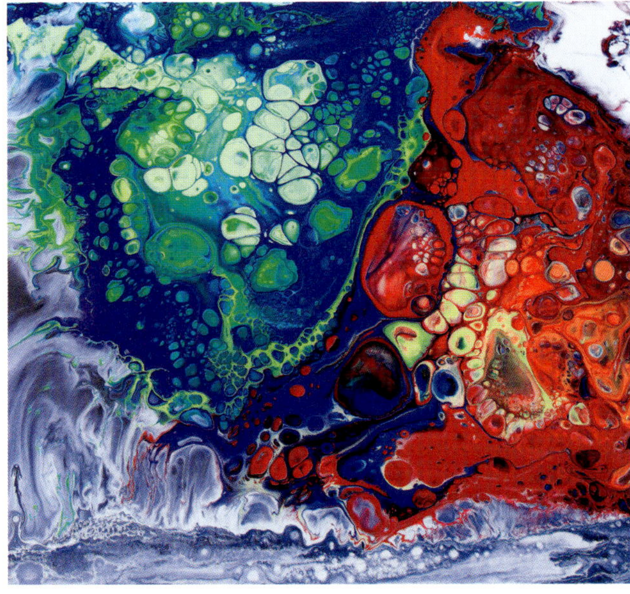

2 Dann gießen Sie die zwei unterschiedlichen Farbmischungen jeweils auf eine Hälfte der Leinwand und schon haben Sie die Grundlage für Ihr Bild.

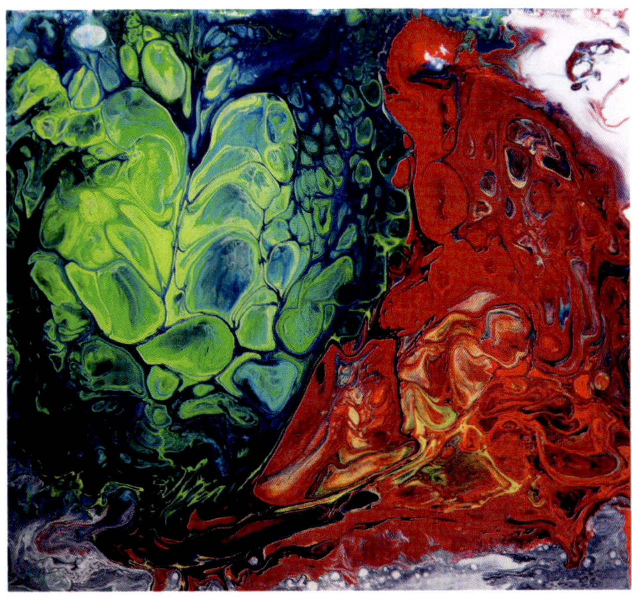

3 Die Schüttung erscheint auf den ersten Blick sehr abstrakt, doch bei näherem Betrachten haben wir eine rote Taube im Stile Chagalls entdeckt. Bestimmt fällt sie Ihnen jetzt auch ins Auge!

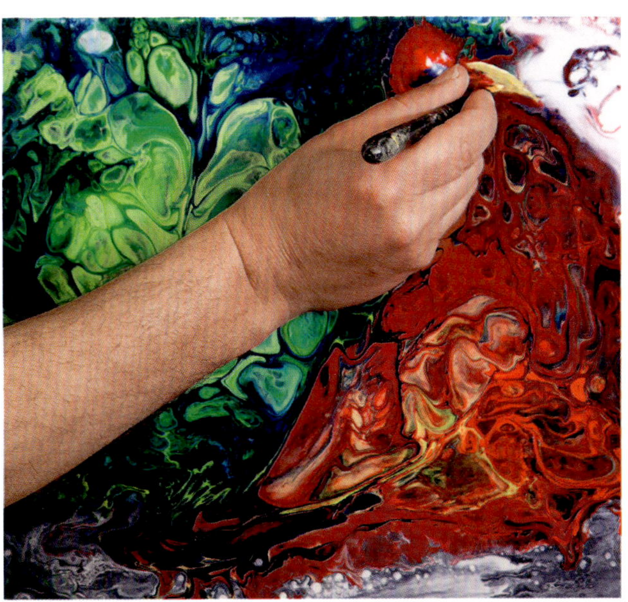

4 Daher geht es zuerst an das Ausarbeiten der Taube. Mit dem Spitzpinsel formen Sie den Schnabel in einer Mischung aus Indischgelb und Titanweiß heraus.

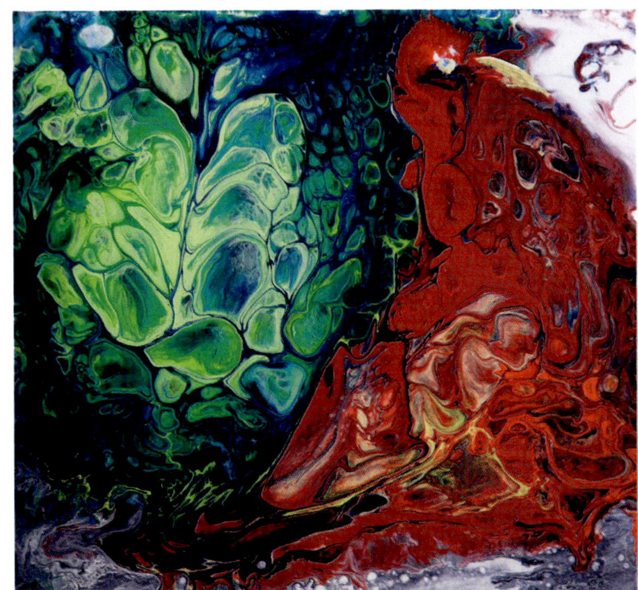

5 Überprüfen Sie, ob die Idee mit der roten Taube auf der rechten Seite und dem Ast mit den grünen Blättern auf der linken Seite wirklich trägt. Denn noch könnten Sie das Motiv in eine andere Richtung lenken. Aber hier passt alles!

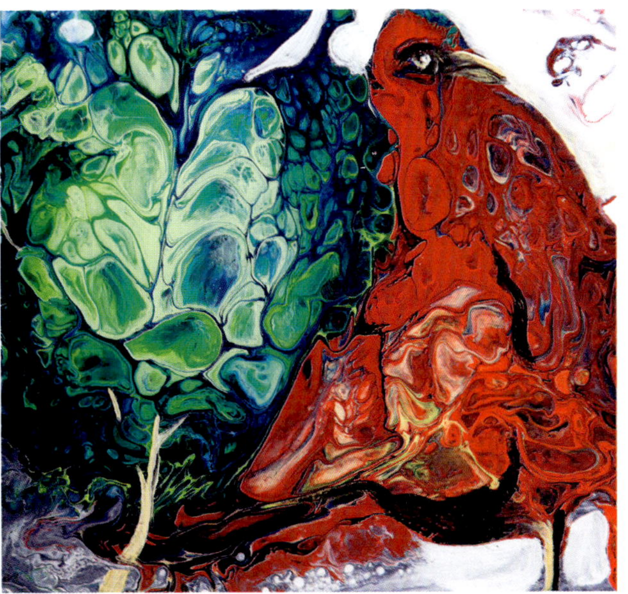

6 Mit dem Spitzpinsel arbeiten Sie das Auge der Taube heraus. Dafür setzen Sie eine schwarze Pupille ein und ziehen einen Halbkreis in einer Mischung aus Indischgelb und Titanweiß darum. Die Schatten am Schnabel holen Sie ebenfalls mit dem Spitzpinsel zart heraus. Anschließend gestalten Sie das Bein sowie den Ast im Hintergrund mit einer Mischung aus Lichtem Ocker und Titanweiß.

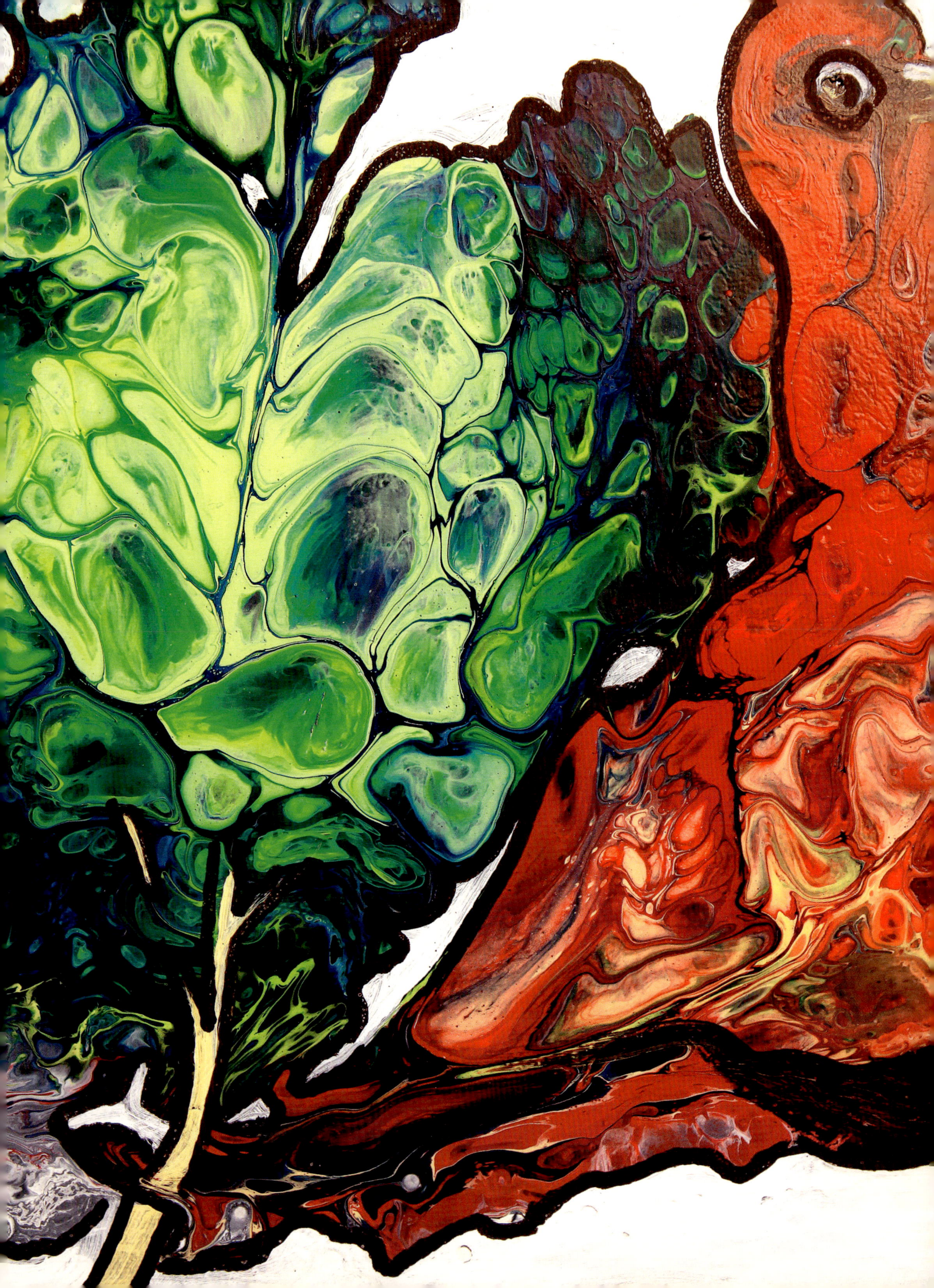

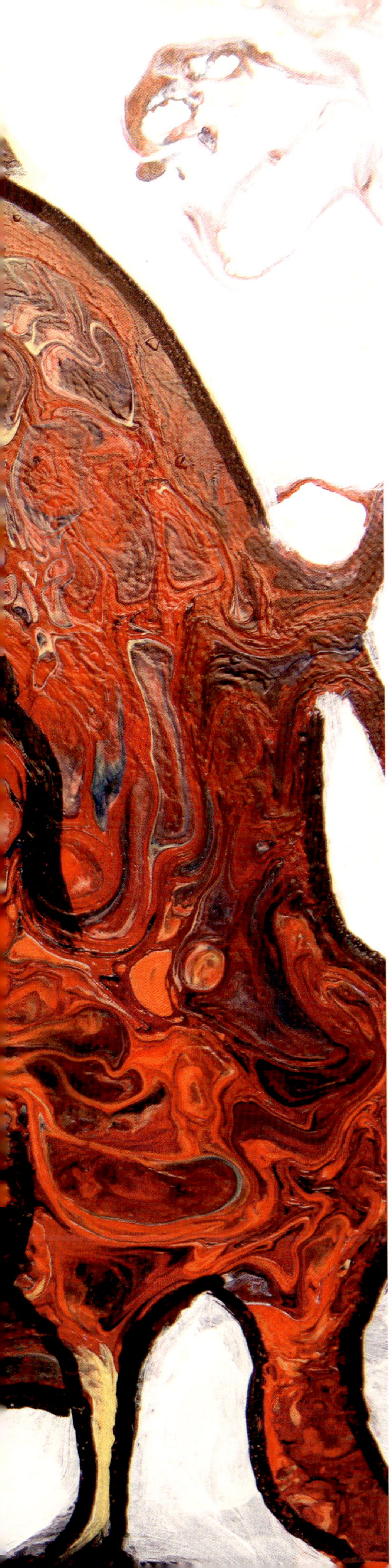

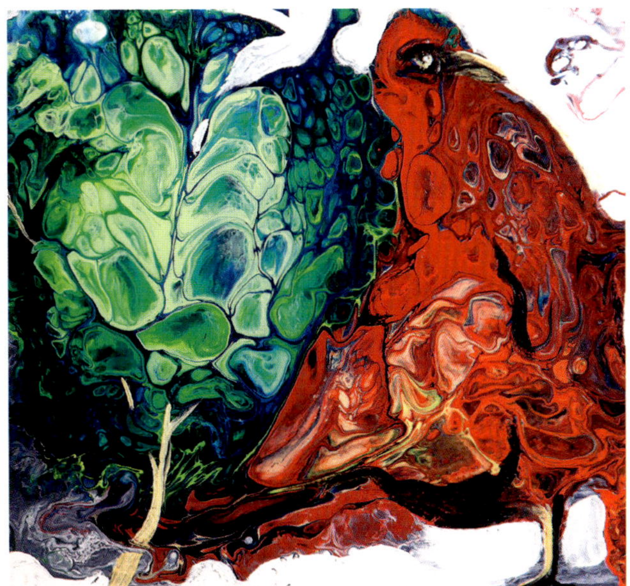

7 Nun gleichen Sie mit Titanweiß und dem Borstenpinsel überflüssige oder nicht passende Stellen im Hintergrund aus und arbeiten so das Motiv genauer heraus.

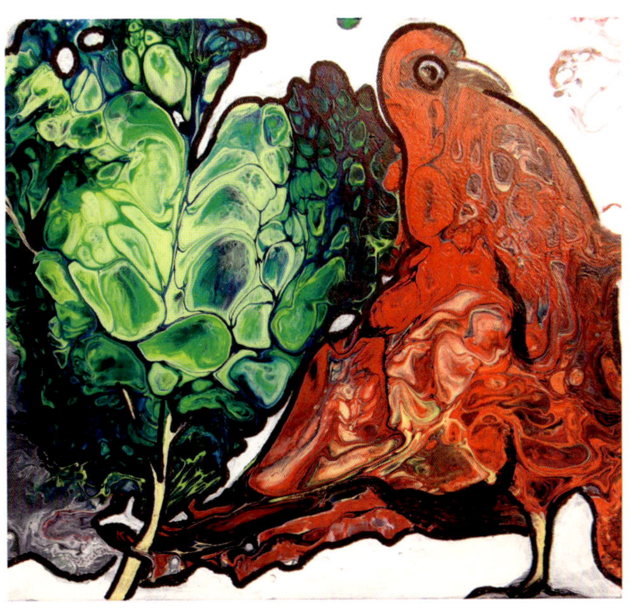

8 Wenn Sie den Kontrast noch verstärken möchten, können Sie zum Schluss die Umrisse Ihres Motivs nochmals umranden.

Unser Tipp

Gehen Sie mal wieder ins Museum und lassen Sie sich von dem einen oder anderen Maler für Ihr nächstes Pouring-Bild inspirieren!

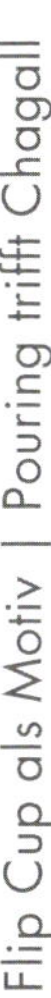

NEUGIERIGER VOGEL

Auf einem gezogenen Flip Cup (Seite 18) und einem nicht formatfüllenden Pouringbild basiert dieser interessiert und neugierig schauende Vogel. Wir haben das Motiv für Sie zweimal geschüttet, um Ihnen zu zeigen, dass es ganz leicht nachzuarbeiten ist. Probieren Sie es aus! Natürlich können Sie auch hier die Farbigkeit beliebig variieren. Wir beide fanden die vorgestellte Grün-Gelb-Mischung sehr ansprechend und ausdrucksvoll.

MATERIAL

Leinwand 30 cm x 40 cm | Farben: Titanweiß, Kadmiumgelb, Indischgelb, Orange, Phthalogrün, Permanentgrün, Schwarz | 8er Spitzpinsel, synthetisch | 8er Katzenzungenpinsel, Borste | Palettmesser | mehrere Becher | Rührhölzchen | Silikonöl | Pouring Medium | destilliertes Wasser oder Tiefgrund | Crème-Brûlée-Brenner

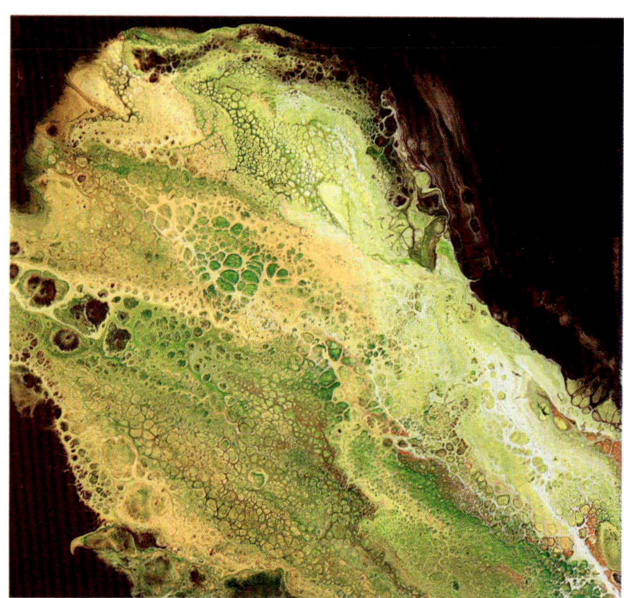

1 Für die Untermalung des Vogels mischen Sie in einem Becher Schwarz mit Pouring Medium im üblichen Verhältnis 1:1 und tragen die Mischung mit einem Palettmesser glatt auf. Für den Vogel bereiten Sie die Gelb- und Grüntöne vor (Seite 14) und geben sie in den Schüttbecher. Achten Sie darauf, dass diese Farbmischung ziemlich dünnflüssig ist, damit keine dicken Ränder entstehen. Dann setzen Sie den Becher auf die Leinwand und ziehen ihn in die gewünschte Form, ohne ihn dabei hochzuheben.

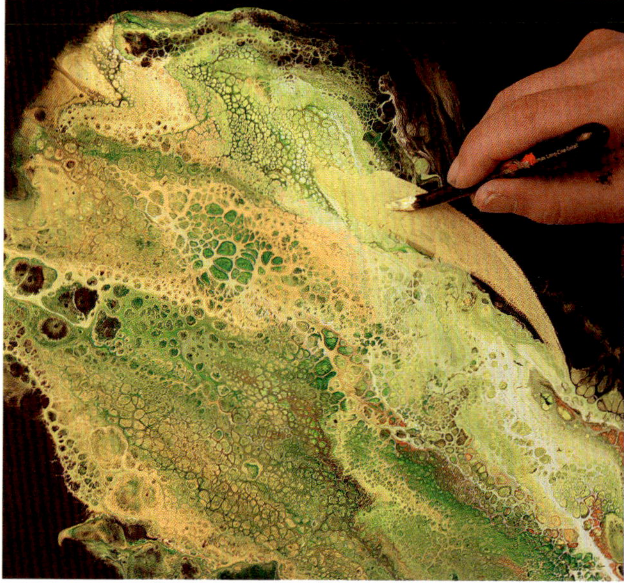

2 Nach dem Trocknen formen Sie den Schnabel mit dem Spitzpinsel in einer Mischung aus Indischgelb und etwas Titanweiß heraus. Die Skizze für den Vogel finden Sie in der Digitalen Bibliothek.

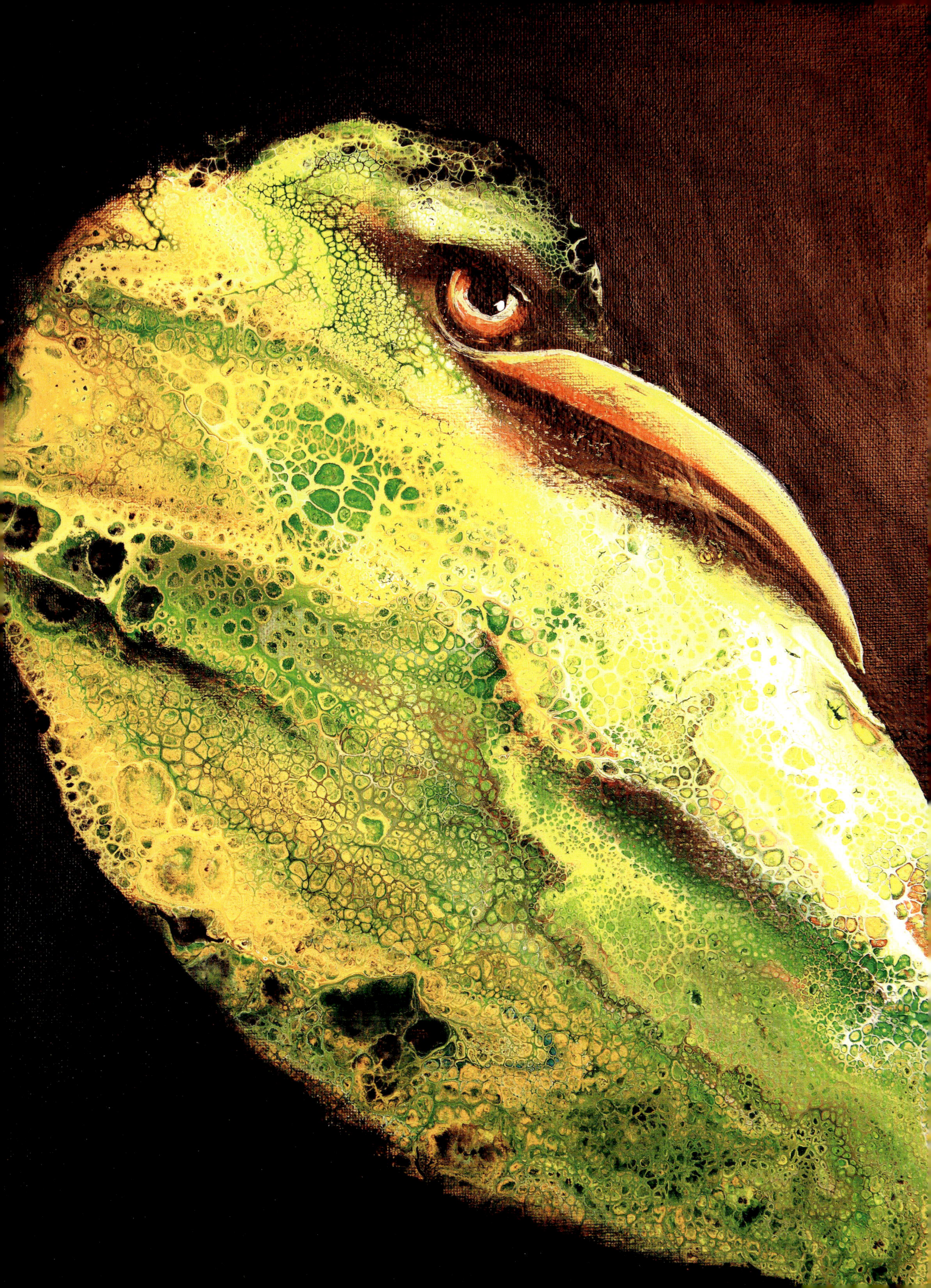

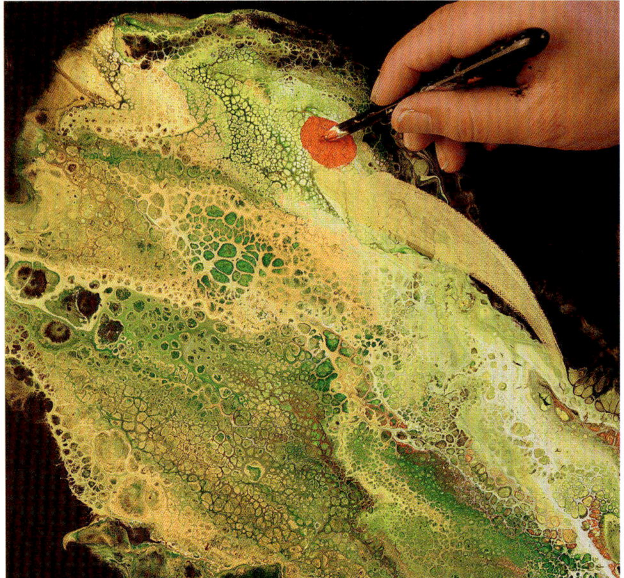

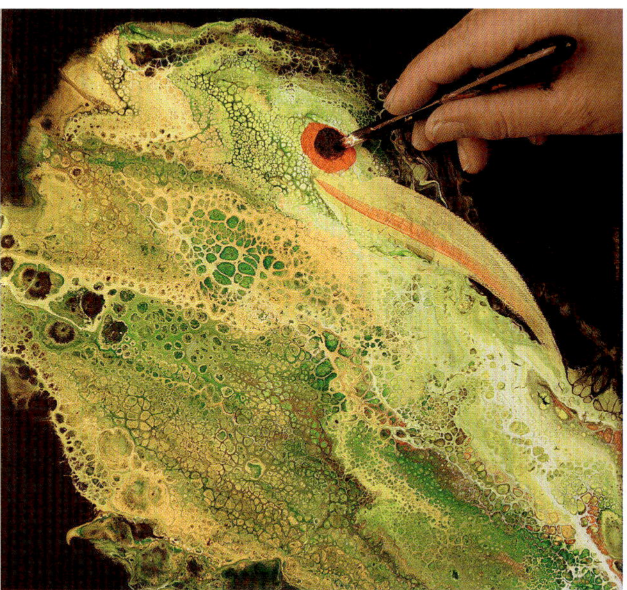

3 Mit kräftigem Orange wird das Auge des Vogels ausgeformt, auch hierzu verwenden Sie wieder den Spitzpinsel.

4 Mit einem zarten Rest Orange auf dem Pinsel ziehen Sie eine Trennlinie zwischen dem oberen und dem unteren Teil des Schnabels. Ohne langes Abwarten formen Sie gleich auch die Pupille des Vogels mit etwas Schwarz heraus.

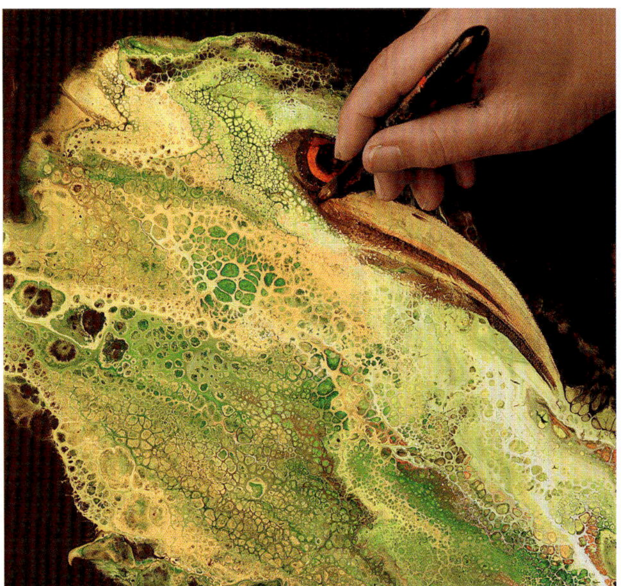

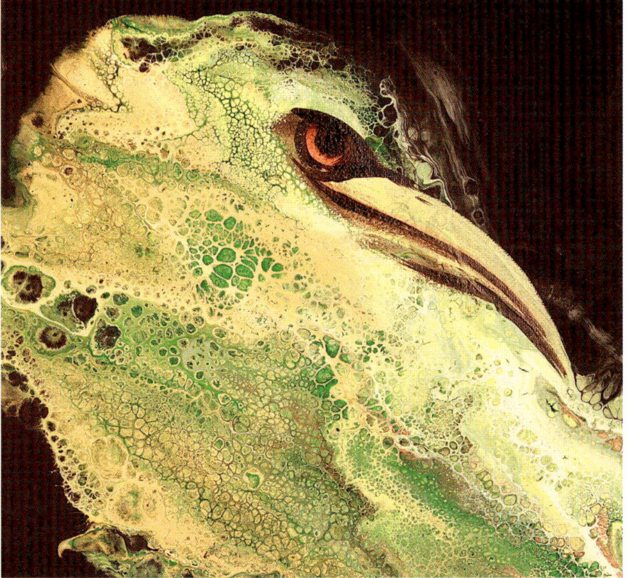

5 Die Schattierungen um das Auge herum und die tieferen Schatten am Schnabel werden mit einer Mischung aus Orange und etwas Schwarz geformt. Achten Sie darauf, dass Sie sehr wenig Farbe benutzen, so dass der Hintergrund fast durchscheint! Um die Tiefe zu verstärken, können Sie jederzeit nochmals darüber gehen. Denken Sie daran, es ist viel leichter dunkler zu werden als heller!

6 Mit der gleichen Orange-Schwarz-Mischung reiben Sie nun sehr trocken mit dem Borstenpinsel einen Hauch dieses Farbtons für Ihre Schattierungen in das Bild. Das betrifft hauptsächlich die Partie um das Auge, um mehr Tiefe zu erzielen, und den Schnabel, um ihn vom Körper abzuheben. Außerdem schattieren Sie noch die Flügelpartie ab.

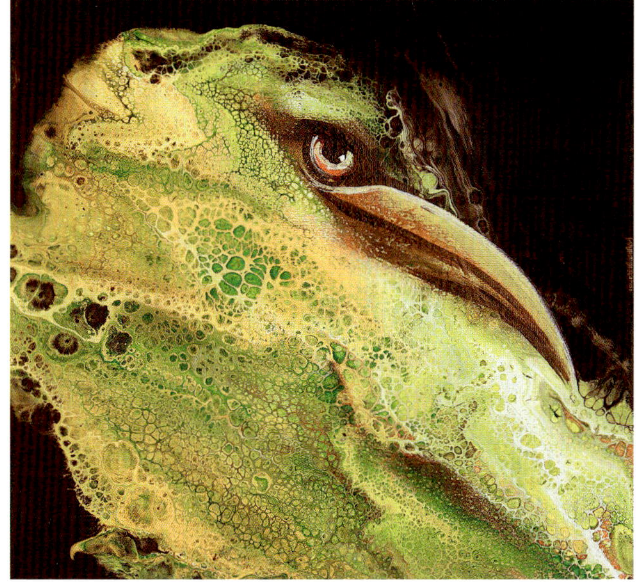

7 Mit ein wenig Titanweiß auf der Spitze des Spitzpinsels bringen Sie etwas Licht in das Auge und an die Oberkante des Schnabels. Und schon schaut Sie der Vogel an!

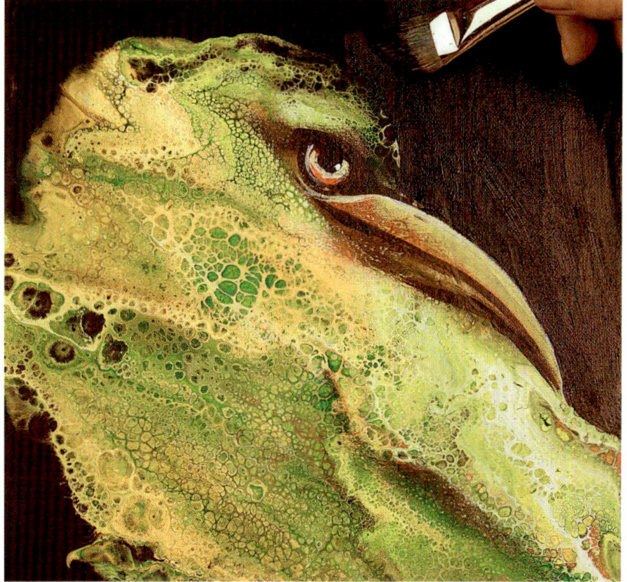

8 Mit dem gleichen Farbton wie die Untermalung, in diesem Falle schwarz, malen Sie nun die Konturen des Vogels mit dem Borstenpinsel nach. Damit können Sie eventuelle Fehler beim Gießen des Pourings ausgleichen und den Vogel in Form bringen.

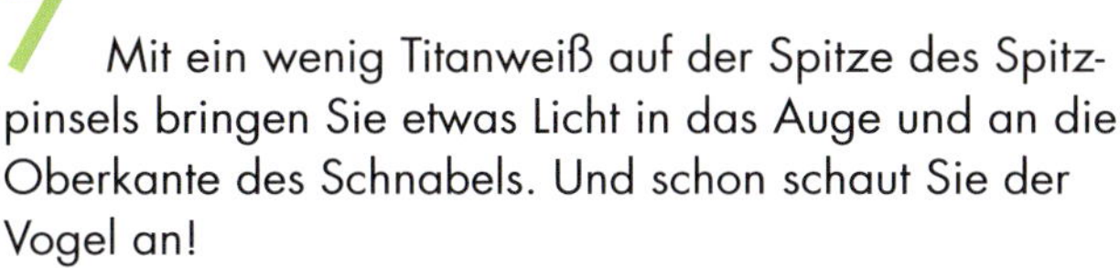

Unser Tipp

Achten Sie unbedingt darauf, dass Sie für das Ausgleichen exakt dieselbe Farbe verwenden wie für die Grundierung! Denn auch gleichnamige Farbtöne können von Hersteller zu Hersteller anders ausfallen.

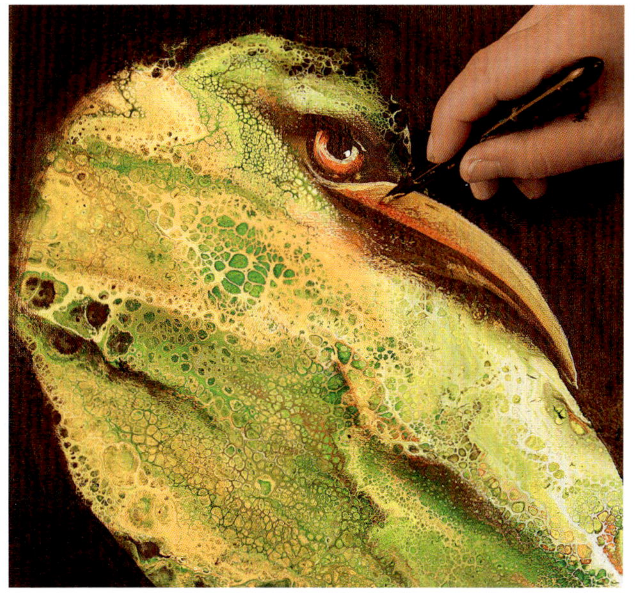

9 Abschließend nehmen Sie noch kleine Bildkorrekturen mit dem Spitzpinsel vor.

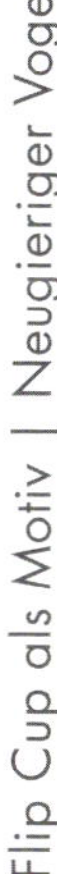

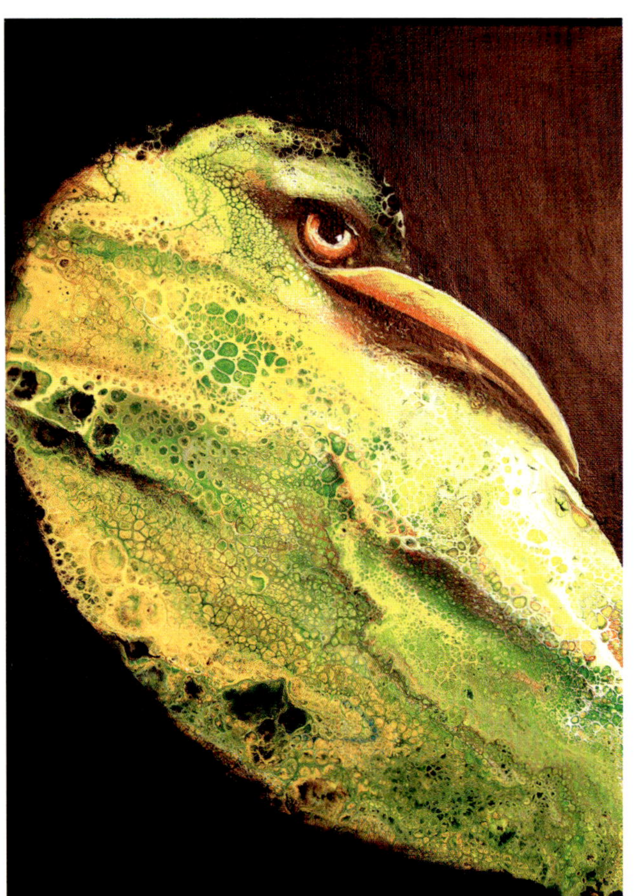

10 So könnte auch Ihr neugieriger Vogel an der Wand erstrahlen und ein kleines Highlight in Ihren Wohnräumen werden. Und das Beste dabei: das Motiv geht blitzschnell, denn im Grund müssen Sie nur den Schnabel und das Auge ausarbeiten.

Unser Tipp

Falls Sie Farbtöne verwendet haben, die glänzend und matt auftrocknen, empfehlen wir Ihnen, Ihr Bild am Ende mit einer dünnen Schicht Acrylklarlack zu überziehen. So haben Sie einen gleichmäßigen Glanz auf der gesamten Oberfläche. Dabei können Sie entscheiden, ob Ihr Bild später hochglänzend oder seidenmatt an der Wand hängen soll.

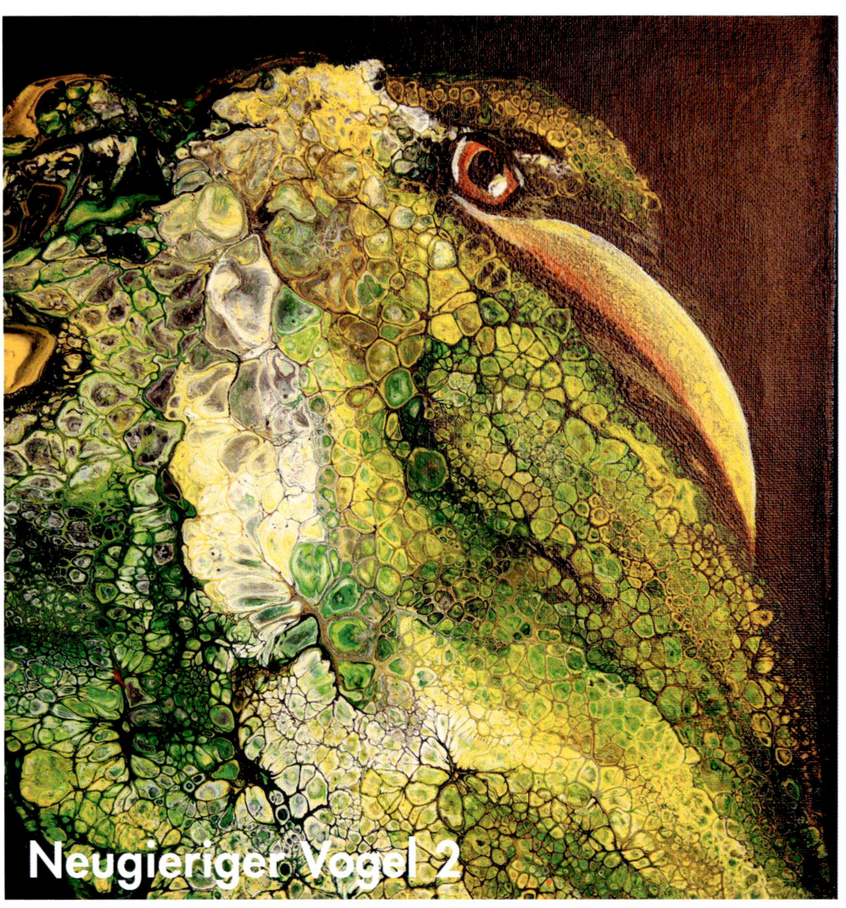

Neugieriger Vogel 2

So schön kam auch unser zweites Pouring für den Vogel heraus.

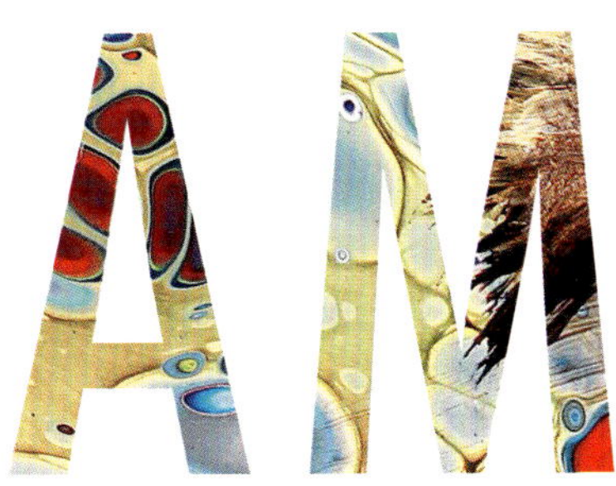
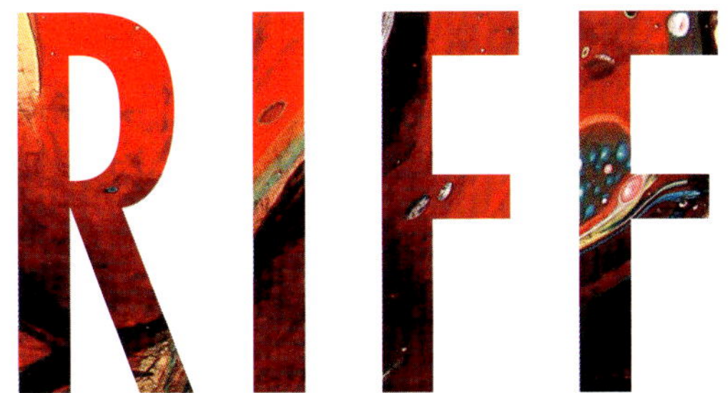

AM RIFF

Viele unserer Motive in diesem Buch haben wir gezielt geschüttet bzw. gegossen. Häufig leben die Pouringbilder jedoch vom Überraschungseffekt und man weiß nicht genau, was beim Schütten entsteht. Hier haben wir uns tatsächlich überraschen lassen und uns auf Entdeckungsreise begeben. Auf Anhieb haben wir beide einen feuerroten Fisch gesehen, der durch die bunte Welt eines Korallenriffs schwimmt. Die anschließende Ausarbeitung war dann nur noch ein Kinderspiel.

MATERIAL

Leinwand 30 cm x 40 cm | Farben: Titanweiß, Kadmiumgelb, Orange, Karminrot, Phthaloblau, Türkis, Schwarz | 8er Spitzpinsel, synthetisch | 10er Katzenzungenpinsel, Borste | mehrere Becher | Rührhölzchen | Silikonöl | Pouring Medium | destilliertes Wasser oder Tiefgrund | Crème-Brûlée-Brenner

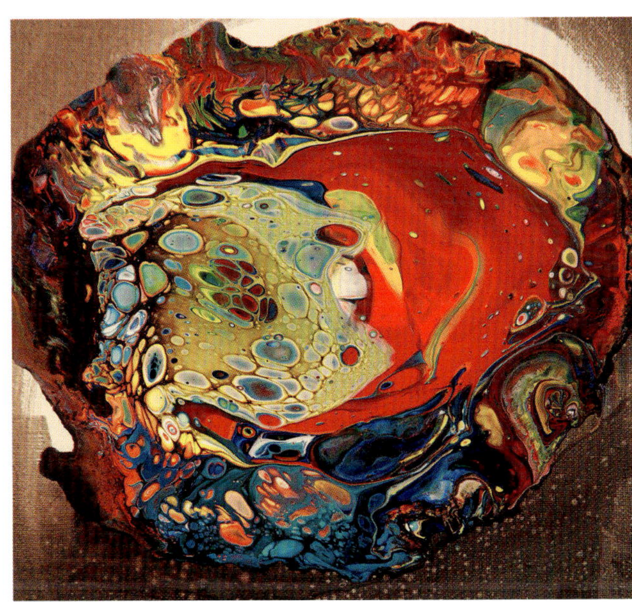

1 Am Anfang stand ein einfacher Flip Cup (Seite 17) aus den oben genannten Buntfarben und etwas Titanweiß. Nach dem Schütten und Trocknen sah unser Pouringbild so aus. Geht es Ihnen wie uns und sehen Sie auch den Fisch im Korallenriff, der nach rechts schwimmt? Sogar das kleine Fischauge war zufällig an der perfekten Stelle entstanden!

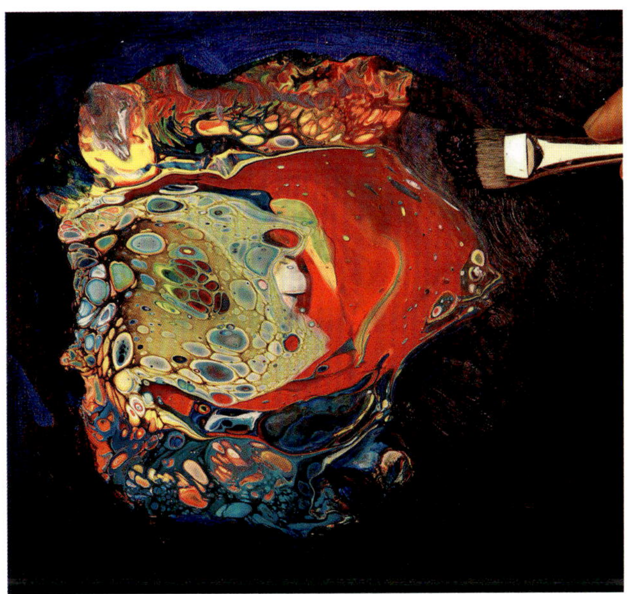

2 Jetzt geht es an die Ausarbeitung. Der Hintergrund, der das Motiv begrenzen soll, wird nun mit einer Mischung aus Phthaloblau und etwas Schwarz beigemalt. Achten Sie darauf, dass Sie etwaige störende Teile der Schüttung übermalen und so schöne Kontraste zwischen Motiv und Hintergrund erreichen.

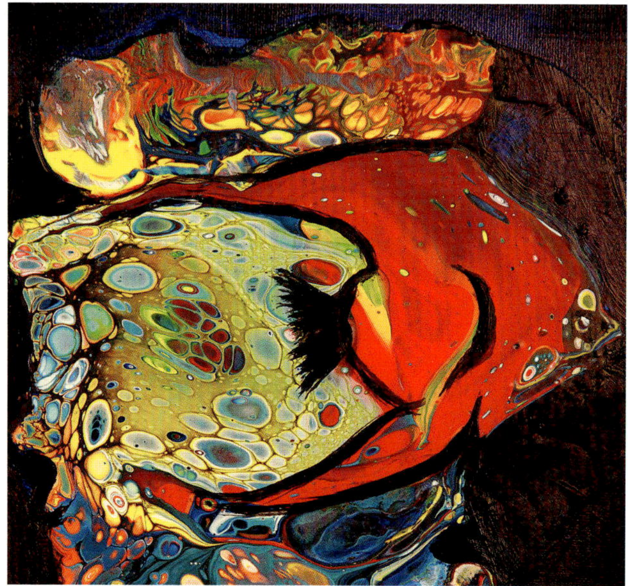

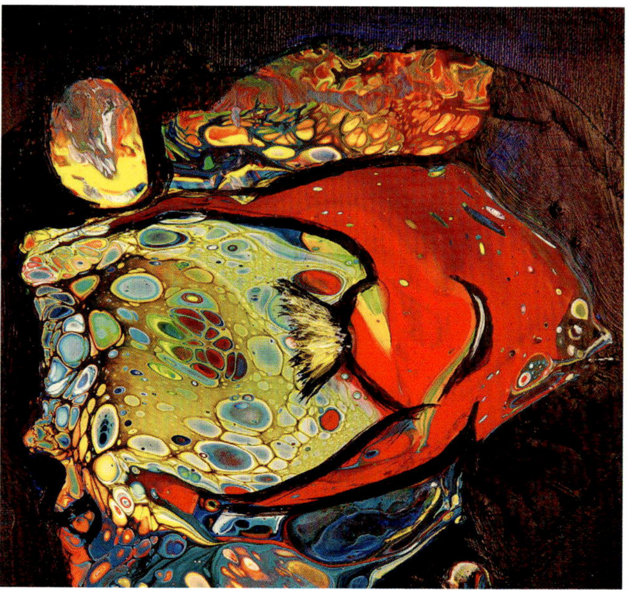

3 Mit dem Spitzpinsel und etwas Schwarz ziehen Sie einige Kontrastlinien ein und platzieren die Schwanzflosse, so dass die Form des Fisches klarer wird.

4 Mit etwas Titanweiß auf dem Spitzpinsel setzen Sie einen Lichtpunkt in das Auge. Auch die Unter- und Oberlippe des Fischs erhält einen Hauch Titanweiß. Die vorher schwarz ausgemalte Schwanzflosse erhält schließlich noch einige kontrastreiche Linien mit einer Mischung aus Kadmiumgelb und Titanweiß.

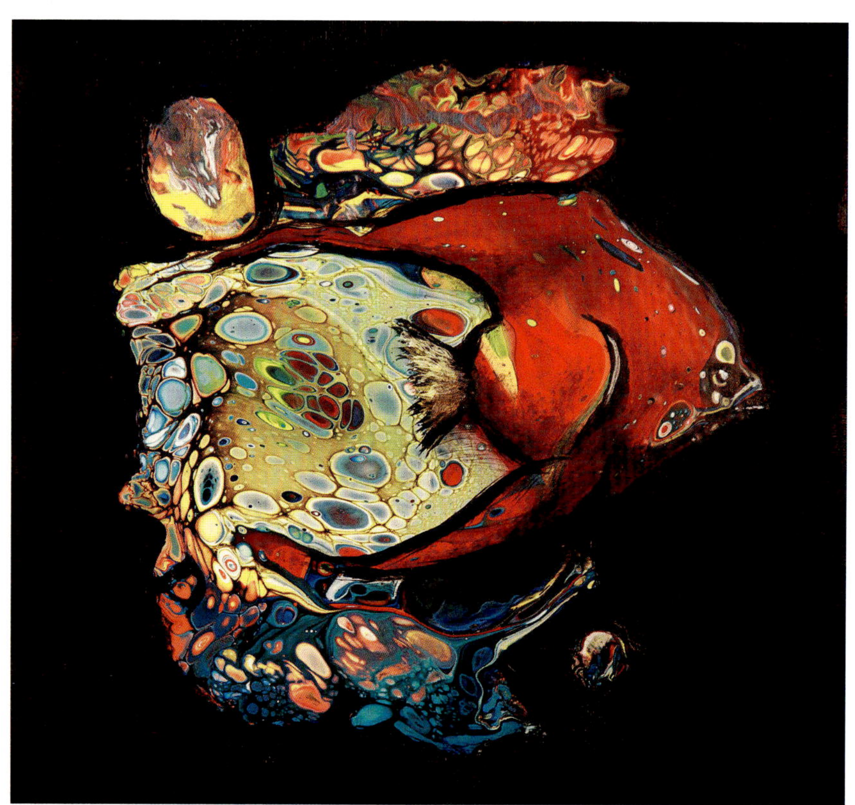

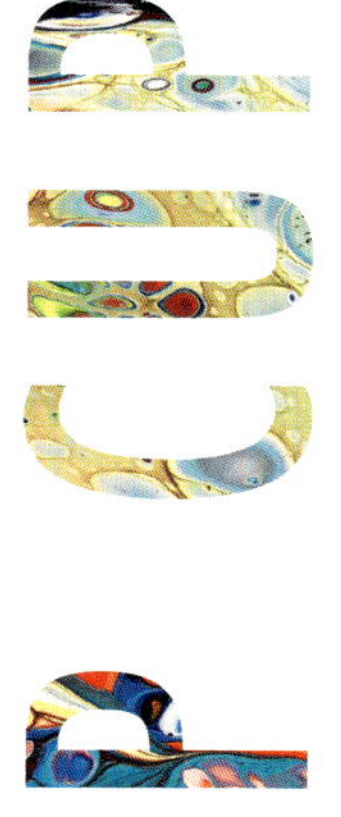

5 Und schon schwebt der herrlich bunte Fisch auf der Leinwand! Wie eine Momentaufnahme aus den Tiefen des Meeres mutet dieses Motiv an. Entdecken Sie in dieser Technik noch viele weitere Motive. Aber Vorsicht: Suchtgefahr!

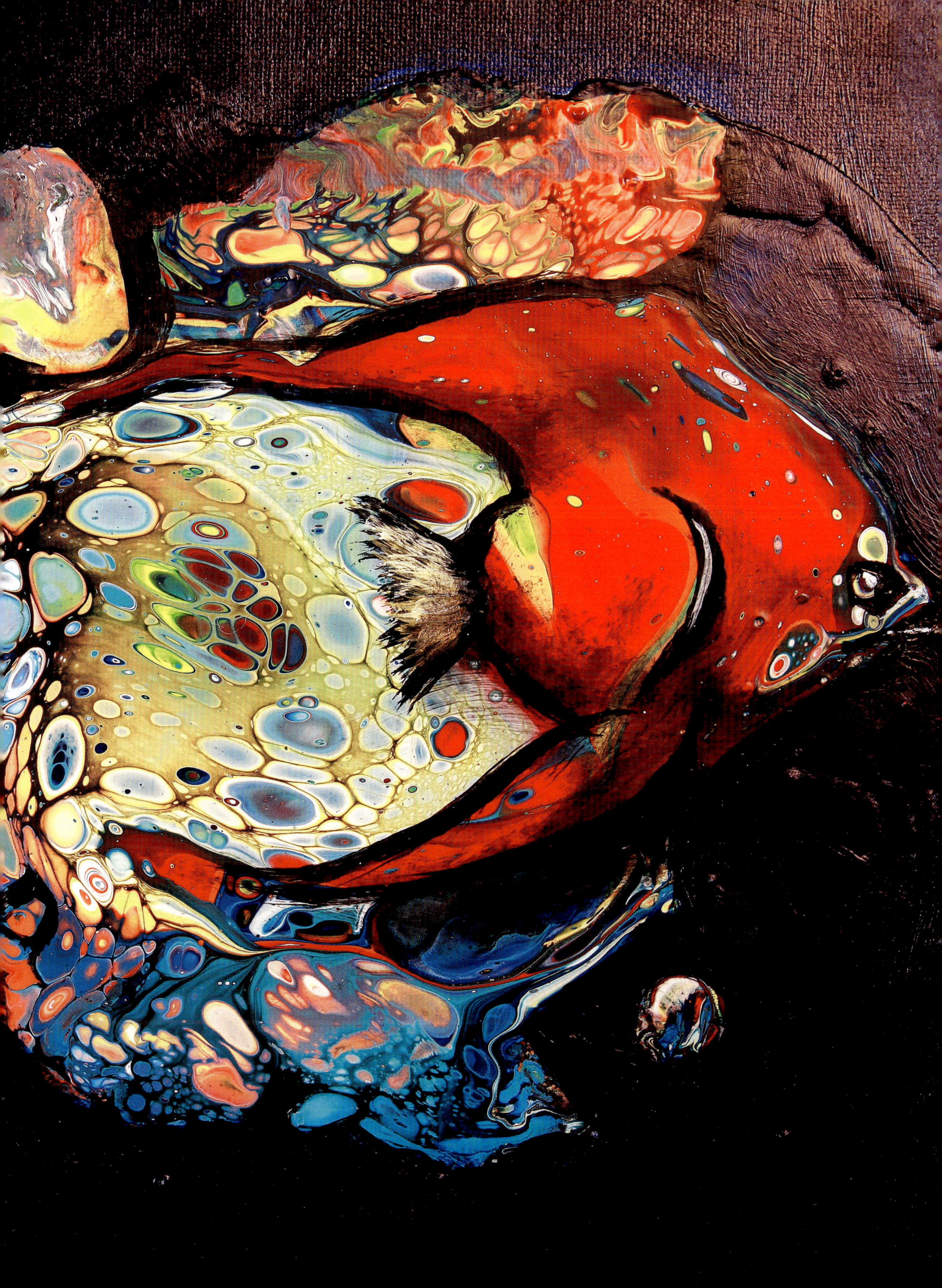

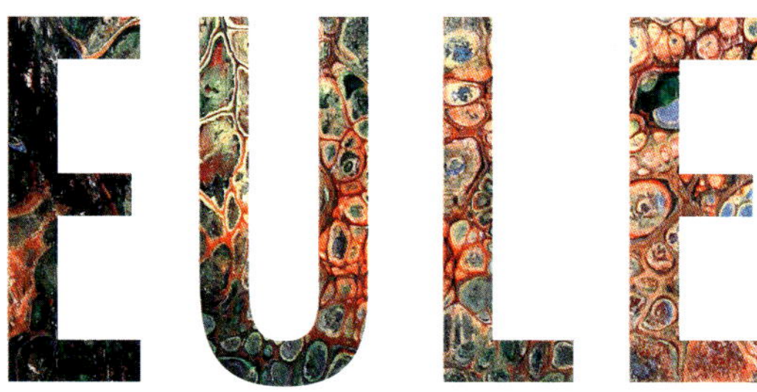

EULE

Mit diesem Vogel der Weisheit möchten wir Sie in den Fotorealismus entführen. Auch wenn das Motiv auf den ersten Blick ziemlich kompliziert erscheint: Mit etwas Feingefühl für die zarten Verläufe und die Form gelingt Ihnen die Umsetzung überraschend leicht!

MATERIAL

Leinwand 30 cm x 40 cm | Farben: Titanweiß, Indischgelb, Orange, Karminrot, Umbra Natur, Phthaloblau, Phthalogrün, Paynesgrau, Schwarz | 8er Spitzpinsel, synthetisch | 8er Katzenzungenpinsel, Borste | Palettmesser, 30 cm | mehrere Becher | Rührhölzchen | Silikonöl | Pouring Medium | destilliertes Wasser oder Tiefgrund | Crème-Brûlée-Brenner | Pastellkreide in Weiß zum Vorzeichnen

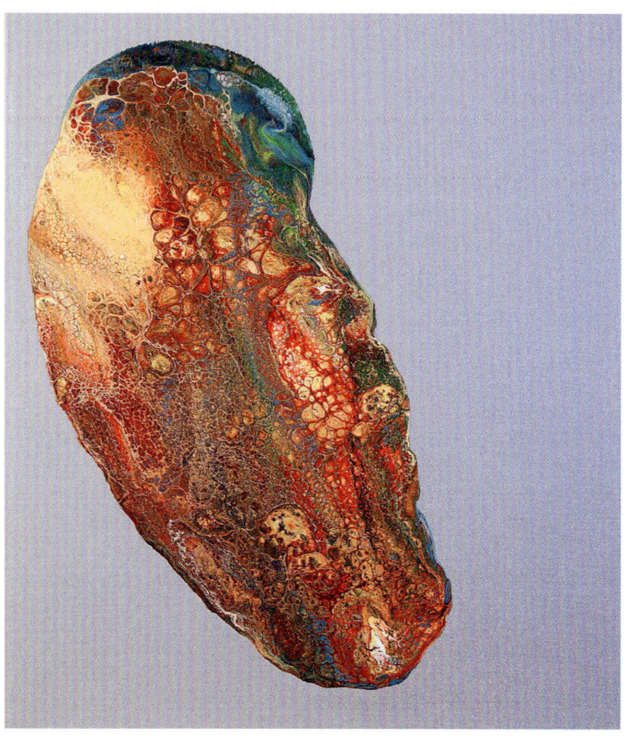

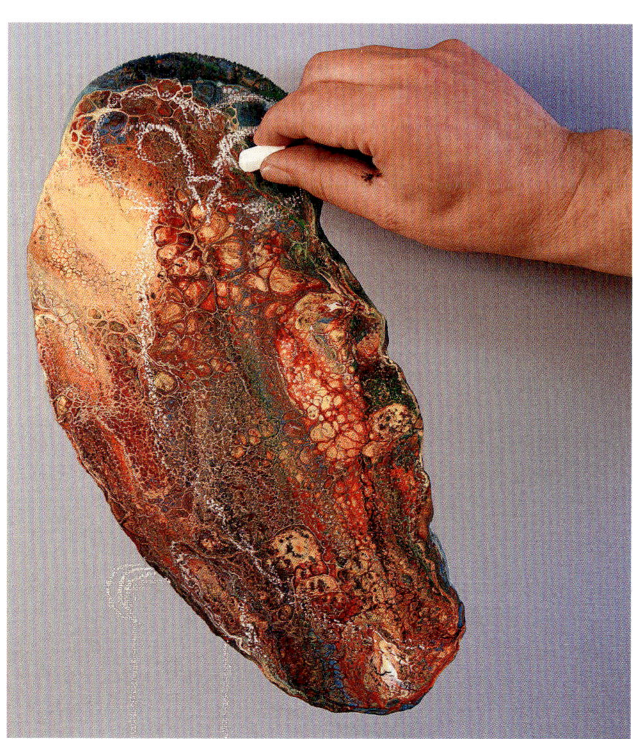

1 Für den Hintergrund einen taubengrauen Farbton aus Paynesgrau und Titanweiß mit wenig Phthaloblau wie üblich vorbereiten und mit einem Palettmesser auf die Leinwand auftragen. Die Bunttöne jeweils einzeln anmischen, in den Schüttbecher einfüllen und wie abgebildet auf die Leinwand gießen. Bei den Farben können Sie ruhig variieren. Denken Sie daran: Je kontrastreicher Sie arbeiten, umso lebendiger wird Ihr Motiv am Ende auf der Leinwand erscheinen!

2 Nachdem die Leinwand gut durchgetrocknet ist, können Sie die Eule (Skizze in der Digitalen Bibliothek) mit weißer Kreide vorzeichnen.

Unser Tipp

Für die Grundierung können Sie auch einen fertigen Graublauton verwenden, wie er von einigen Herstellern angeboten wird.

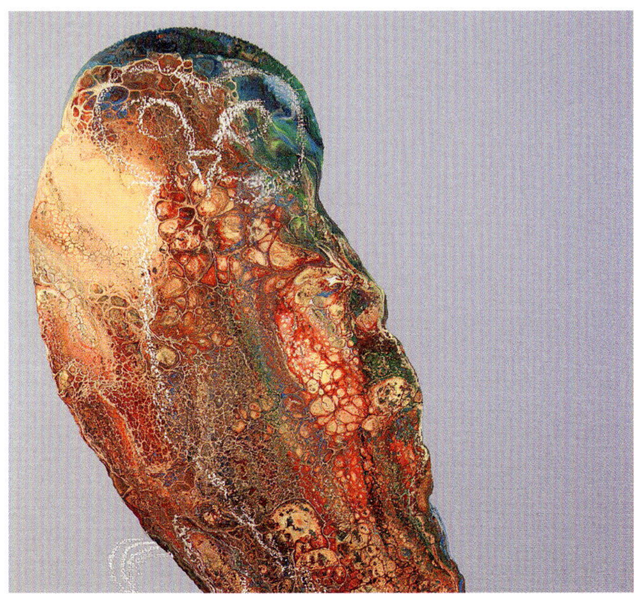

3 So ungefähr sieht Ihr Bild inzwischen aus. Keine Angst, die Striche sind nachher nicht mehr zu sehen! Denn die Pastellkreide geht keine Verbindung mit dem Untergrund ein und lässt sich zum Schluss mit einem leicht angefeuchteten Tuch problemlos wegwischen.

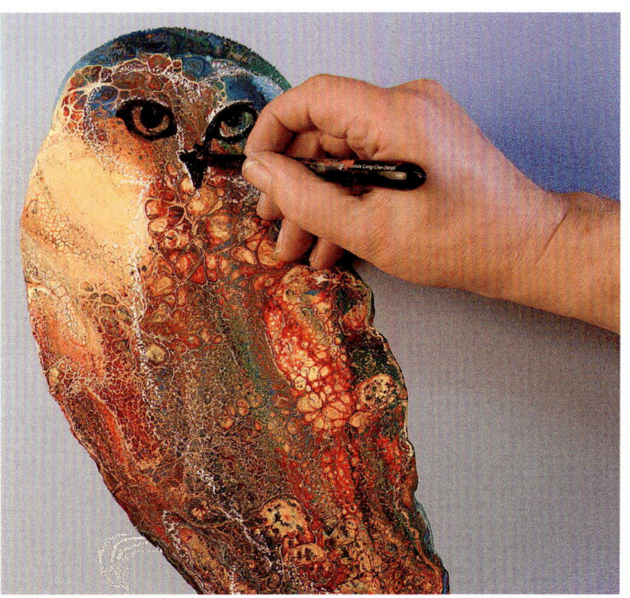

4 Verleihen Sie dem Bild mit dem Spitzpinsel und etwas Schwarz die notwendige Tiefe und arbeiten Sie die Pupillen, die dunklen Umrandungen um die Augen und die Krallen aus.

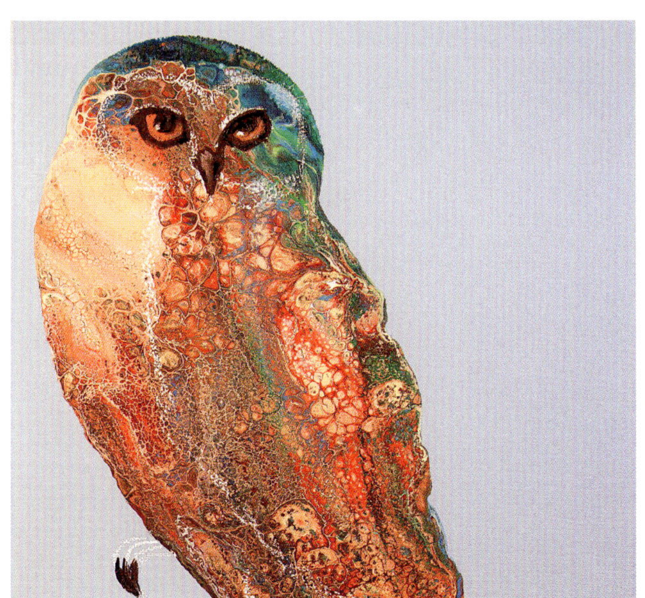

5 Tragen Sie nun einen zarten Hauch Orange auf den Schnabel und in die Iris der Augen auf. Dann setzen Sie mit dem Spitzpinsel und etwas Titanweiß die Lichtpunkte in die Augen.

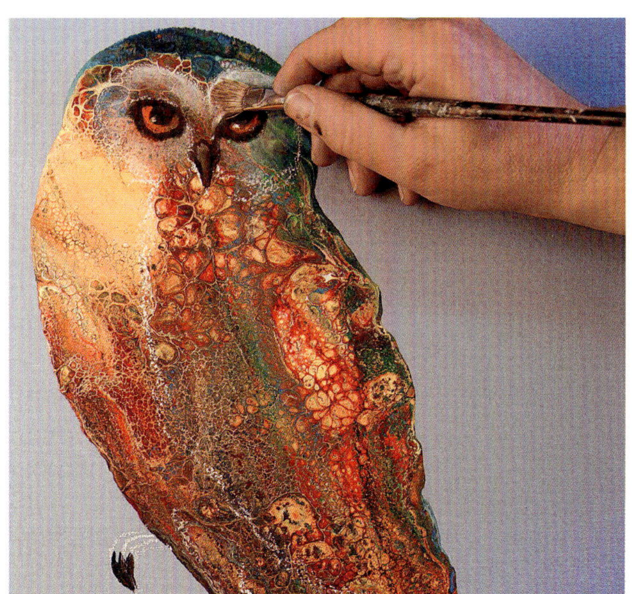

6 Jetzt geht es mit viel Gefühl und dem Katzenzungenpinsel, auf den Sie ganz wenig Titanweiß aufnehmen, an die helle Gesichtsmaske rund um die Augen der Eule. Dabei kommt Ihnen die weiße Vorzeichnung mit der Pastellkreide zugute, da der Pinsel dieses Pigment mit aufnimmt. Danach reiben Sie – ebenfalls mit einem fast trockenen Pinsel – etwas Umbra Natur als kleinen Schatten um die Schnabelpartie. Dieser sollte wie ein zart verlaufender Lidschatten ausfallen.

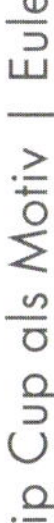

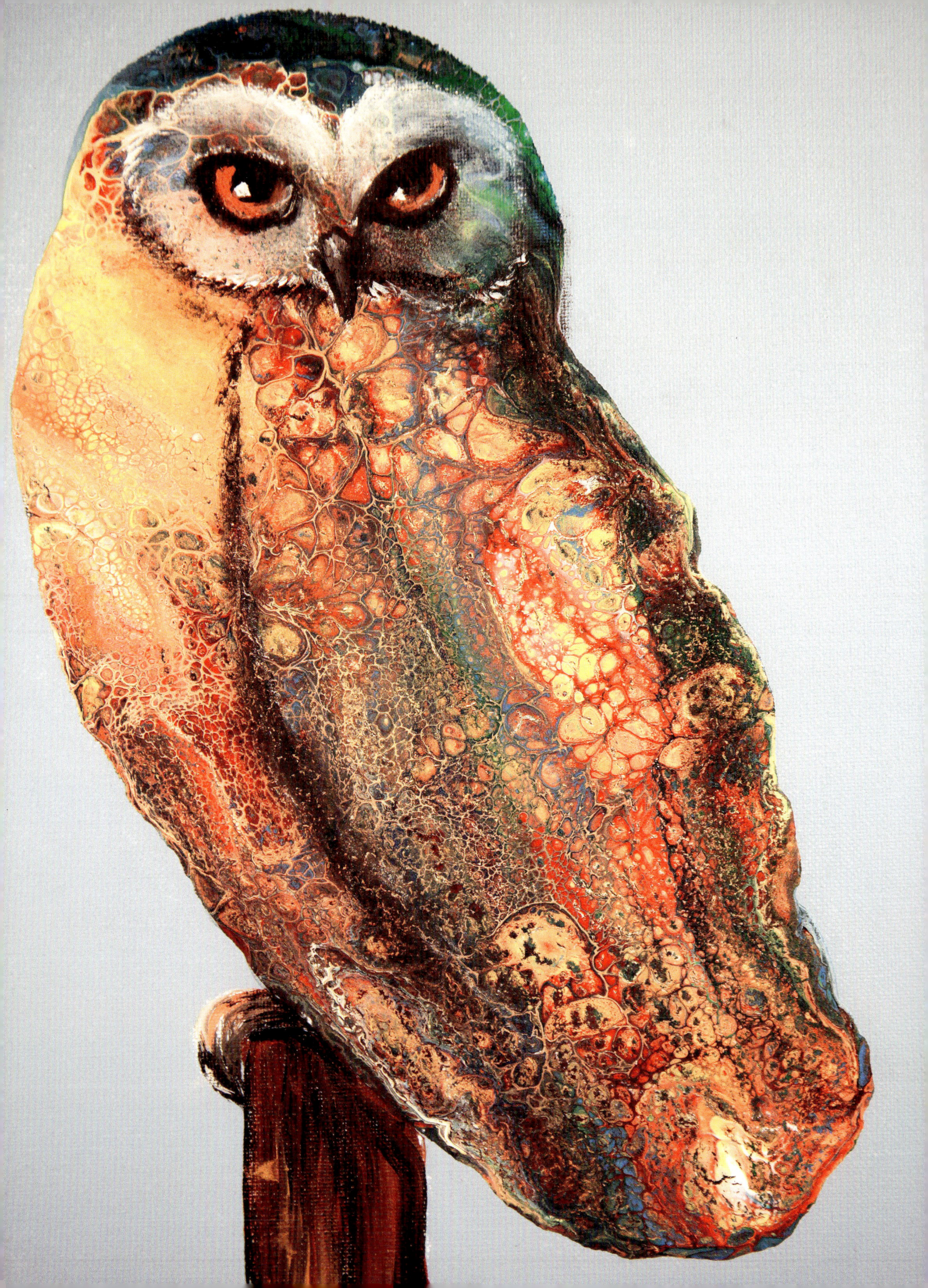

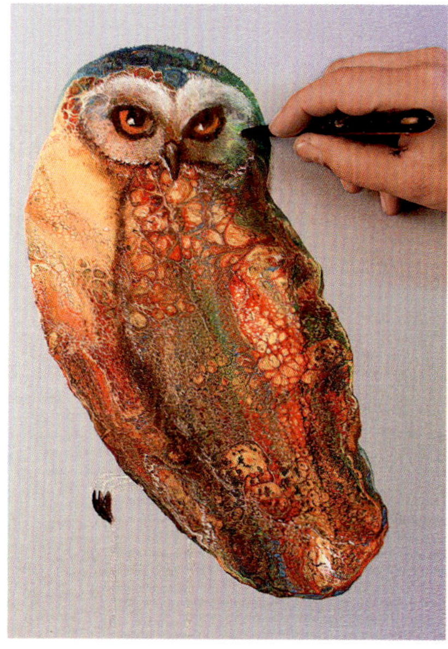

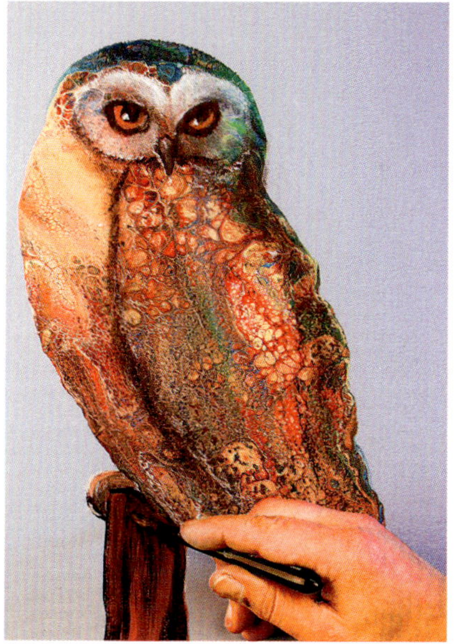

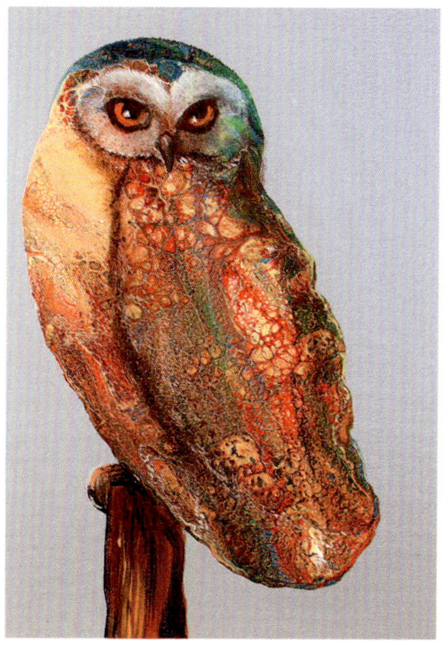

7 Mit etwas Phthalogrün, das Sie stark mit Wasser verdünnen, verdichten Sie lasierend die Schatten auf der rechten Seite der Eule. Auch die Bereiche an der Flügelkante und der Unterseite des Kopfes werden zart und fast trocken mit dem Katzenzungenpinsel abschattiert. Falls Sie versehentlich zu viel Farbe beim Schattieren aufgetragen haben, können Sie diese sofort mit einem kleinen angefeuchteten Baumwolllappen abwischen. Auch die kleinen Lichtreflexe um die Gesichtsmaske setzen Sie vorsichtig mit etwas Titanweiß auf.

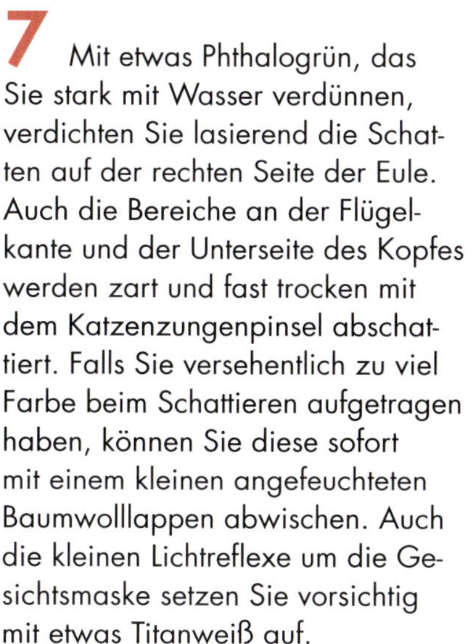

8 Nachdem die Eule fast fertig ist und Sie aus ihren großen Augen lebendig anschaut, kümmern Sie sich um den Holzpfosten, auf dem die Eule sitzt. Mit einer Mischung aus Umbra Natur, Schwarz und Orange füllen Sie ihn von oben nach unten streichend aus. Damit erzielen Sie eine lebendige und realistische Struktur. Abschließend geben Sie noch ein wenig Orange an die Krallen und schattieren sie mit etwas Schwarz und Umbra Natur ab.

9 Ist es nicht fantastisch, wie schnell und lebendig Sie ein nahezu fotorealistisches Bild mithilfe von Pouring auf Ihre Leinwand zaubern können? Und mögliche Schüttfehler gleichen Sie einfach mit der Hintergrundfarbe aus.

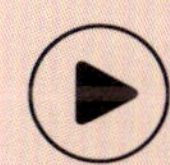

Das Video zum Thema Eule und Vorzeichnung finden Sie in der Digitalen Bibliothek.

Für dieses Bild haben wir den Flip Cup in der gleichen Form geschüttet und anschließend den Hintergrund schwarz eingefärbt.

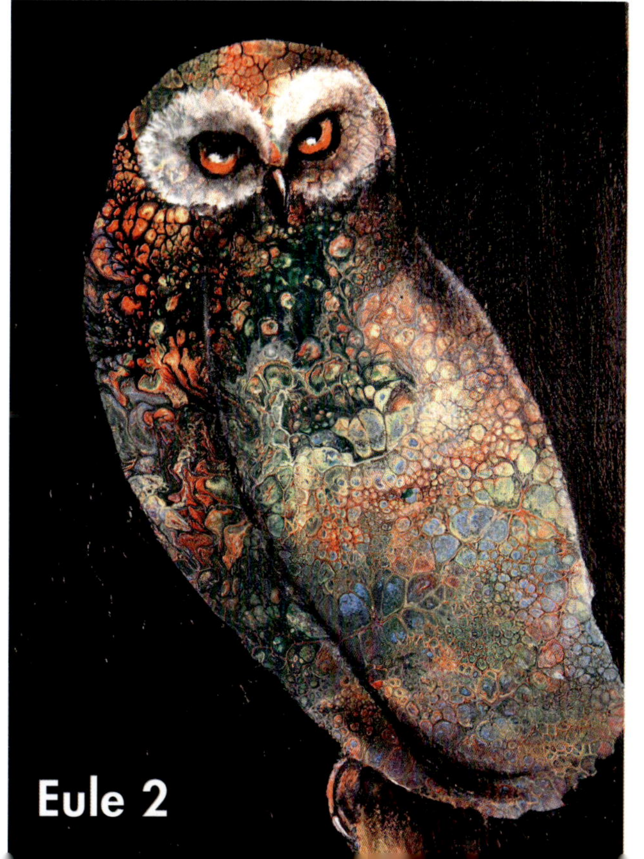

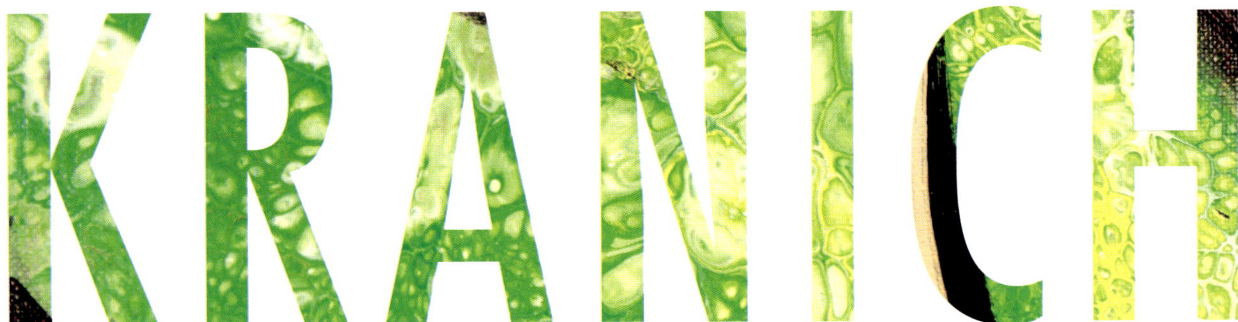

KRANICH

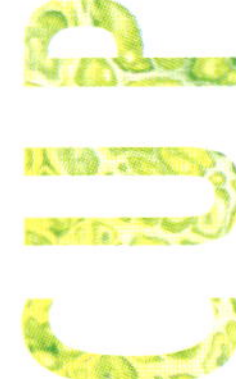

FLIP CUP

Leuchtend bunte Vögel sind für Pouring-Techniken die angesagten Motive. Durch das Spiel mit den Zellstrukturen ergeben sich bereits beim Gießen farbenfrohe Federkleider. Nur noch ein paar Striche und schon können Sie einen gefiederten Gesellen auf der Leinwand verewigen.

MATERIAL

Leinwand 30 cm x 40 cm | Farben: Titanweiß, Lichter Ocker, Kadmiumgelb, Indischgelb, Phthaloblau, Phthalogrün, Schwarz | 8er Spitz- oder Rundpinsel, synthetisch | Palettmesser, 30 cm | mehrere Becher | Rührhölzchen | Silikonöl | Pouring Medium | destilliertes Wasser oder Tiefgrund | Crème-Brûlée-Brenner

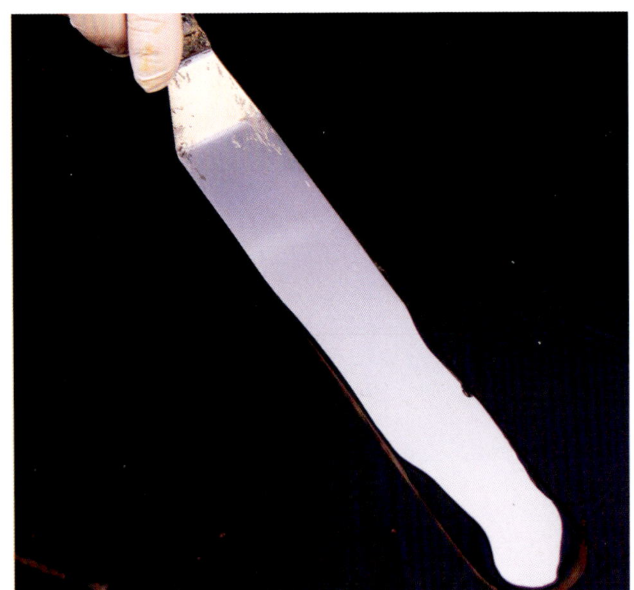

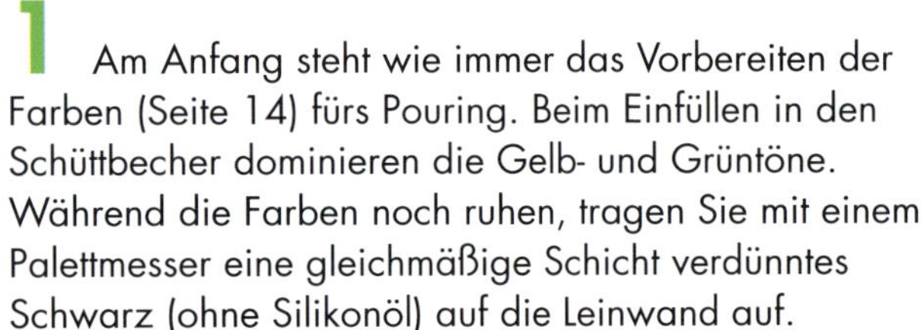

1 Am Anfang steht wie immer das Vorbereiten der Farben (Seite 14) fürs Pouring. Beim Einfüllen in den Schüttbecher dominieren die Gelb- und Grüntöne. Während die Farben noch ruhen, tragen Sie mit einem Palettmesser eine gleichmäßige Schicht verdünntes Schwarz (ohne Silikonöl) auf die Leinwand auf.

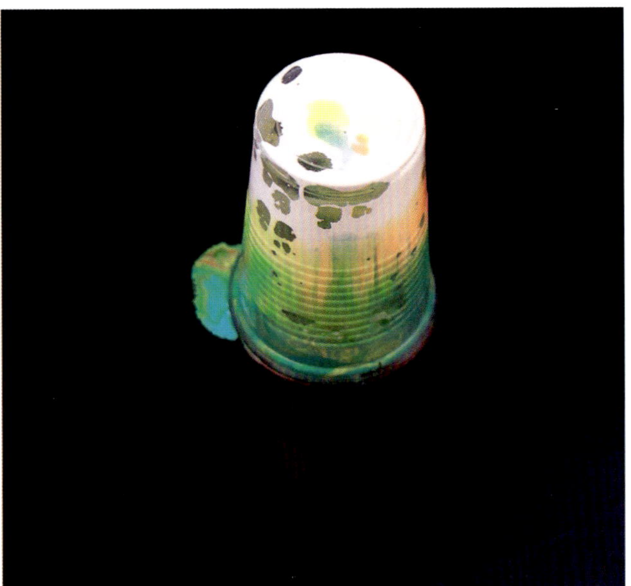

2 Inzwischen hatte Ihre Farbmischung genügend Zeit, um mit dem Silikon zu reagieren, und Sie können nun den Becher umgedreht auf die Leinwand setzen.

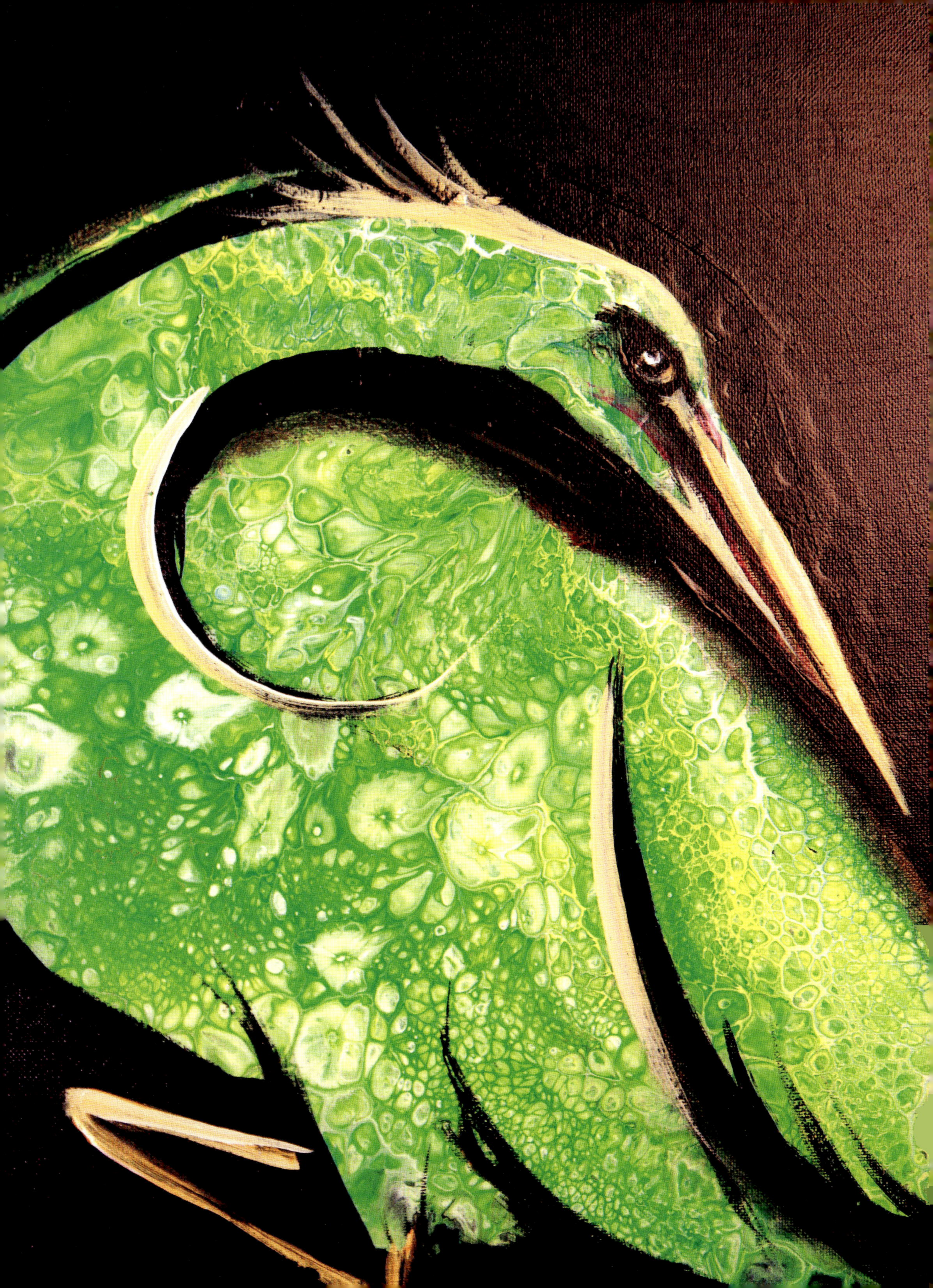

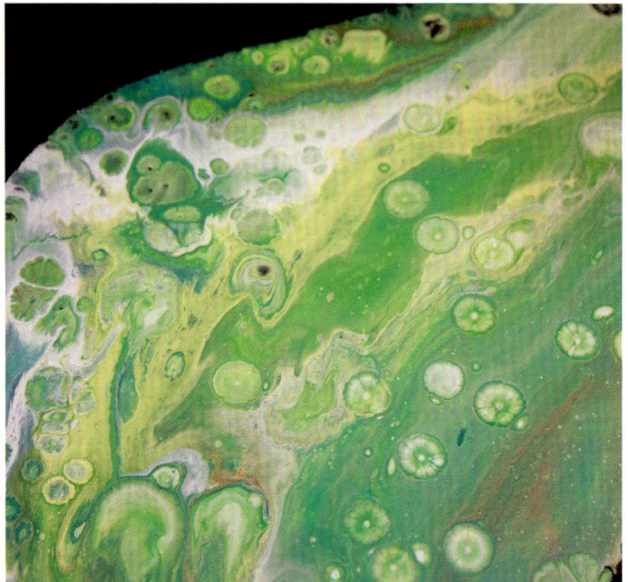

3 Durch das schnelle Abziehen des Bechers nach oben sucht sich die Farbe den Weg vom Mittelpunkt nach außen. Jetzt können Sie durch Kippen und Neigen der Leinwand den Farbfluss in die gewünschte Richtung steuern und dabei beobachten, wie die ersten Zellen entstehen.

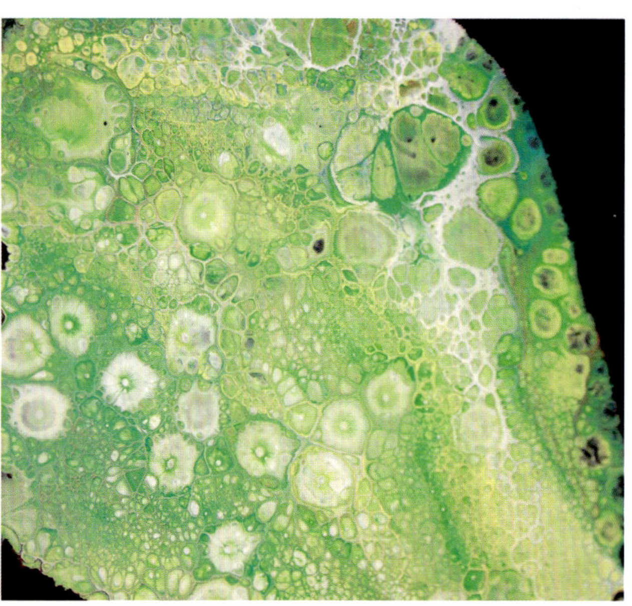

4 Damit die Zellstruktur noch verstärkt wird, gehen Sie kurz mit dem Crème-Brûlée-Brenner über die Leinwand und lassen diese danach gut durchtrocknen.

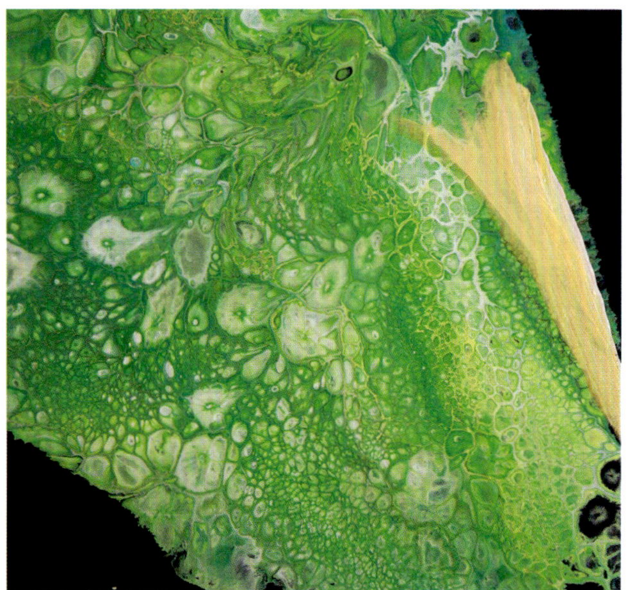

5 Nach der Trockenzeit legen Sie mit dem Spitzpinsel grob die Position des Schnabels fest. Dazu benutzen Sie eine Mischung aus Indischgelb und Titanweiß.
Die Skizze für den Kranich finden Sie in der Digitalen Bibliothek.

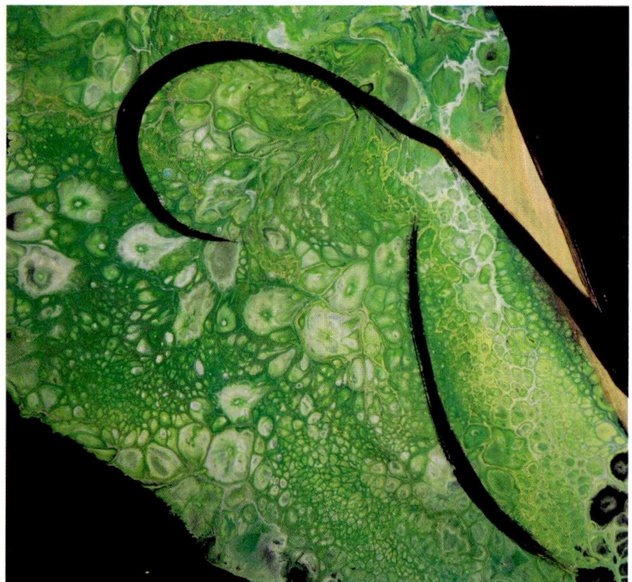

6 Mit etwas Schwarz auf dem Spitzpinsel bringen Sie den Schnabel von der Außenseite in Form und auch der Hals des Vogels wird durch einen dunklen Strich vom Körper abgegrenzt. Genauso formen Sie auch den Flügel heraus, der von der Seite sichtbar ist.

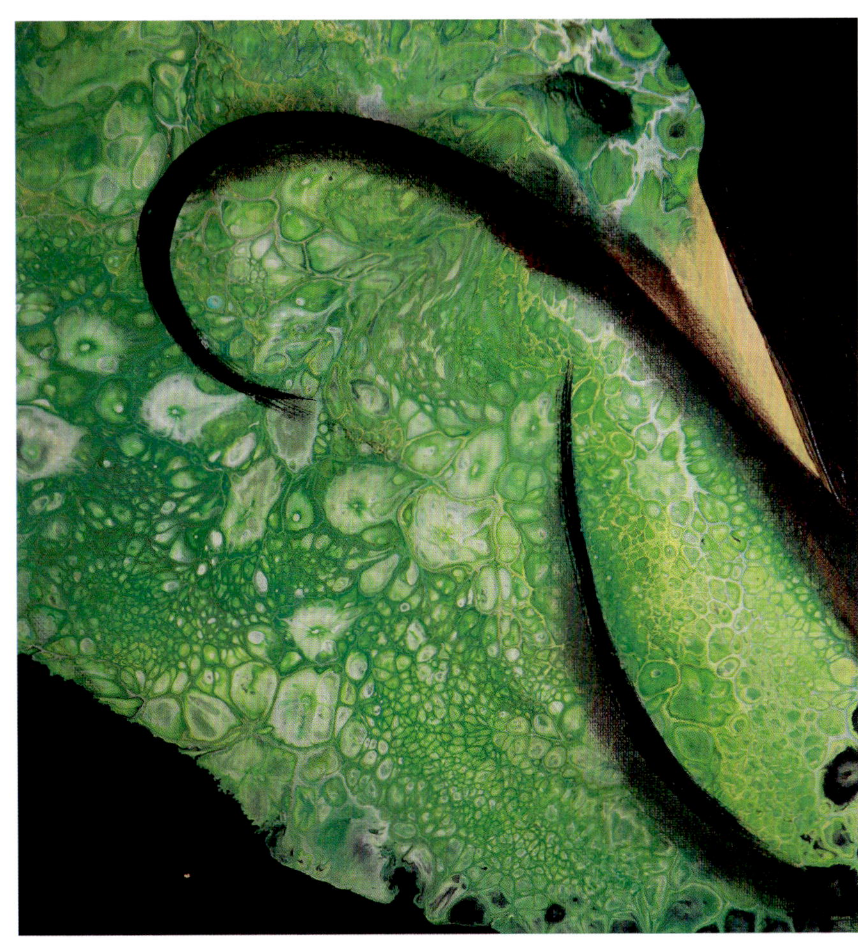

7 Nun geht es mit wenig dunkler Farbe an den Bereich um das Auge, auch die Übergänge werden auf diese Weise zart abschattiert.

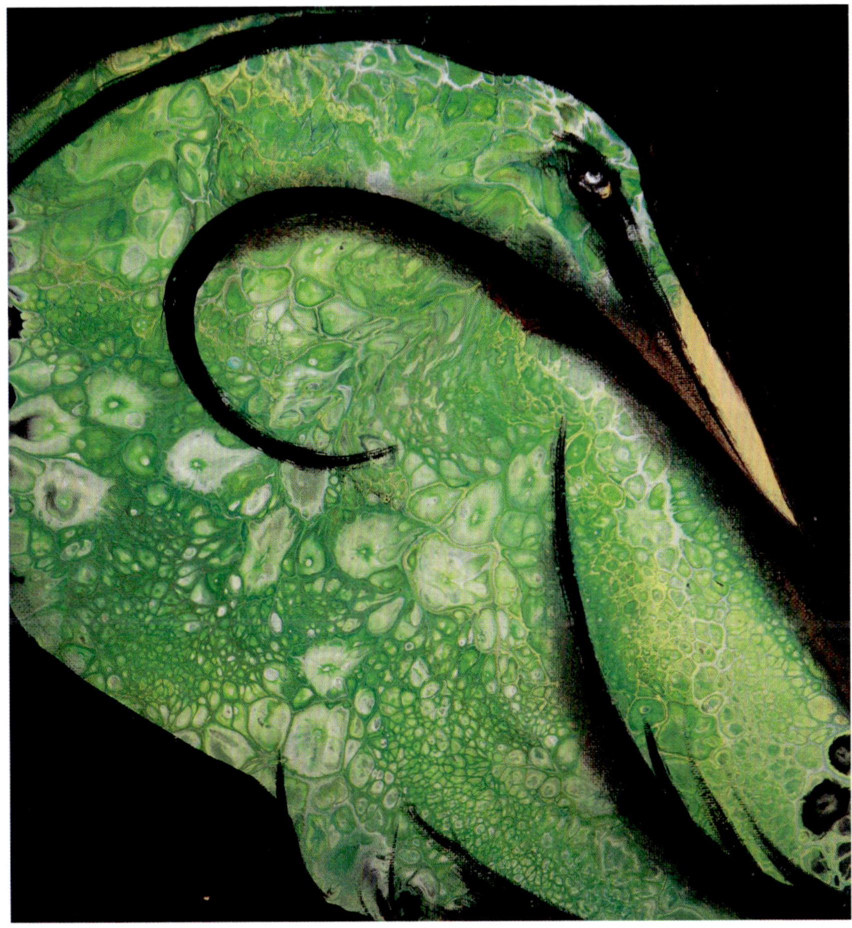

8 Mit Indischgelb und etwas Titanweiß arbeiten Sie dann das Auge heraus. Für die Pupille benutzen Sie etwas Schwarz und setzen gleich einen weißen Lichtpunkt auf. Auch die Körperform wird mit Schwarz exakter begrenzt. Das können Sie besonders gut an den Flügeln und der späteren Beinpartie erkennen.

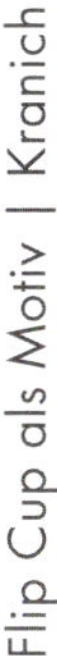

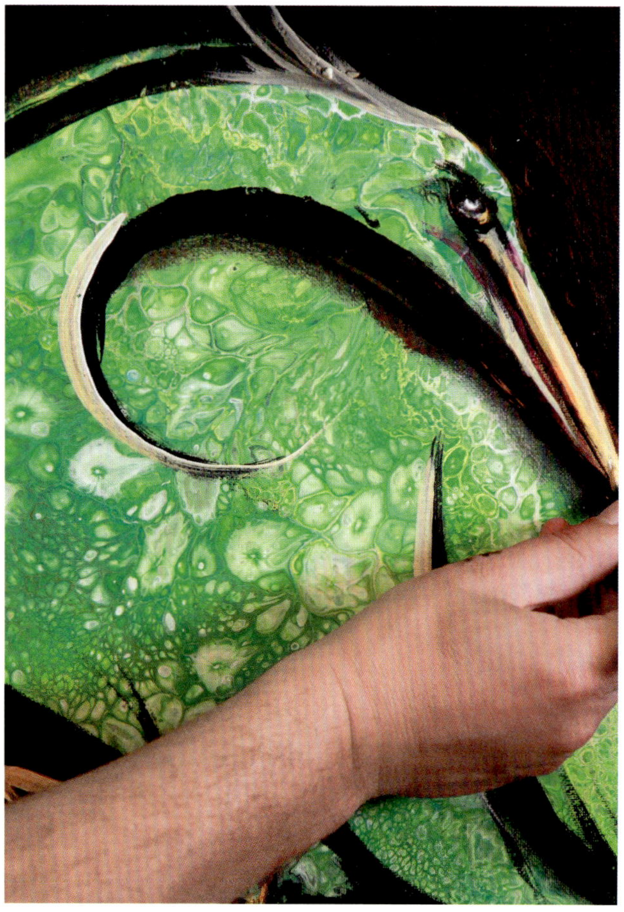

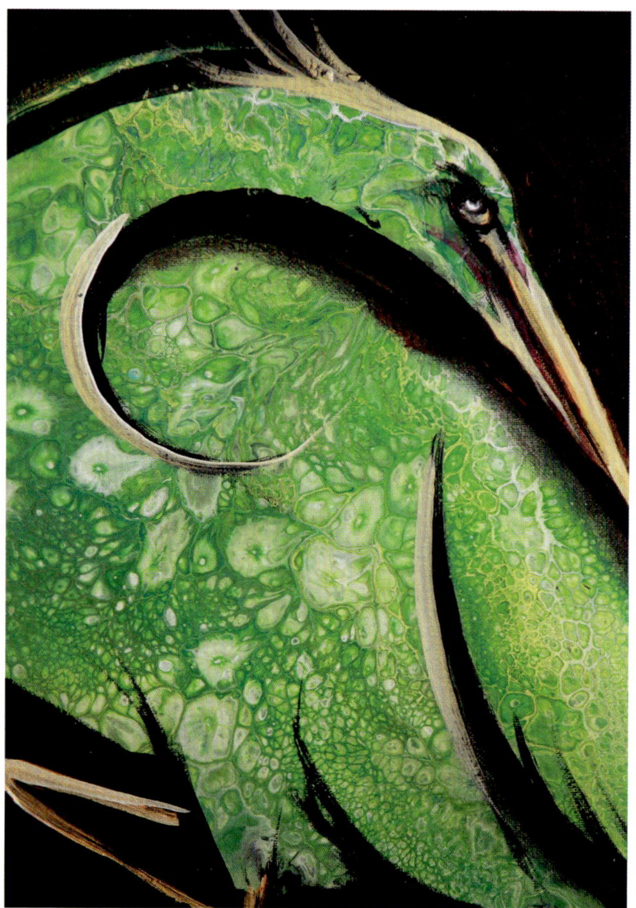

9 Um dem Kranich etwas mehr Ausdruck zu verleihen, betonen Sie einige markante Partien mit einer Mischung aus Lichtem Ocker und Titanweiß.

10 Geschafft! Lehnen Sie sich entspannt zurück und betrachten Sie das tolle Ergebnis. Statt eines Kranichs können Sie in derselben Technik einen farbenfrohen Paradiesvogel oder einen Feuervogel in Rot- und Gelbtönen darstellen.

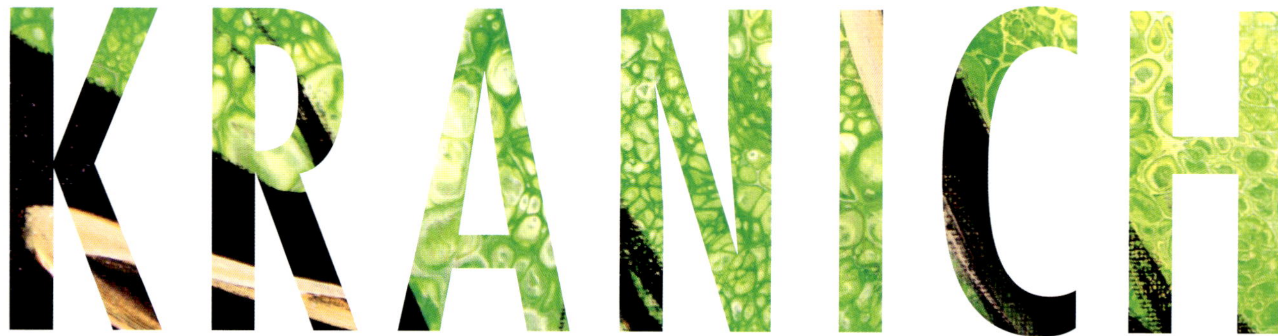

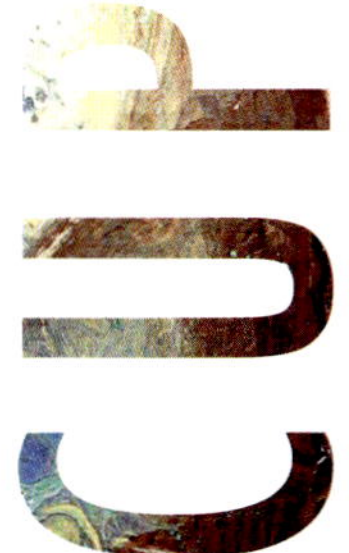
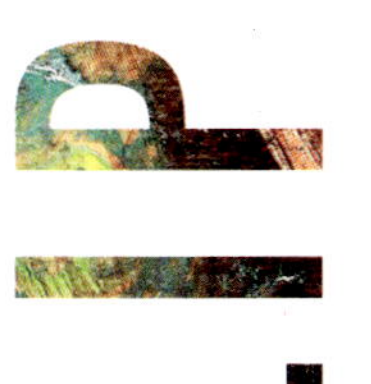

FLIP CUP LACHENDER FISCH

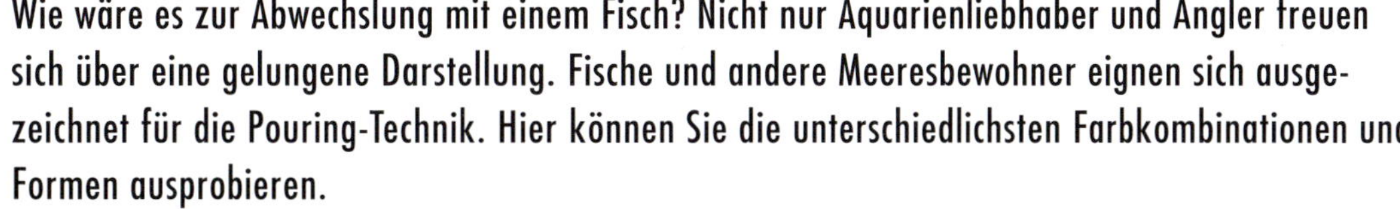

Wie wäre es zur Abwechslung mit einem Fisch? Nicht nur Aquarienliebhaber und Angler freuen sich über eine gelungene Darstellung. Fische und andere Meeresbewohner eignen sich ausgezeichnet für die Pouring-Technik. Hier können Sie die unterschiedlichsten Farbkombinationen und Formen ausprobieren.

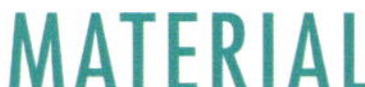

MATERIAL

Leinwand 40 cm x 50 cm | Farben: Titanweiß, Lichter Ocker, Indischgelb, Orange, Phthaloblau, Phthalogrün, Schwarz | 8er Spitz- oder Rundpinsel, synthetisch | kleine Trapezspachtel | mehrere Becher | Rührhölzchen | Silikonöl | Pouring Medium | destilliertes Wasser oder Tiefgrund | Crème-Brûlée-Brenner

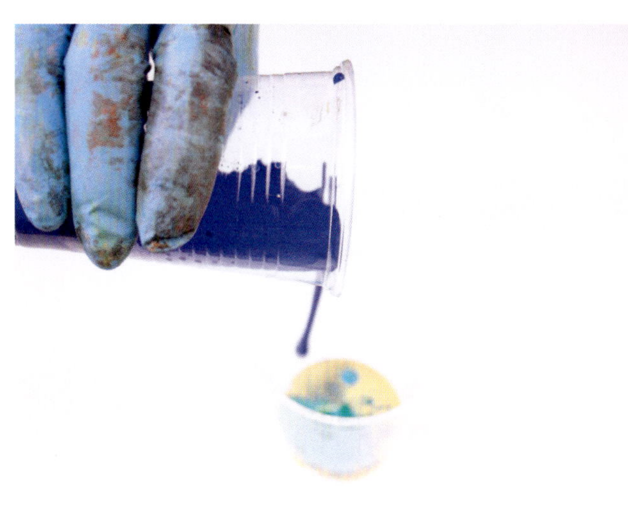

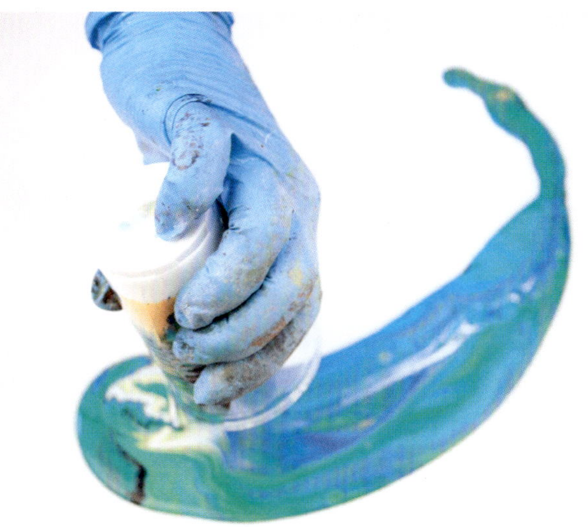

1 Bereiten Sie wie üblich die Farben für Ihren Flip Cup vor (Seite 14) und füllen sie anschließend in wechselnder Reihenfolge in einen Schüttbecher.

2 Diese Mischung gießen Sie nun beherzt wie abgebildet in einem Bogen auf der ausnahmsweise nicht grundierten Leinwand aus. Achten Sie darauf, dass der Anfang des Bogens breiter ist als das Ende.

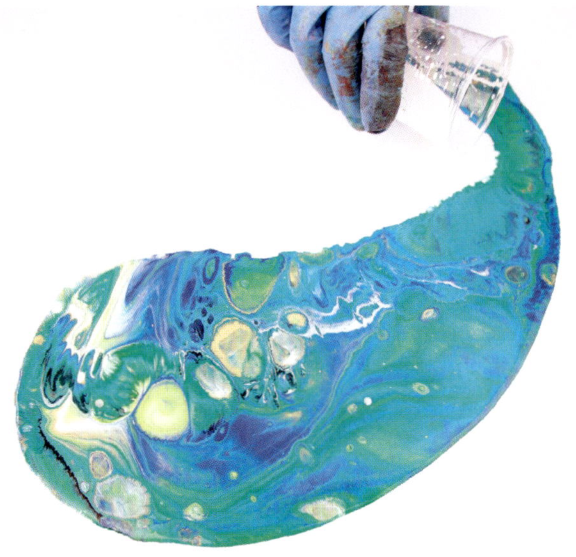

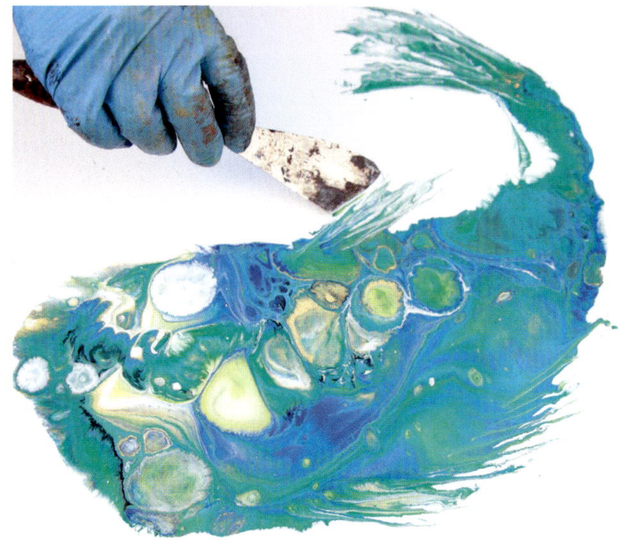

3 Die Farbmenge drängt jetzt gleichmäßig nach außen. Falls es an manchen Stellen zu viel wird, können Sie etwas angemischtes Titanweiß dagegen schütten und somit die Form besser begrenzen.

4 Sie sehen, wie schnell sich hier auf der geschütteten Fläche bereits dekorative Zellen gebildet haben. Während sich die Zellbildung in der noch feuchten Farbe fortsetzt, ziehen Sie die Schwanz-, Rücken- und Bauchflosse mit einer kleinen Trapezspachtel heraus und modellieren so die Grundform des Fisches.

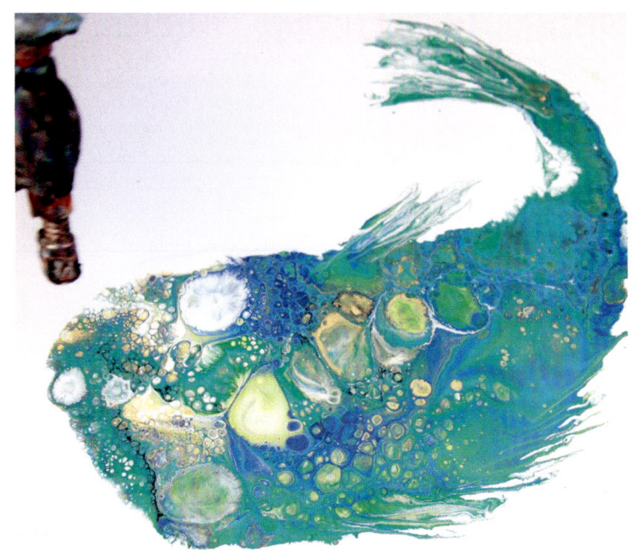

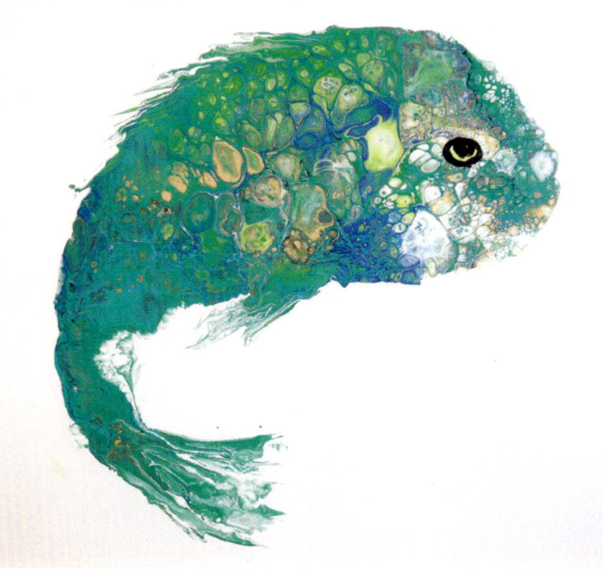

5 Um die Zellstrukturen noch zu verstärken, gehen Sie kurz mit dem Crème-Brûlée-Brenner über den Fisch.

6 Nach einer 24-stündigen Trocknungszeit können Sie sich den Details widmen. Mit dem Spitzpinsel und einer Mischung aus Indischgelb und Titanweiß sowie mit etwas Schwarz arbeiten Sie das Fischauge heraus.

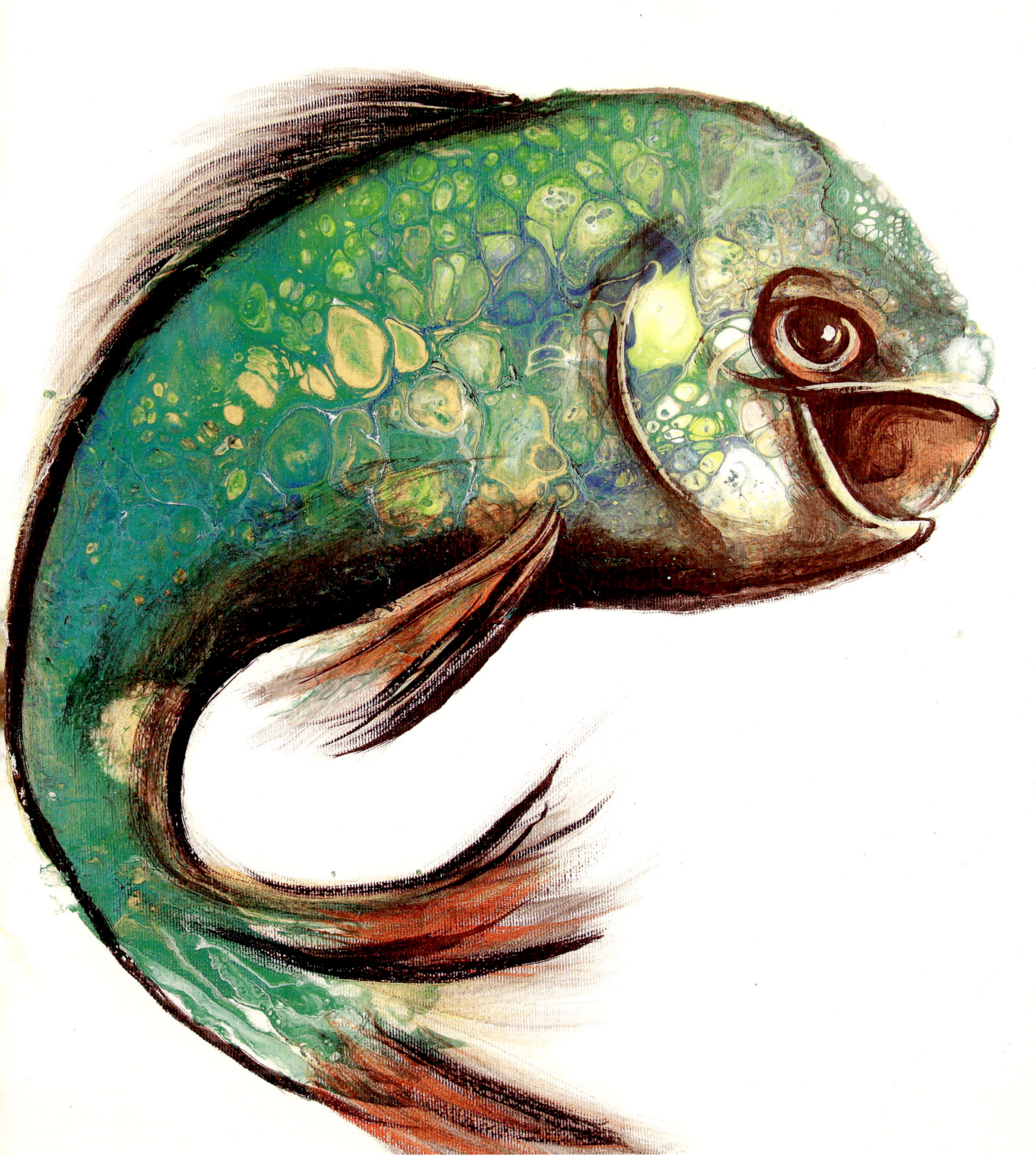

LACHENDER FISCH

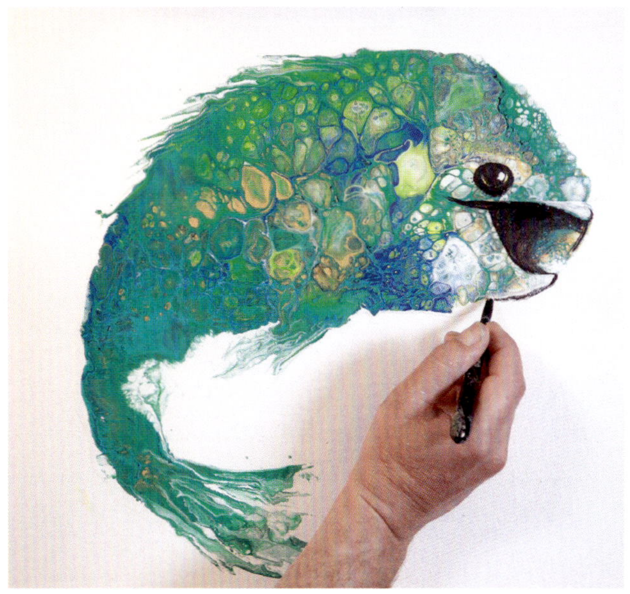

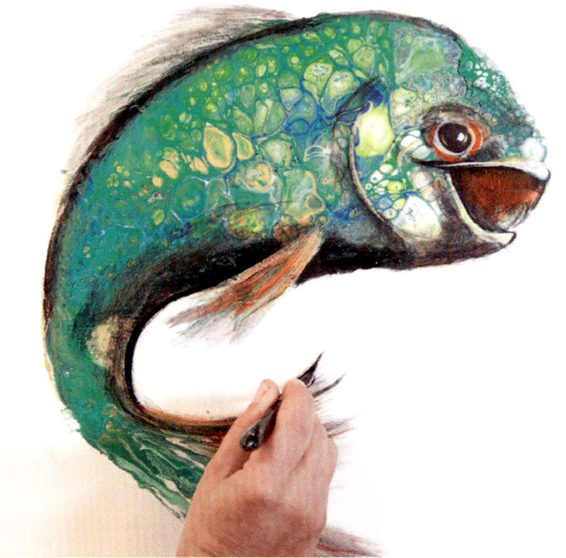

7 Jetzt geht es an die aufgerissene Maulpartie, die Sie in einem Hell-Dunkel-Verlauf ausführen.

8 Nun arbeiten Sie zart und mit wenig Farbe die Schattierungen unterhalb vom Bauch ein. Die Flossen und die Augenpartie werden mit einer Mischung aus Orange und einem winzigen Anteil Schwarz nochmals verstärkt, wie hier im Bild gut zu sehen ist.

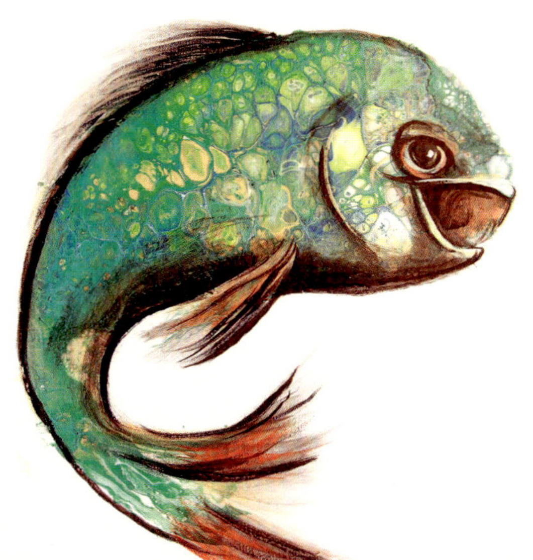

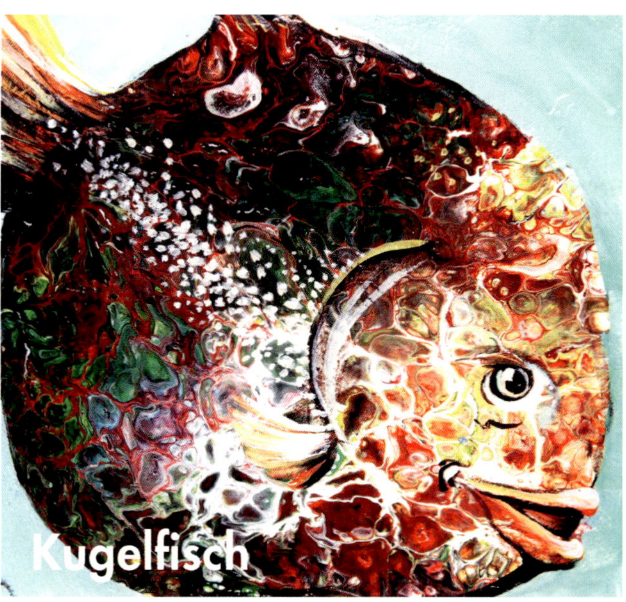

9 Zum Schluss heben Sie mit lockeren Strichen noch einige Partien ganz fein in Schwarz hervor und stellen das Bild auf diese Weise fertig. Alternativ können Sie in dieser Technik natürlich auch einen gemächlich dahin schwimmenden Kugelfisch oder einen farbenfrohen Korallenfisch kreativ gestalten.

Unsere Variante eines Kugelfischs zeigen wir Ihnen hier. Beim Pouring ergab sich auf der Mittelachse ein schönes schuppenartiges Bild und die Helligkeit im Kopfbereich lud förmlich dazu ein, daraus einen Fisch zu gestalten. Nach dem Ausarbeiten des Motivs haben wir den Hintergrund mit einer deckenden Türkismischung ausgemalt, um die Konturen des kugeligen Meeresbewohners zu begrenzen.

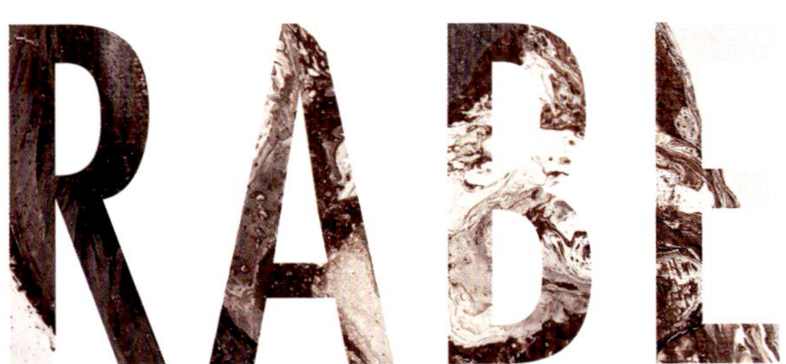

RABE

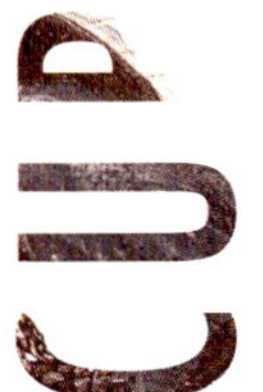

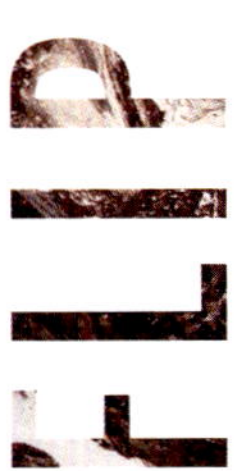

FLIP CUP

Pouring eignet sich auch wunderbar, um nur bestimmte Strukturen innerhalb eines Bildes darzustellen. Das möchten wir Ihnen mit diesem Raben zeigen, der an einem grauen Herbsttag auf einem Pfahl sitzt und in die Landschaft schaut. Hier kombinieren wir einfach verschiedene Techniken. Probieren Sie es aus, es ist wirklich einfacher, als es aussieht!

MATERIAL

Leinwand 30 cm x 40 cm | Farben: Titanweiß, Lichter Ocker, Umbra Natur, Paynesgrau, Schwarz | 8er Spitzpinsel, synthetisch | Flachpinsel, 5 cm, synthetisch | Palettmesser, 30 cm | kleine Trapezspachtel | mehrere Becher | Rührhölzchen | Silikonöl | Pouring Medium | destilliertes Wasser oder Tiefgrund

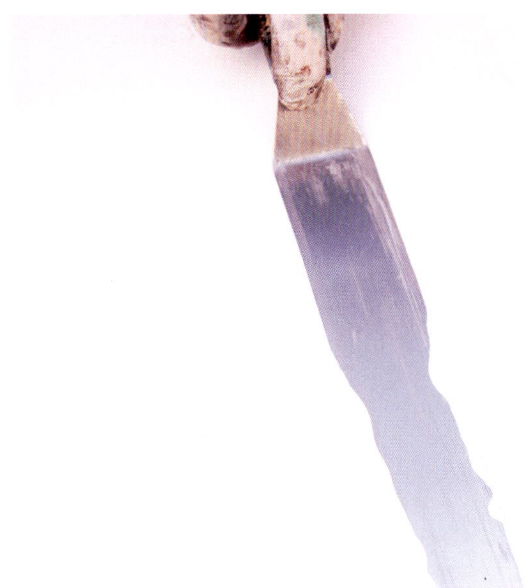

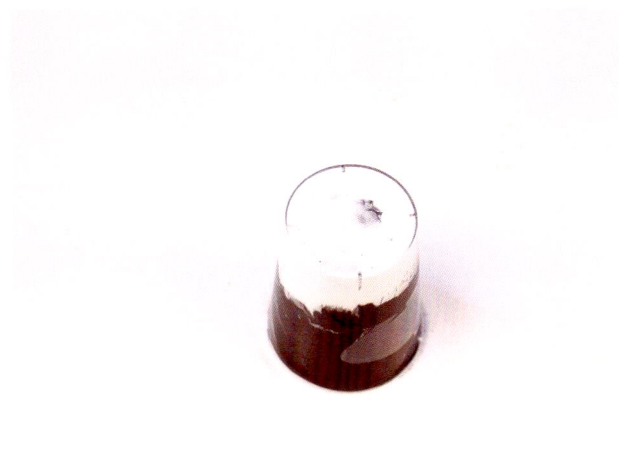

1 Diesmal grundieren Sie die Leinwand mit einer verdünnten Titanweiß-Mischung, wie üblich ohne Silikonöl. Zum Ausstreichen benutzen Sie auch hier wieder das Palettmesser.

2 Auf diese noch feuchte Fläche setzen Sie Ihren Schüttbecher, in den Sie im Wechsel die wie üblich angemischten Farben (Seite 14) Schwarz und Titanweiß eingefüllt haben. Da Sie nur eine kleine Fläche haben, benötigen Sie für dieses Motiv relativ wenig Farbe. Aber bewahren Sie einen kleinen Rest der Farbmischung für die spätere Bearbeitung auf!

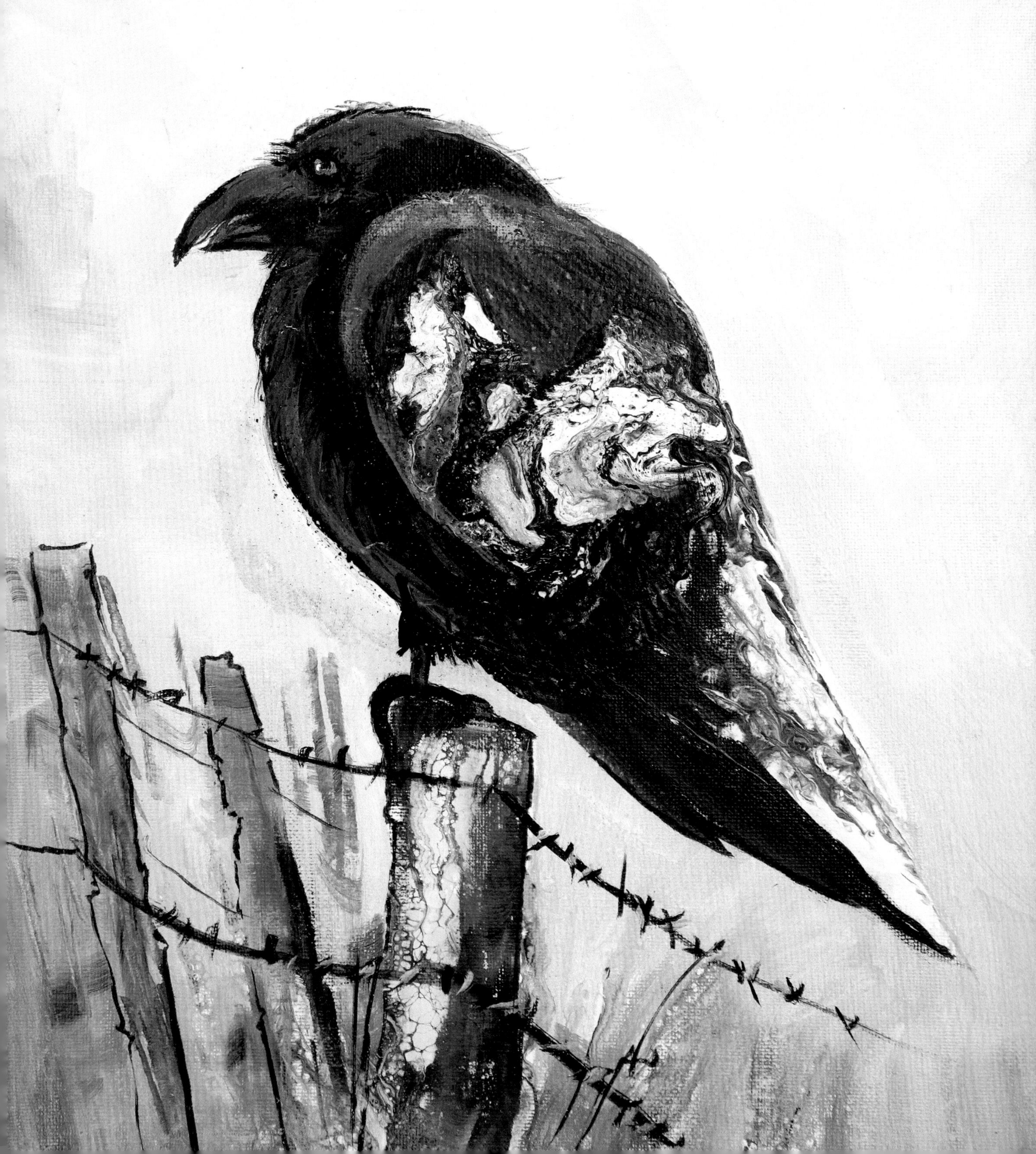

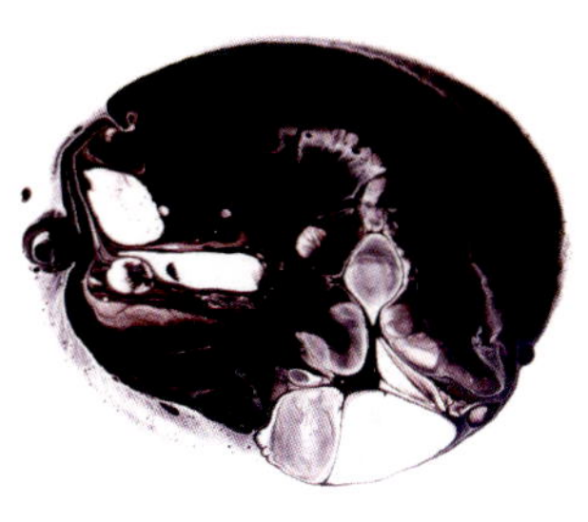

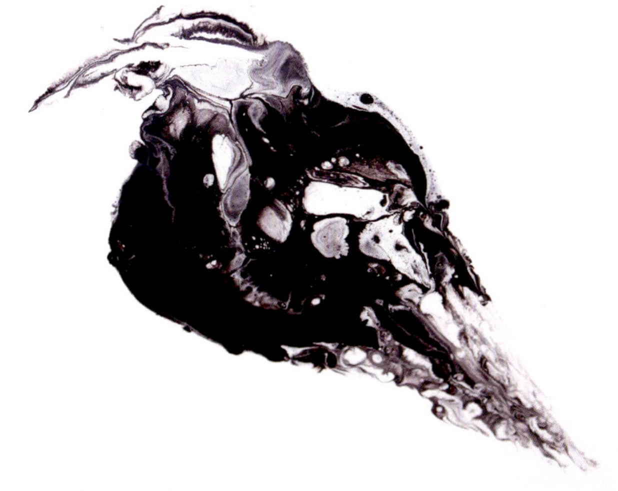

3 Nun ziehen Sie den Schüttbecher senkrecht nach oben ab.

4 Mit der Trapezspachtel ziehen Sie den Flip Cup wie abgebildet in die noch feuchte Grundierung, um so die Grundform von Ihrem Raben zu gestalten.

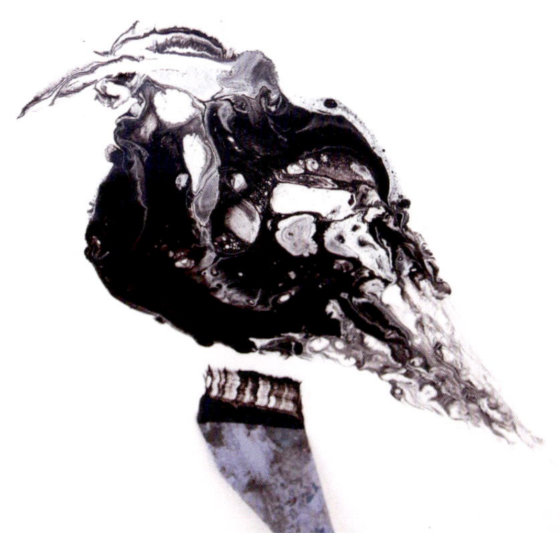

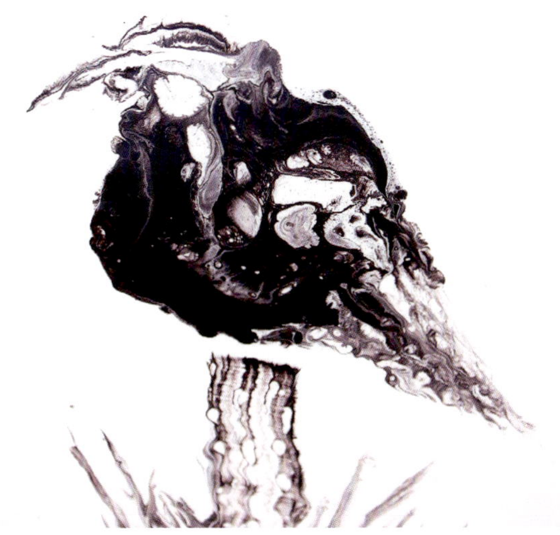

5 Auch den Pfosten, auf dem der Rabe später sitzen soll, ziehen Sie mit der Trapezspachtel senkrecht nach unten. Dazu verwenden Sie Farbreste aus dem Schüttbecher.

6 Die Gräser um den Pfosten herum ziehen Sie mit der schmalen Kante der Trapezspachtel vorsichtig nach oben. Wie im vorangegangenen Schritt verwenden Sie dafür die restliche Farbmischung aus dem Schüttbecher.

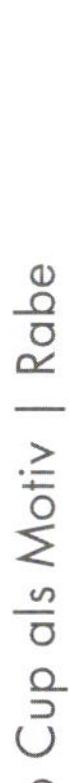

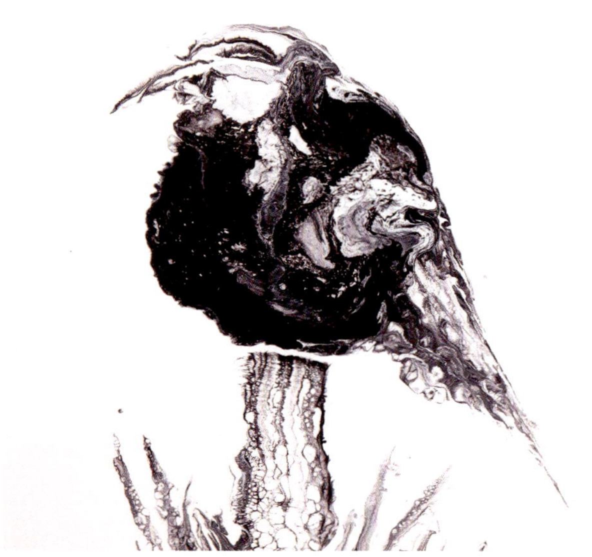

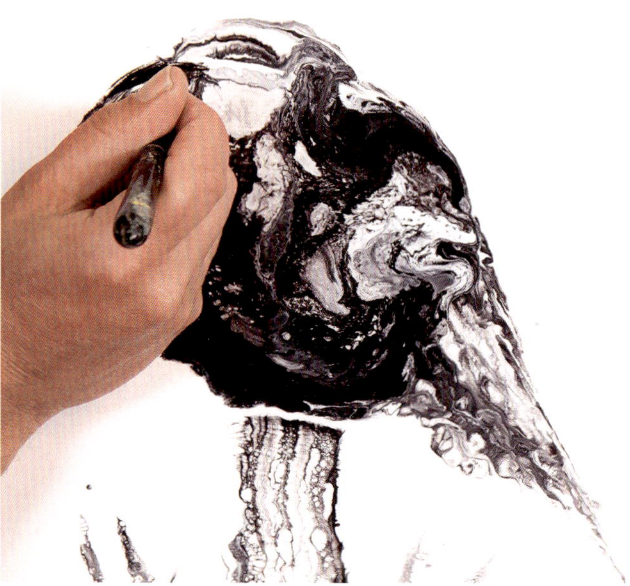

7 So sollte Ihr Bild jetzt aussehen und über Nacht gut durchtrocknen.

8 Mit etwas Schwarz und dem Spitzpinsel können Sie die Form des Raben exakter nacharbeiten. Achten Sie darauf, dass Sie die schöne Struktur, die durch das Pouring entstanden ist, nicht komplett übermalen. Es soll ja für den Betrachter als lebendiges Federkleid stehen bleiben!

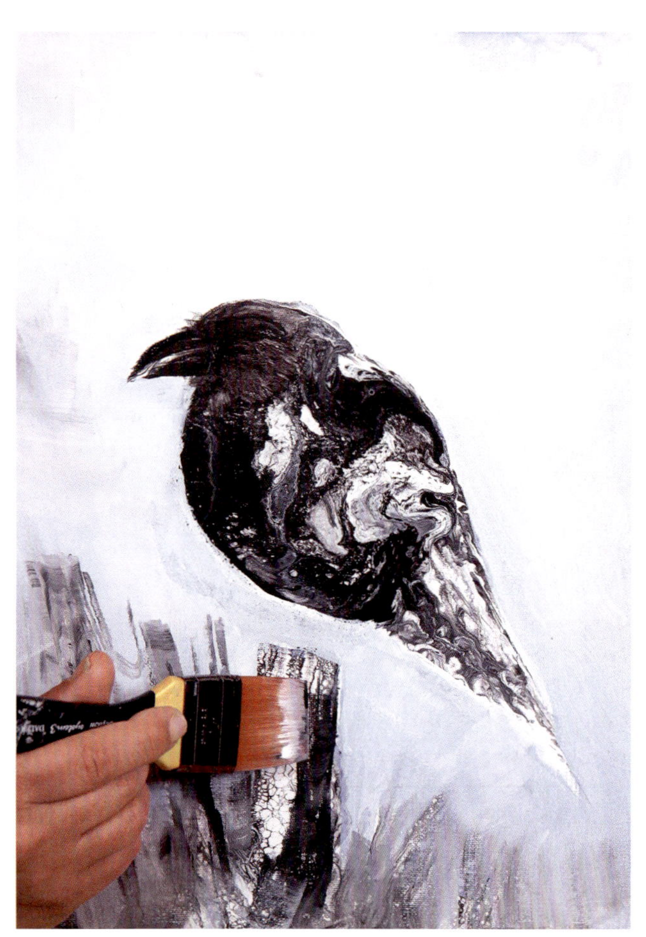

9 Mit einer Mischung aus Paynesgrau und Titanweiß gestalten Sie mit dem Flachpinsel den Hintergrund für den Himmel. Dabei achten Sie darauf, dass der Himmel nicht zu glatt gemalt ist und die äußere Form des Raben gut zur Geltung kommt. Mit einer Mischung aus Titanweiß und Paynesgrau können Sie kleine Gestaltungsfehler wieder gut in Form bringen. Auch der Pfosten, auf dem der Rabe sitzt, erhält mit Titanweiß etwas Licht. Im Hintergrund lassen Sie noch einige Pfosten und Gräser mit stark verdünntem Schwarz und Umbra Natur entstehen.

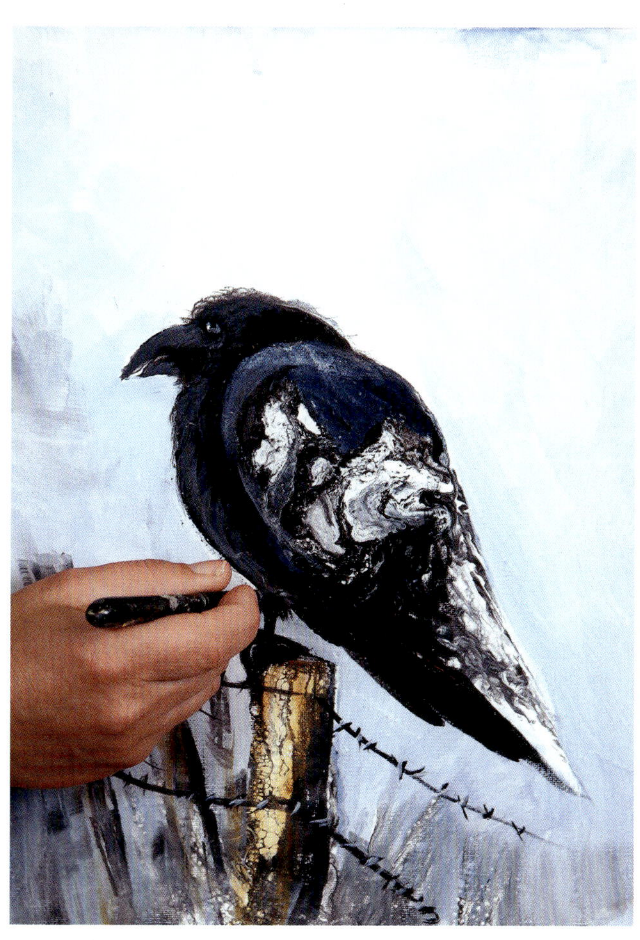

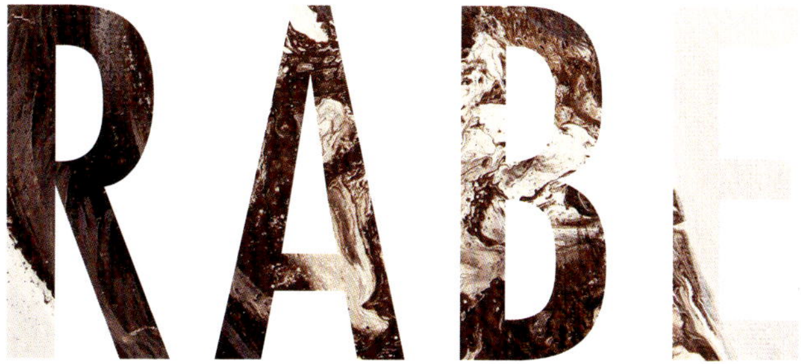

10 Dann geht es an die Details und die Kolorierung. Mit dem Spitzpinsel formen Sie die Beine, die Flügel, die Augen und einige kleine Federn am Kopf. Schließlich bringen Sie noch etwas Farbe ins Bild, indem Sie Lichten Ocker mit sehr viel Wasser verdünnen und zart lasierend über die Holzpfosten gehen.

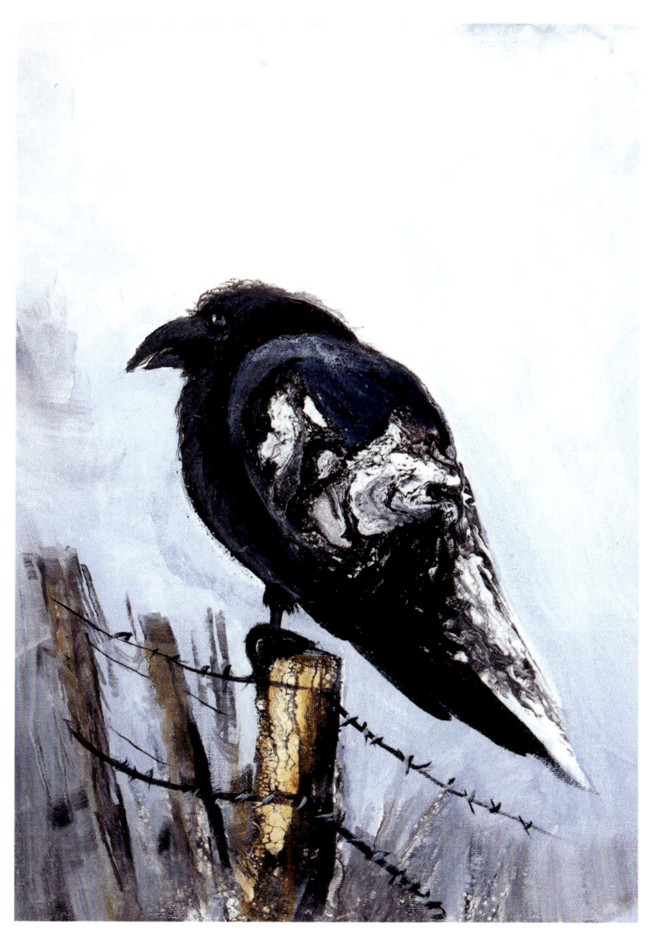

11 So einfach kann ein Bildaufbau sein! Man spürt förmlich, wie sich der Rabe gegen das schlechte Wetter stemmt. Es muss natürlich nicht der Spätherbst sein, Sie können das Bild auch in einer Frühlings- oder Sommerstimmung anlegen.

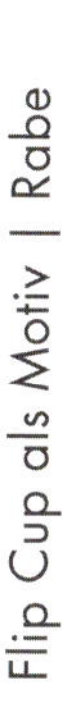

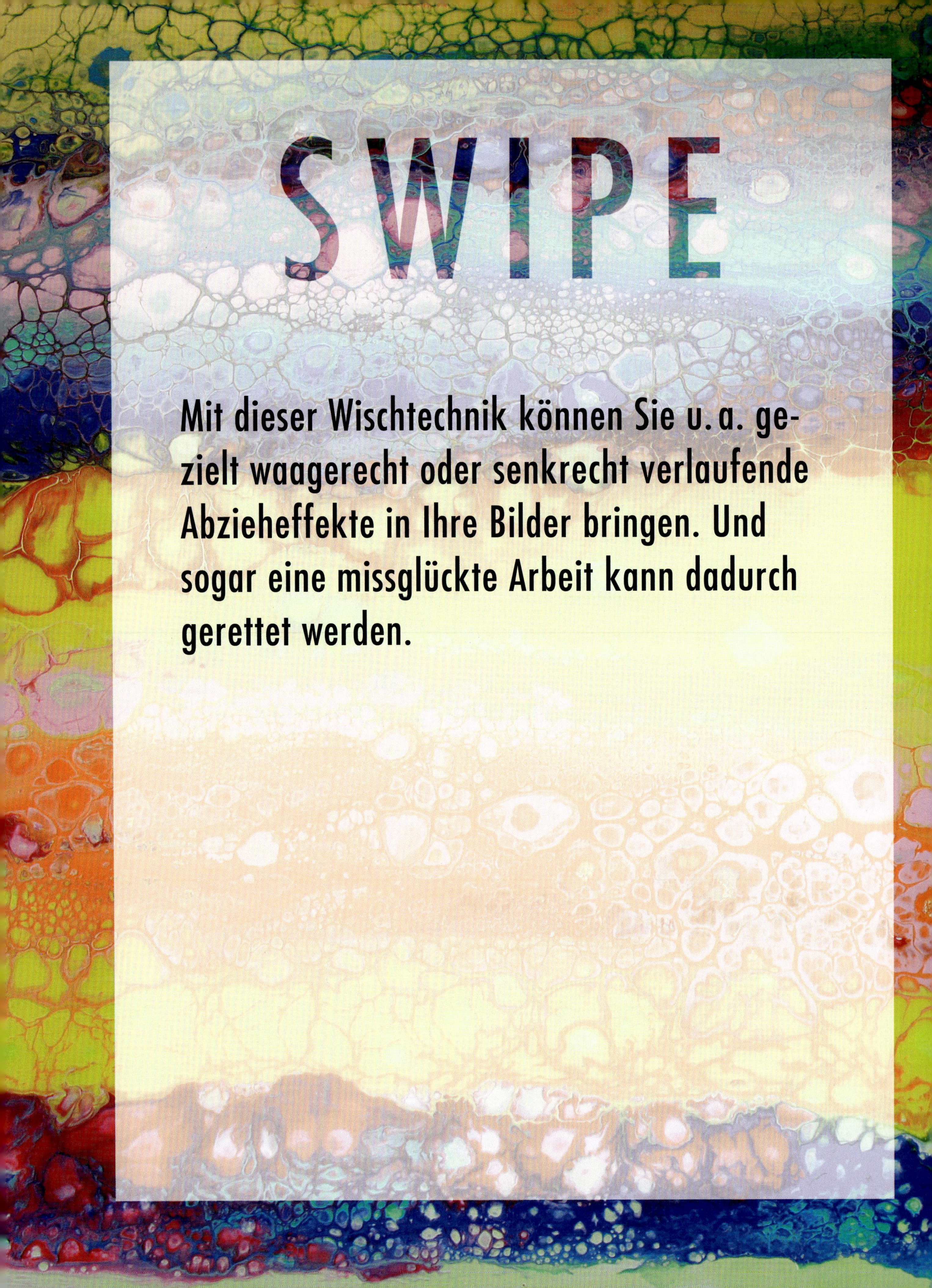

SWIPE

Mit dieser Wischtechnik können Sie u. a. gezielt waagerecht oder senkrecht verlaufende Abzieheffekte in Ihre Bilder bringen. Und sogar eine missglückte Arbeit kann dadurch gerettet werden.

SCHNELLE WELLE

Ein beliebtes Motiv, das in der Swipe-Technik ebenfalls gut umgesetzt werden kann, ist die Welle. Unser hier gezeigtes Motiv basiert auf den typischen Meeresfarben. Es bleibt Ihnen jedoch selbstverständlich freigestellt, ob Sie die gleichen Farben wählen oder ob Sie Ihre Lieblingsfarben einsetzen.

MATERIAL

Leinwand 30 cm x 40 cm | Farben: Titanweiß, Lichter Ocker, Kobaltblau, Preußischblau, Phthaloblau, Phthalogrün | Fächerpinsel, Borste | Palettmesser, 30 cm | mehrere Becher | Rührhölzchen | Silikonöl | Pouring Medium | destilliertes Wasser oder Tiefgrund | Crème-Brûlée-Brenner | mehrere Bogen festes Papier

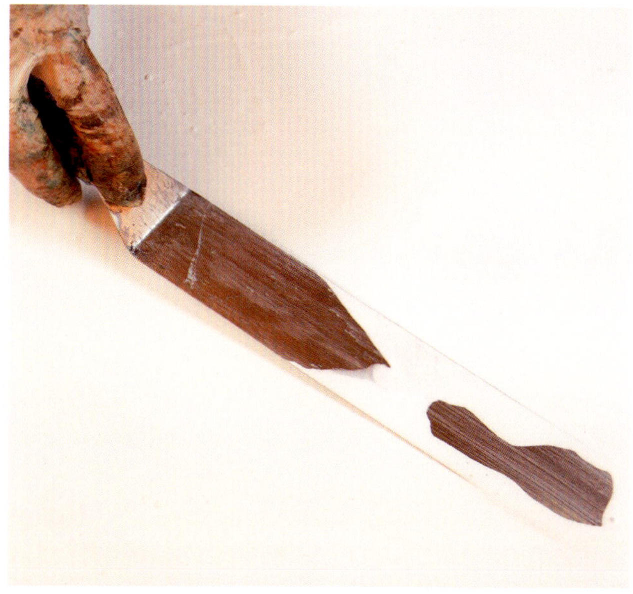

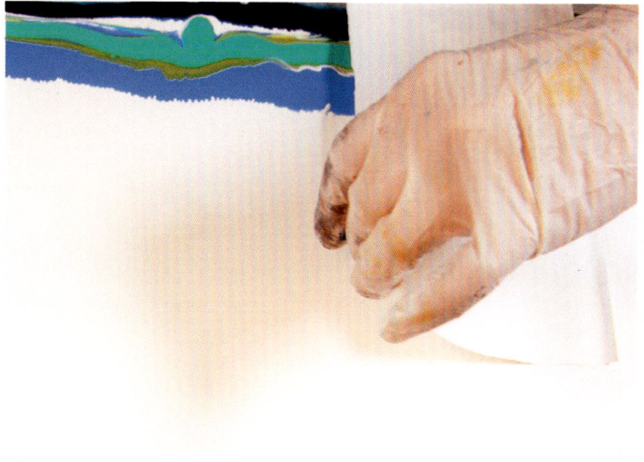

1 Zuerst mischen Sie die einzelnen Farben wie auf Seite 14 beschrieben an und lassen sie ein paar Minuten im Schüttbecher ruhen. In der Zwischenzeit grundieren Sie die Leinwand mit einer verdünnten Titanweiß-Mischung ohne Silikonöl. Dafür verwenden Sie wie üblich das Palettmesser.

2 Nun gießen Sie die angemischten Meeresfarben wie abgebildet in einer Linie an die untere Kante der Leinwand und zwar über die ganze Länge. Nach dem Auftragen setzen Sie sofort einen Papierbogen an der Kante der Leinwand auf, ziehen die Farben in die gewünschte Richtung und formen so die gewünschte Welle.

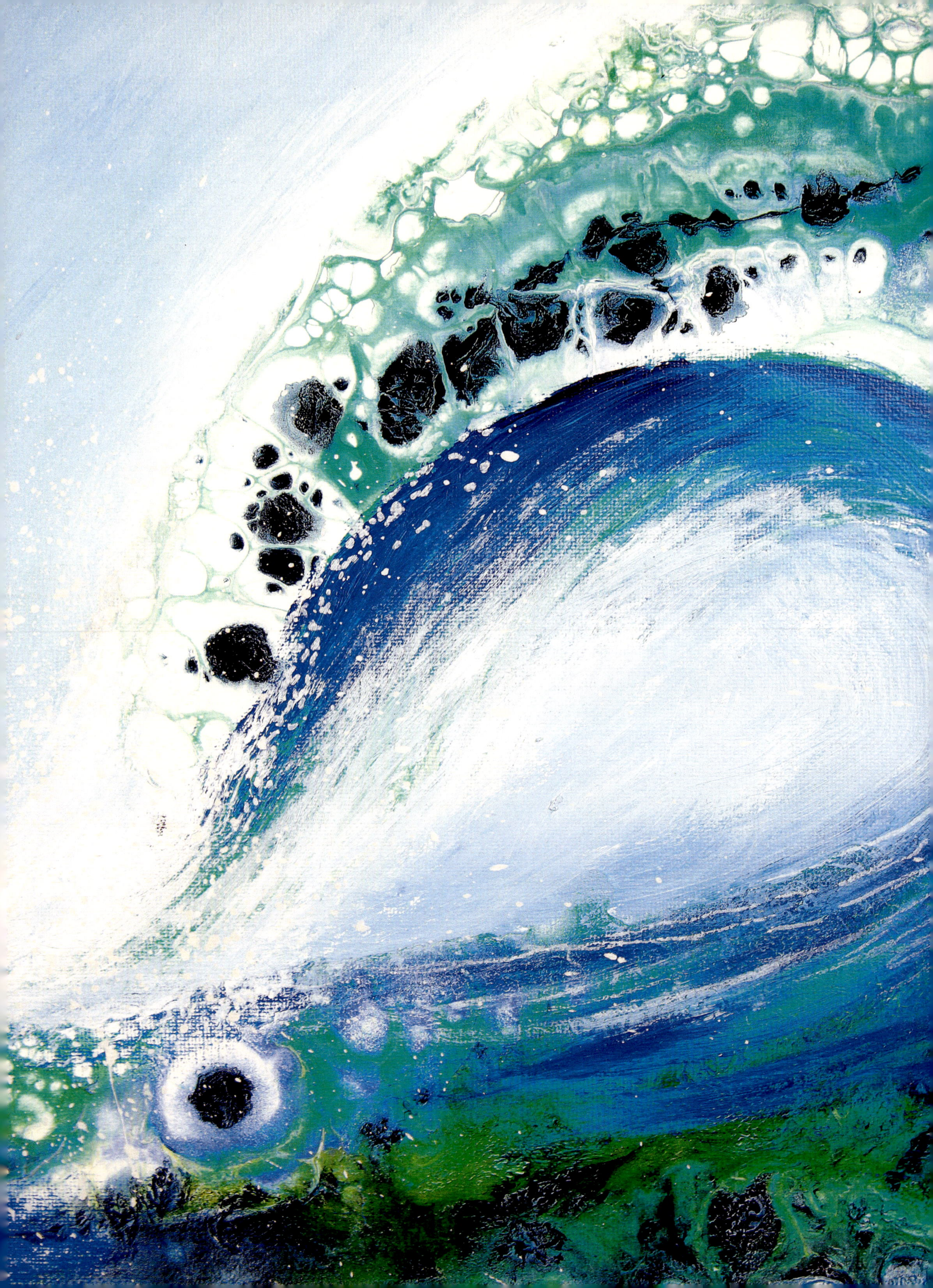

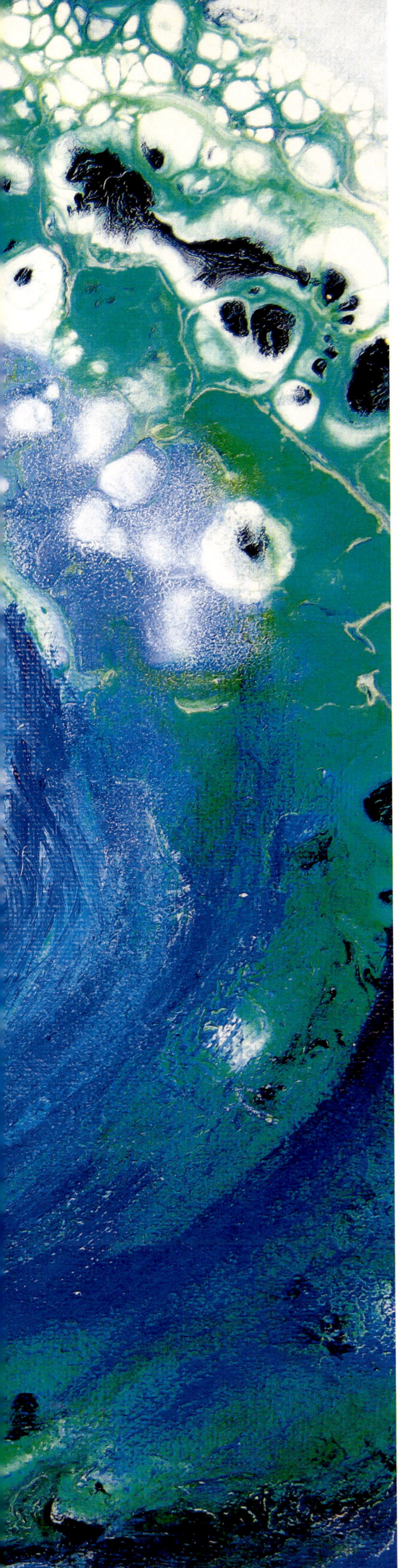

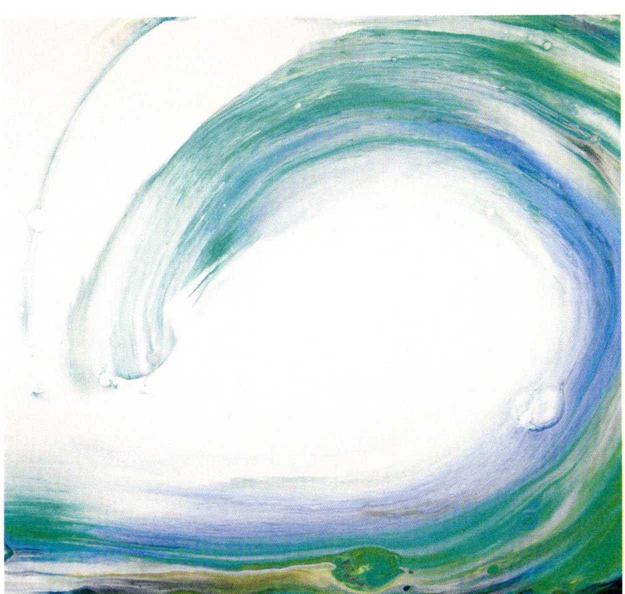

3 So ungefähr sieht Ihre Welle inzwischen aus! Lassen Sie das Bild einige Minuten ruhen, damit sich die Silikontropfen an die Oberfläche emporarbeiten können.

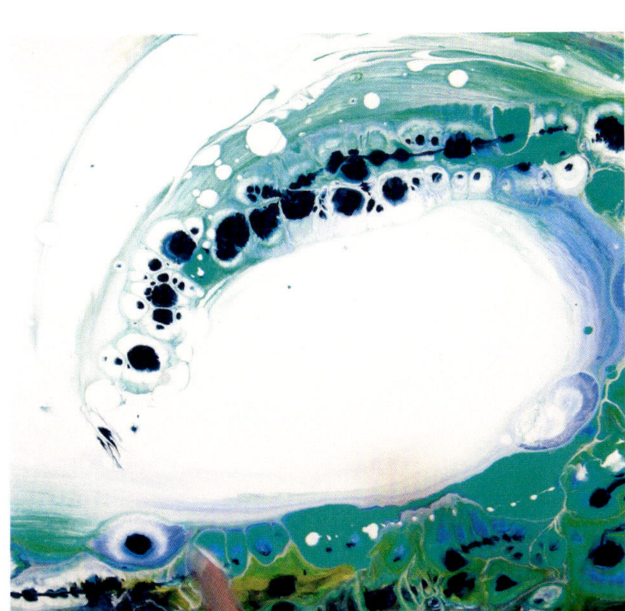

4 Um die Struktur der Zellen noch zu verstärken, können Sie mit dem Crème-Brûlée-Brenner nachhelfen. Dann lassen Sie die Leinwand gut durchtrocknen.

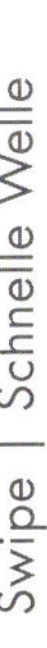

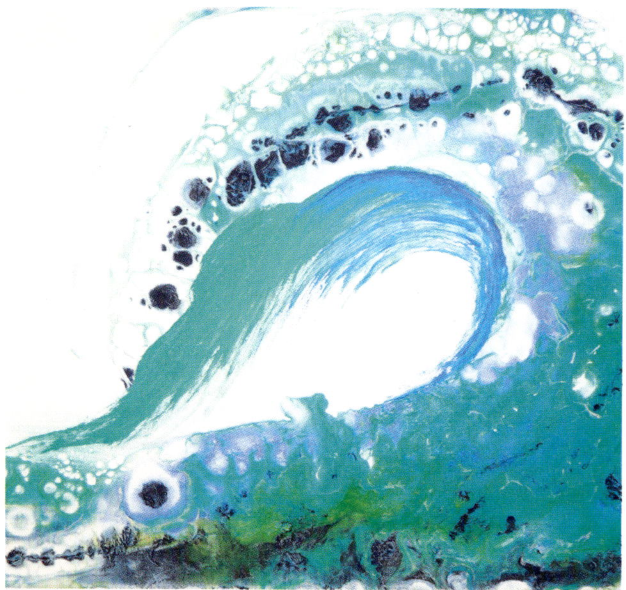

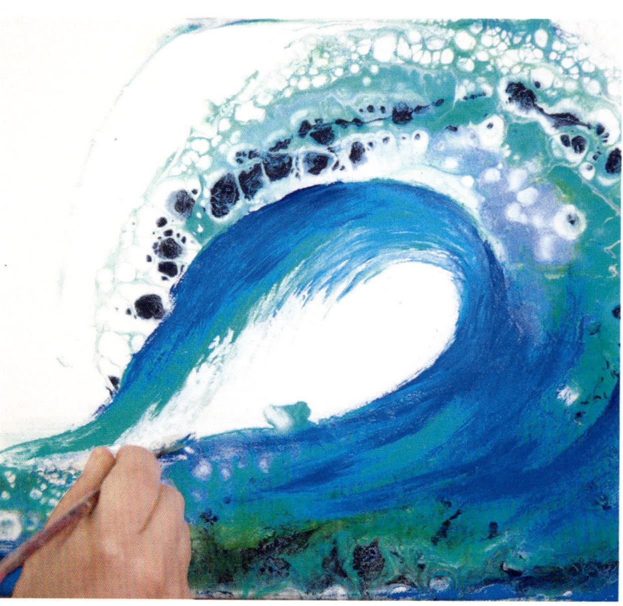

5 Wenn das Bild ganz trocken ist, ziehen Sie die Form des Wellentunnels mit dem Fächerpinsel heraus. Dafür verwenden Sie eine Mischung aus wenig Phthaloblau, Phthalogrün und Titanweiß und erzielen so einen stärkeren Kontrast.

6 Mit Titanweiß auf der Spitze des Fächerpinsels strukturieren Sie das Licht in der Gischt der Welle. So verstärken Sie erneut die Hell-Dunkel-Kontraste im Bild.

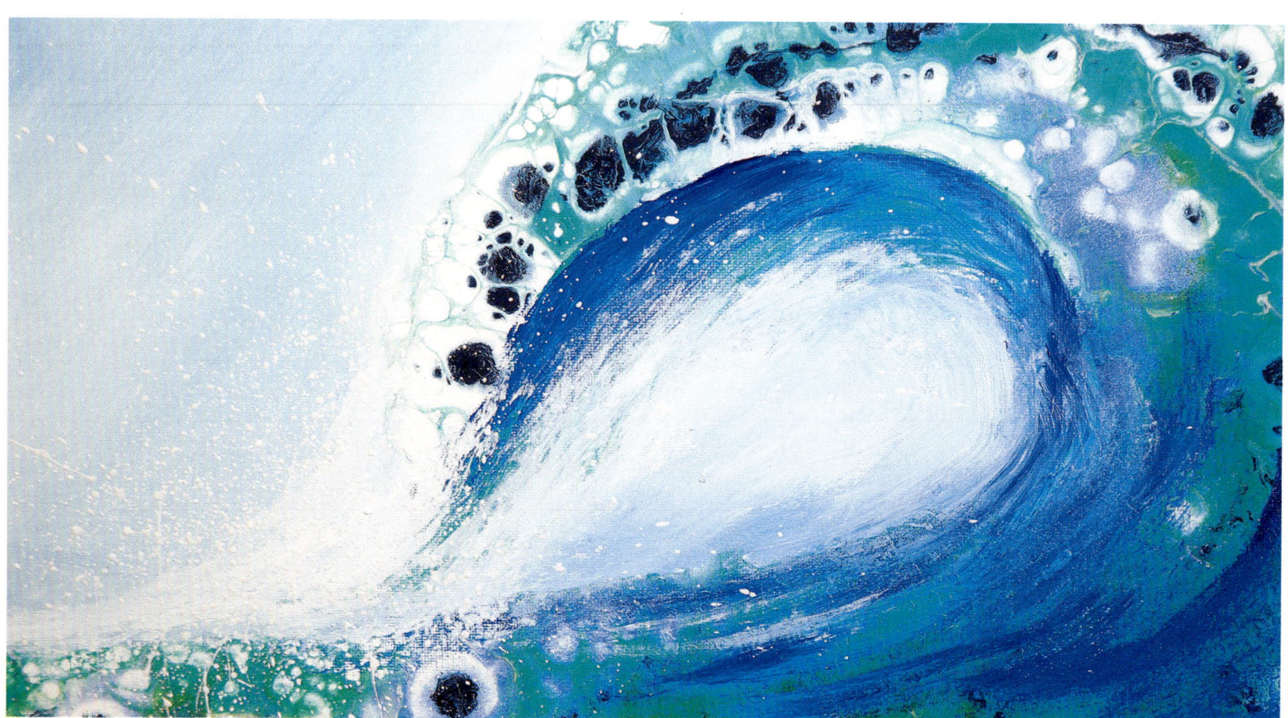

7 Jetzt legen Sie mit etwas Titanweiß und ganz wenig Phthaloblau den Hintergrund in einem hellen Blauton an. Da Sie hier mit dem Fächerpinsel arbeiten, können Sie sehr schön die Struktur der Wellenform aufnehmen. Zum Schluss gestalten Sie die Gischt mit einigen weißen Punkten und Farbspritzern noch lebendiger. Die schnelle Welle ist jetzt fertig und lädt Sie zum Surfen ein!

Unser Tipp

Bitte achten Sie bei dieser effektvollen Swipe-Technik darauf, dass Sie bei jedem neuen Wischen einen neuen Bogen Papier benutzen, damit sich die Farben nicht zu stark vermischen!

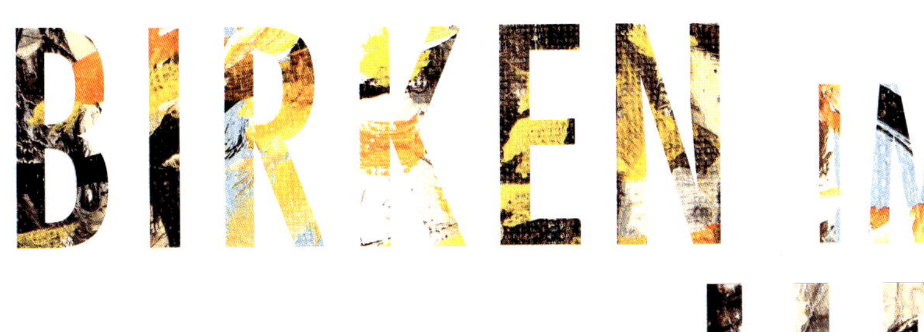 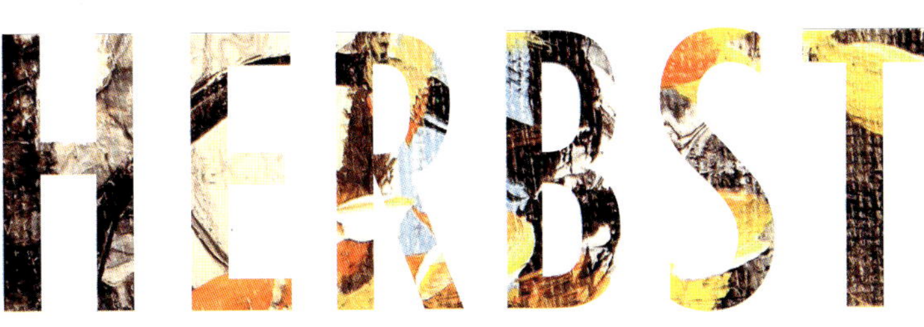

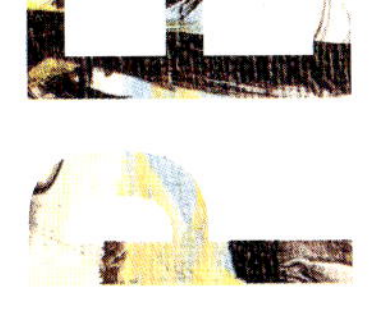
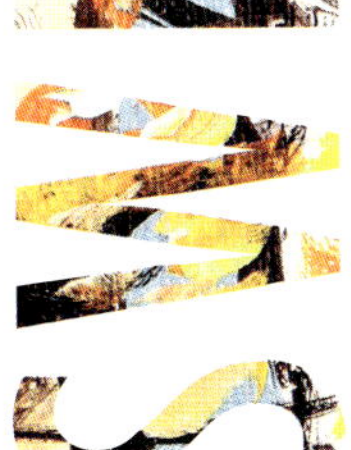

Mit der Wisch-Technik lässt sich sehr schnell ein Birkenwald gestalten, wie wir Ihnen hier zeigen möchten. Aber auch andere Rindenoptiken sind möglich. Wie wäre es beispielsweise mit der Streifenborke der Eiche oder mit den dekorativen Schuppen der Kiefer? Der Swipe bietet dafür eine gute Grundlage.

MATERIAL

Leinwand 40 cm x 50 cm | Farben: Titanweiß, Lichter Ocker, Indischgelb, Orange, Königsblau, Schwarz | Flachpinsel, 4 cm, synthetisch | 8er Spitz- oder Rundpinsel, synthetisch | 2 Becher | Rührhölzchen | Silikonöl | Pouring Medium | destilliertes Wasser oder Tiefgrund | Crème-Brûlée-Brenner | mehrere Bogen festes Papier

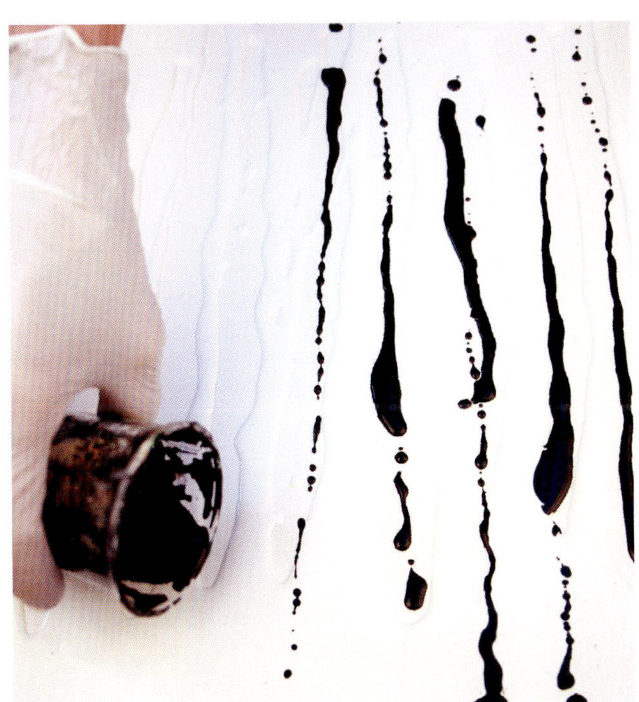

1 Für die schwarz-weiße Rinde benötigen Sie zunächst die beiden Farben. Füllen Sie in einen der Becher Schwarz, in den anderen Titanweiß und fügen Sie jeweils 20 % Pouring Medium hinzu. Rühren Sie beide Farbtöne gut um und geben Sie für eine bessere Fließfähigkeit etwas Tiefgrund hinzu, bis die Farben wie Sirup sind. Außerdem geben Sie in jeden Farbton noch 2 bis 3 Tropfen Silikonöl und ziehen es vorsichtig unter. Jetzt schütten Sie die beiden Farben wie abgebildet in Streifen über die weiße, nicht grundierte Leinwand.

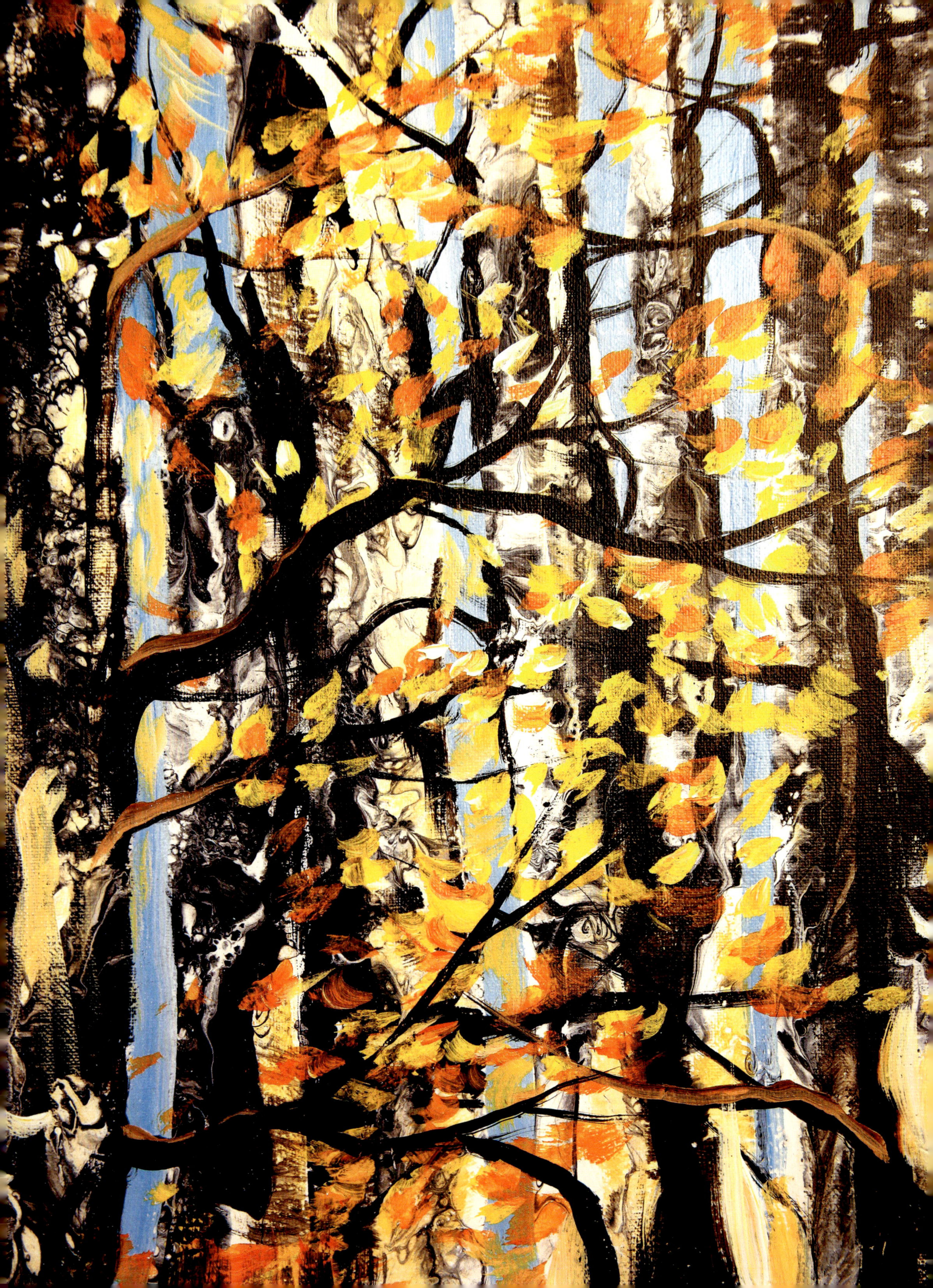

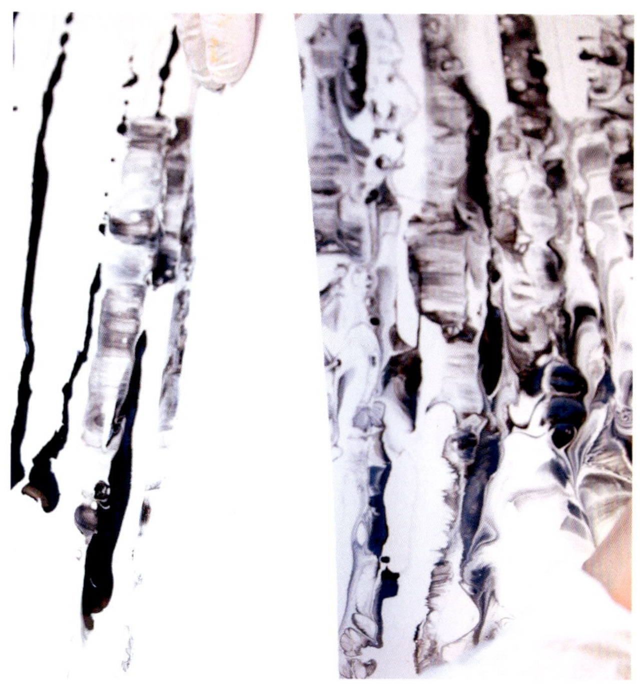

2 Die so aufgetragene Farbe verziehen Sie mit der glatten Kante des Papiers. Beachten Sie dabei, dass Sie das Papier nicht über die gesamte Fläche ziehen, sondern nur jeweils einen Baumstamm damit anlegen. Und bitte verwenden Sie jedes Mal einen neuen Bogen Papier!

3 Gehen Sie anschließend mit dem Crème-Brûlée-Brenner kurz über das Bild und lassen Sie es 24 Stunden trocknen. Sie werden merken, dass die Farbe durch die höhere Zugabe von Tiefgrund schneller und flacher auftrocknet als sonst.

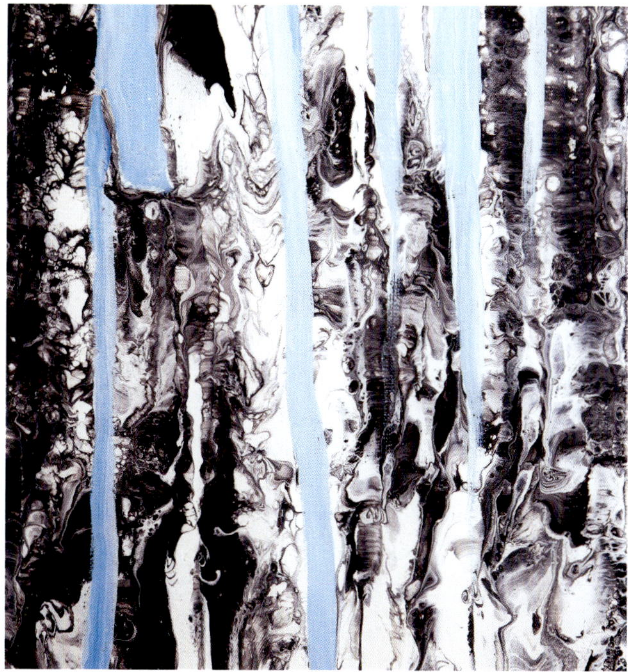

4 Nach dem Trocknen legen Sie wie abgebildet mit dem Flachpinsel und einer Mischung aus Königsblau und etwas Titanweiß den Hintergrund an.

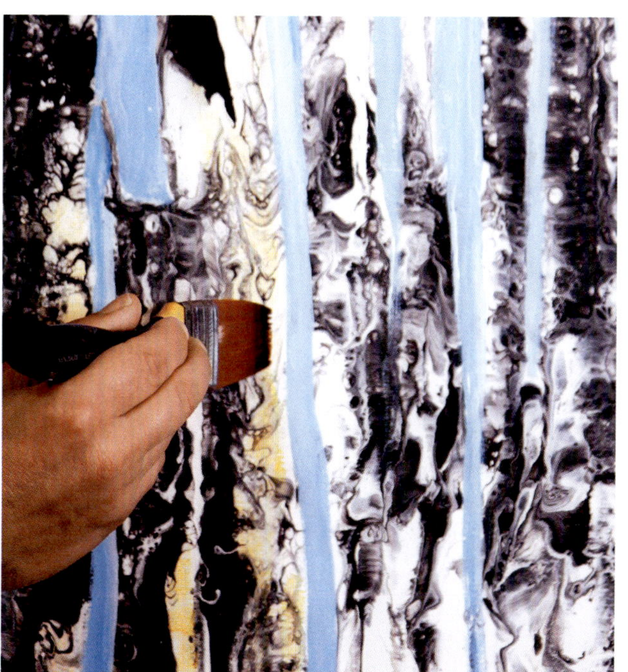

5 Damit die Birken lebendiger wirken, gehen Sie mit einer zarten Lasur aus Lichtem Ocker über die Baumstämme. Achten Sie darauf, dass Sie nur sehr wenig Farbe auftragen, es soll ja nur ein leichter ockerfarbener Hauch auf den Stämmen liegen.

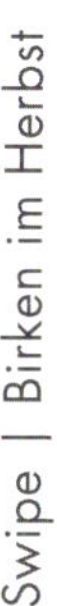

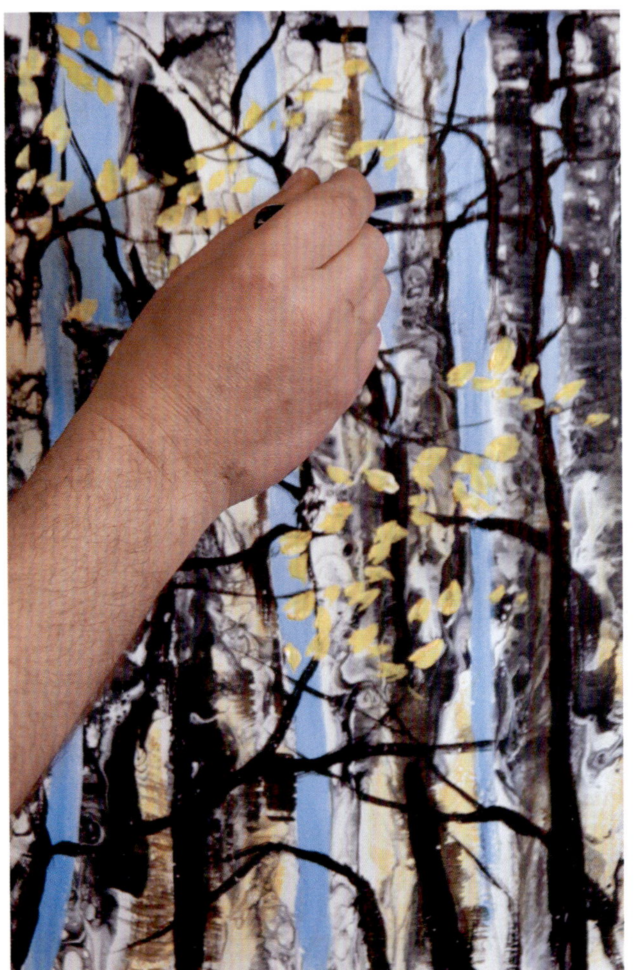

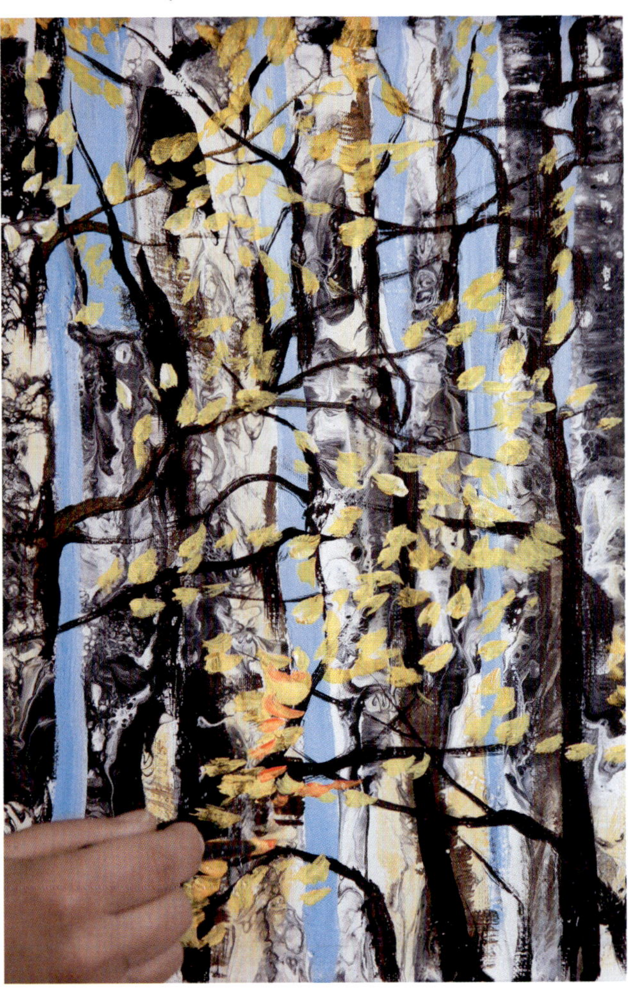

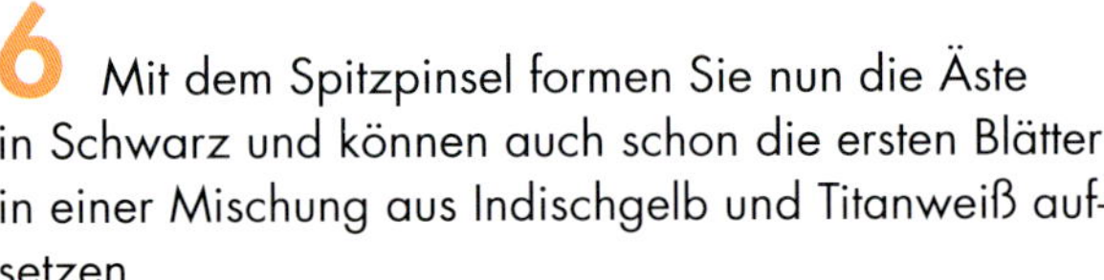

6 Mit dem Spitzpinsel formen Sie nun die Äste in Schwarz und können auch schon die ersten Blätter in einer Mischung aus Indischgelb und Titanweiß aufsetzen.

7 Schließlich geben Sie noch einen leichten Hauch Indischgelb und wenig Orange auf die Blätter, damit sie noch besser zur Geltung kommen.

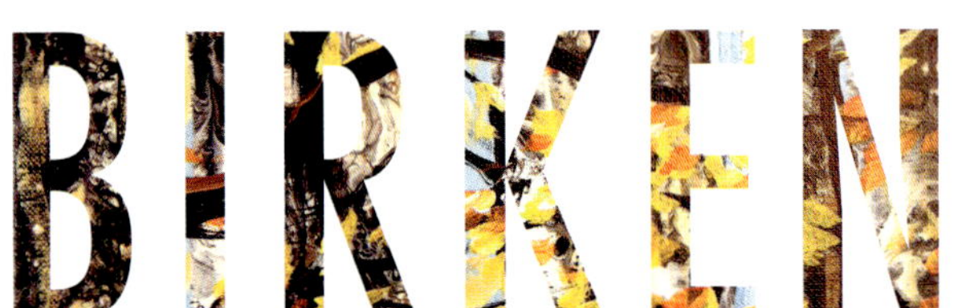

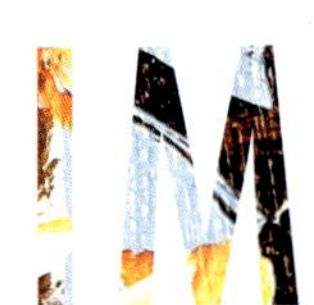

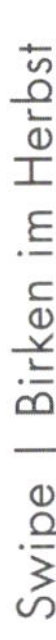

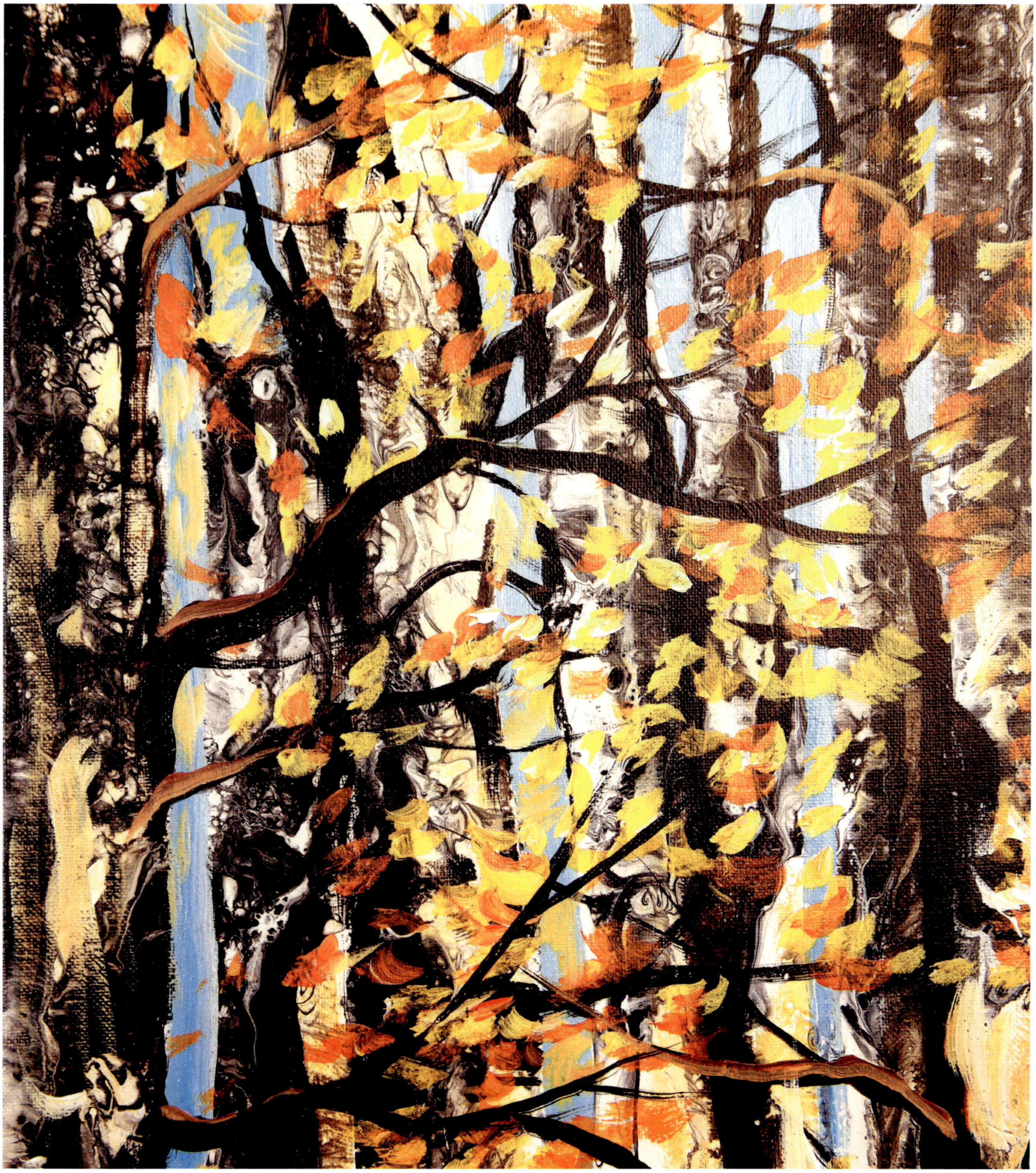

8 Sie sehen, wie leicht und schnell Sie mit dieser Technik nicht nur Rindenstruktur, sondern sogar ganze Baumstämme auf die Leinwand bringen können. Auch für viele Oberflächen ist die Wischtechnik geeignet. Experimentieren Sie einfach mal!

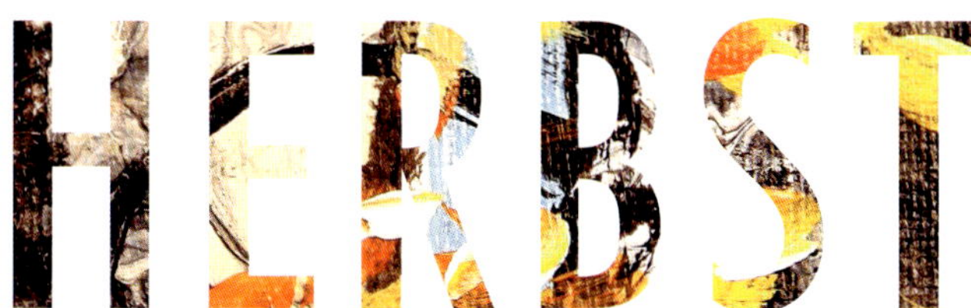

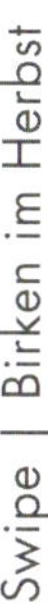

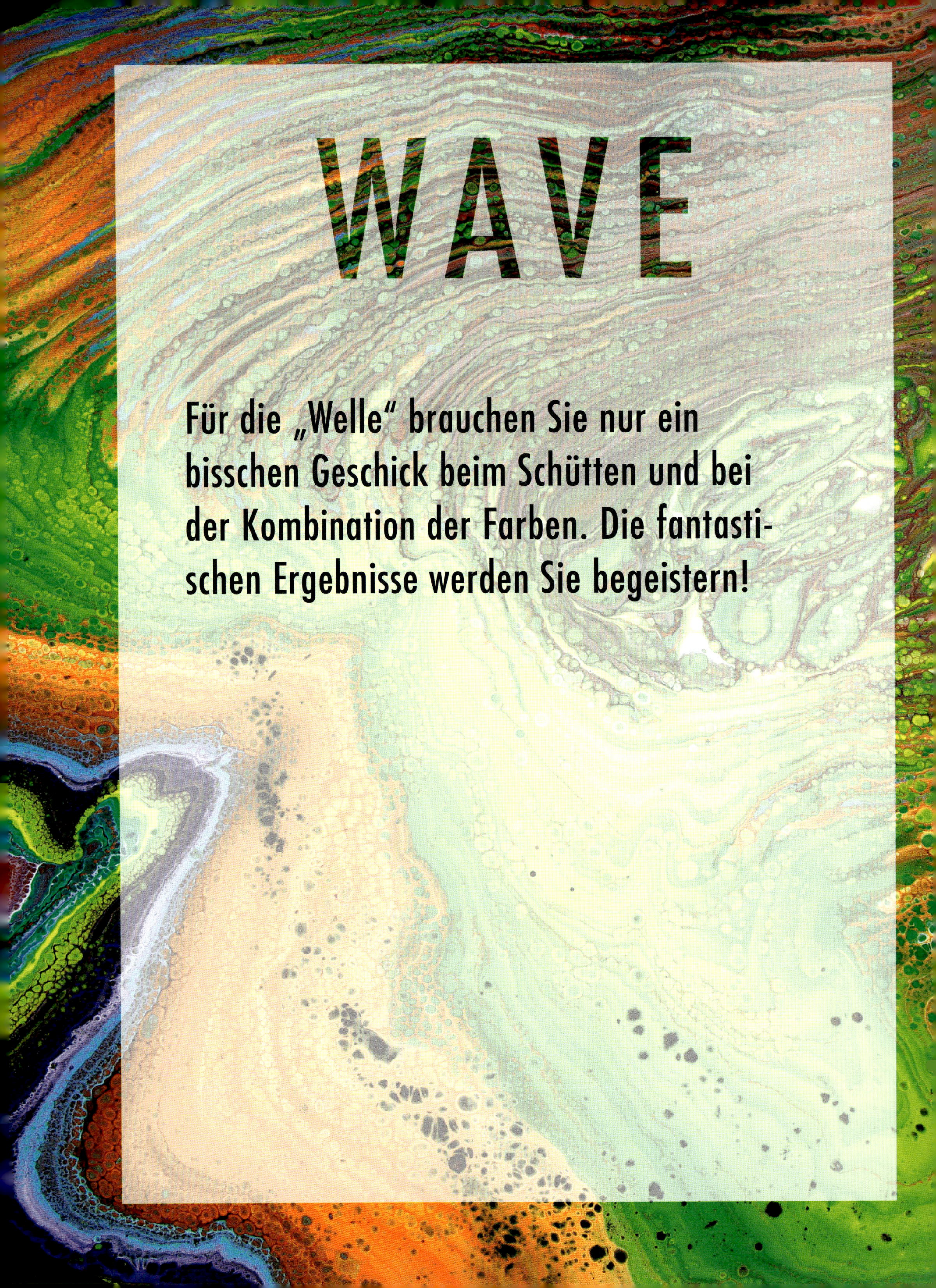

WAVE

Für die „Welle“ brauchen Sie nur ein bisschen Geschick beim Schütten und bei der Kombination der Farben. Die fantastischen Ergebnisse werden Sie begeistern!

POURING TRIFFT VAN GOGH

Mit seiner lebendigen und organischen Struktur eignet sich der Wave vorzüglich für ein Bild in der Art von Vincent van Gogh (1853–1890). Der niederländische Maler gilt zu Recht als Begründer der modernen Malerei. Die leuchtenden Farben und die starken Kontraste in seinen Bildern sind legendär. Uns hat seine „Sternennacht" zu diesem Pouringbild angeregt. Wenn Sie sich mit ihm näher beschäftigen, finden Sie sicherlich das eine oder andere Motiv, das Sie in seinem Stil nachempfinden möchten.

MATERIAL

Leinwand 30 cm x 40 cm | Farben: Titanweiß, Lichter Ocker, Kadmiumgelb, Indischgelb, Orange, Umbra Natur, Königsblau, Preußischblau, Phthaloblau, Phthalogrün, Türkis, Permanentgrün | 8er Spitzpinsel, synthetisch | 8er Katzenzungenpinsel, Borste | mehrere Becher | 1 Plastikmessbecher | Rührhölzchen | Silikonöl | Pouring Medium | destilliertes Wasser oder Tiefgrund

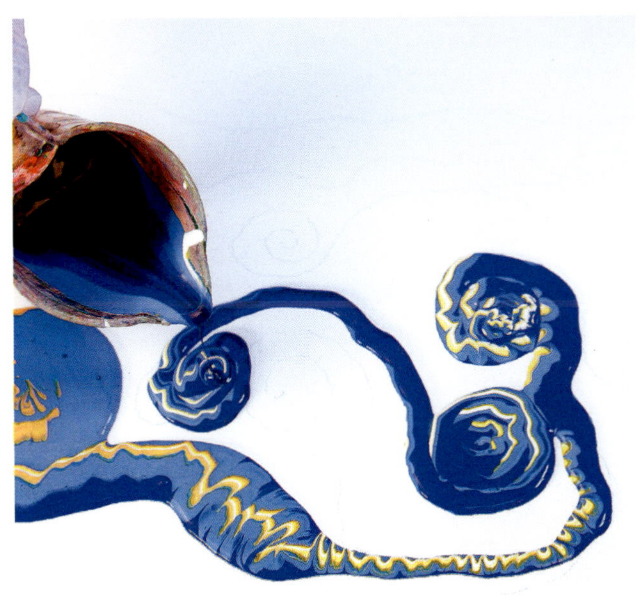

1 Mischen Sie zuerst die oben angegebenen Farben, außer Umbra Natur, wie üblich (Seite 14) jeweils einzeln mit Pouring Medium und Tiefgrund im Becher an. Achten Sie dabei darauf, dass sie diesmal etwas zähflüssiger bleiben. Um die Farben besser gießen zu können, füllen Sie sie im Wechsel in einen Messbecher. Dabei halten Sie den Messbecher schräg und lassen die Farben immer an die gleiche Stelle laufen. Beginnen Sie dann, die Farben wie abgebildet in kreis- und spiralförmigen Bewegungen auf die oberen beiden Drittel der ausnahmsweise nicht grundierten Leinwand zu gießen.

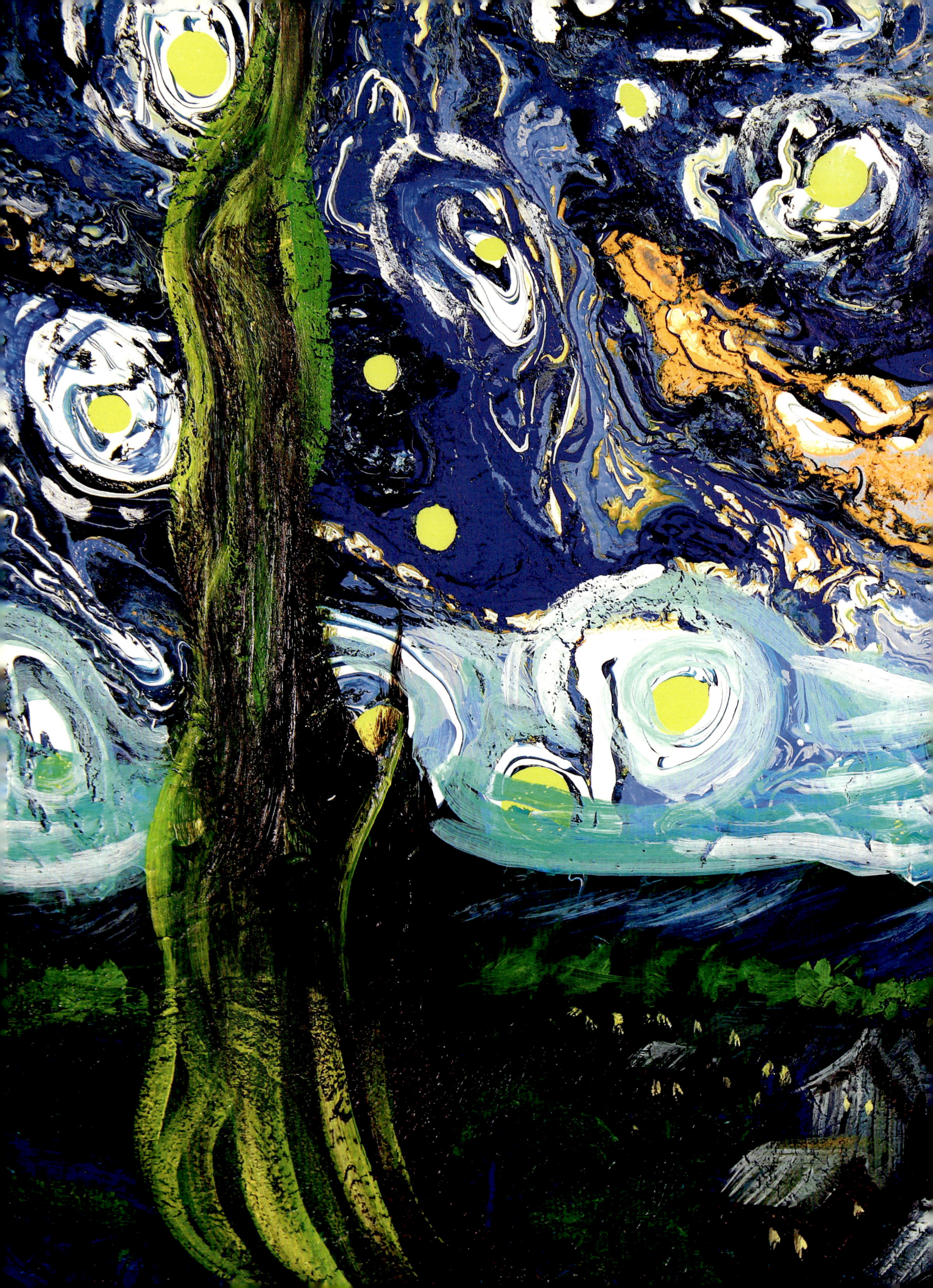

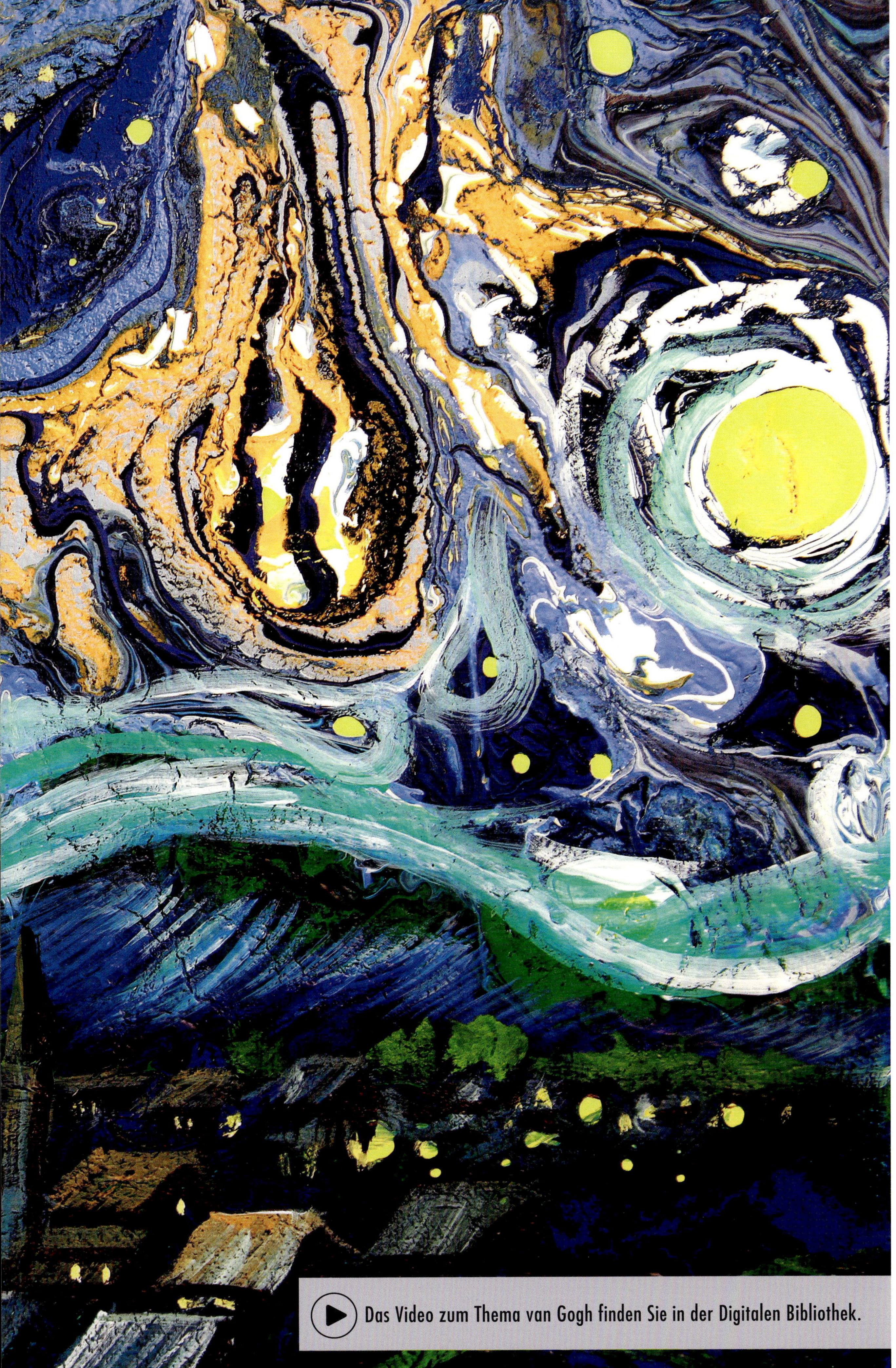

Das Video zum Thema van Gogh finden Sie in der Digitalen Bibliothek.

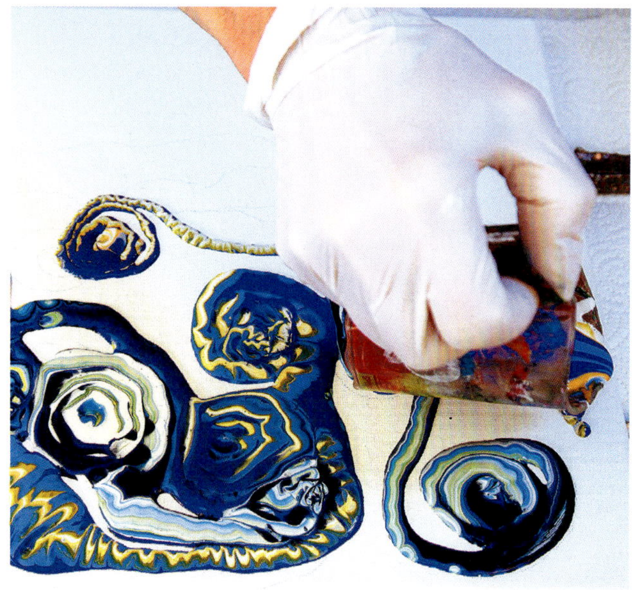

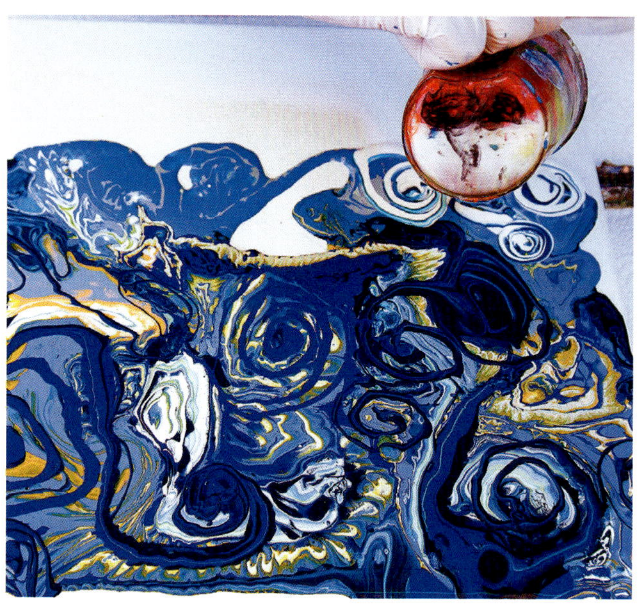

2 Ist der Messbecher leer, füllen Sie die angemischten Farben wieder nach. Den Messbecher müssen Sie dazu nicht extra sauber machen!

3 Um die Kontraste im Bild noch etwas zu erhöhen, gießen Sie zum Schluss zusätzlich feine dunkelblaue Töne auf die Leinwand. Nehmen Sie dabei die vorangegangenen Linienführungen wieder auf.

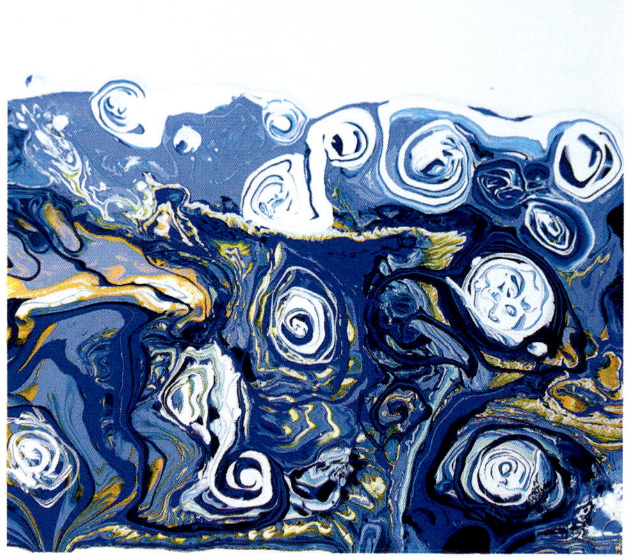

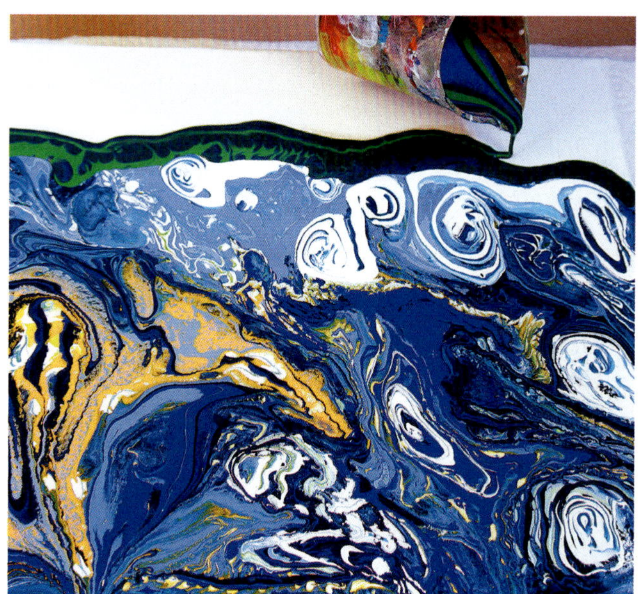

4 Zwischenbilanz: Der Himmel ist fertig gegossen und läuft vermutlich noch etwas nach. Aber keine Sorge, lassen Sie die Farben ruhig ihren Weg finden!

5 Jetzt widmen Sie sich dem unteren Drittel des Bildes. Dazu füllen Sie Phthaloblau, Phthalogrün und Permanentgrün in den Messbecher und gießen diese horizontal über den unteren Bereich. So einfach und kontrastreich entsteht die spätere Landfläche, die sich vom Himmel abhebt.

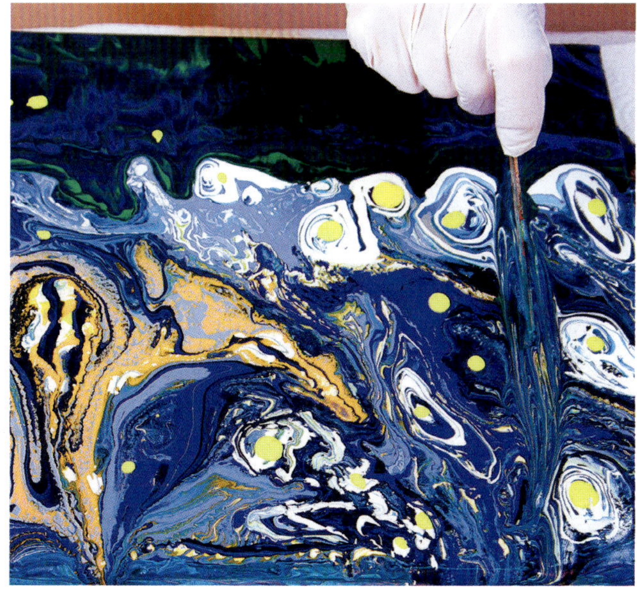

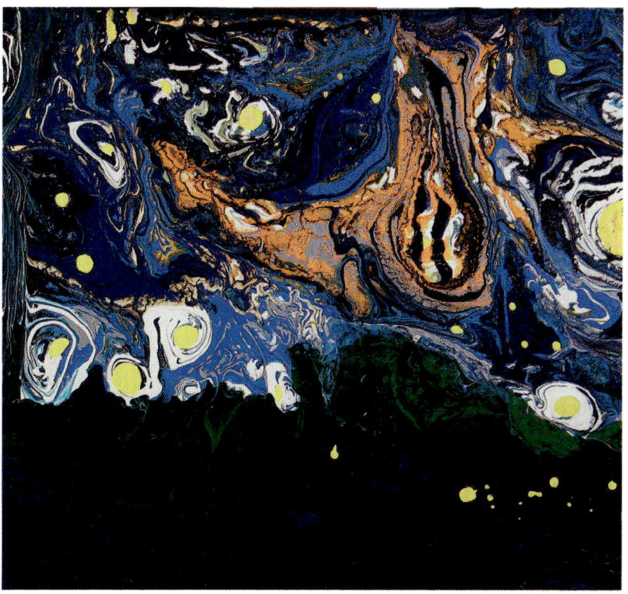

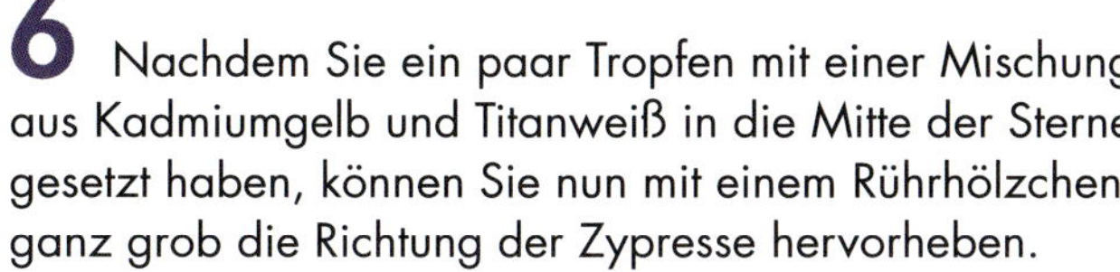

6 Nachdem Sie ein paar Tropfen mit einer Mischung aus Kadmiumgelb und Titanweiß in die Mitte der Sterne gesetzt haben, können Sie nun mit einem Rührhölzchen ganz grob die Richtung der Zypresse hervorheben.

7 Nach mindestens 24 Stunden Trockenzeit sollte Ihr Bild ungefähr so aussehen. Im Moment dominiert ein Wirrwarr aus Kreisen, Linien und lebendigen Formen das Bild und Sie können es jetzt mit wenigen Pinselstrichen in Form bringen.

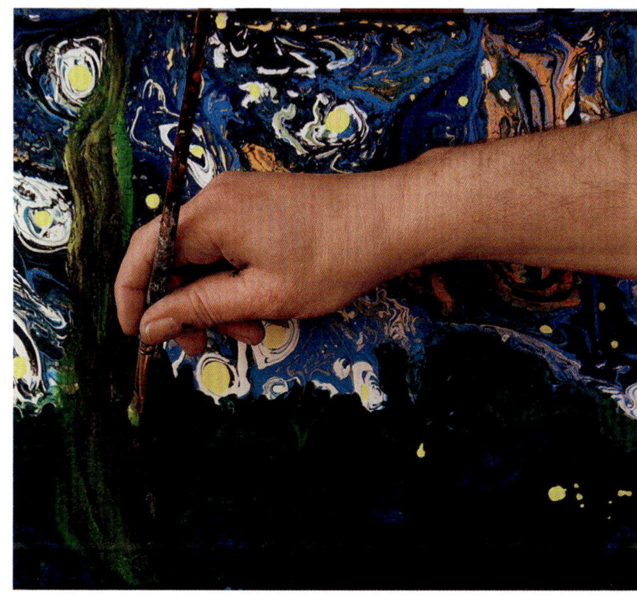

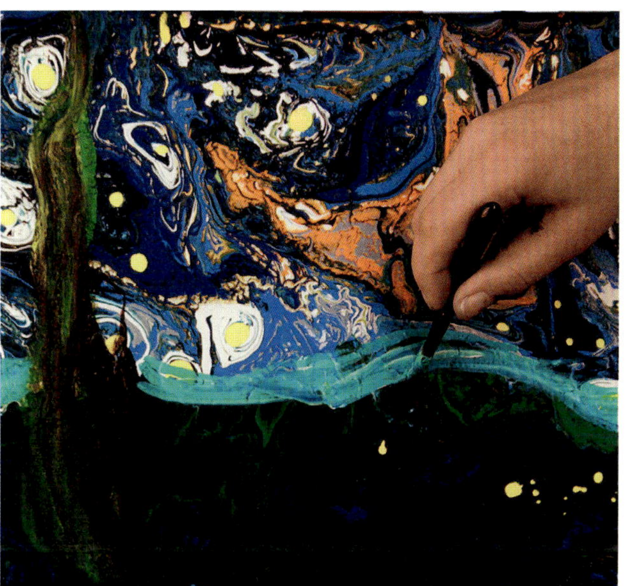

8 Als Erstes formen Sie mit Permanentgrün und Kadmiumgelb sowie etwas Phthalogrün die Zypresse am linken Bildrand heraus. Dazu benutzen Sie den Borstenpinsel, den Sie in einer für van Gogh typischen leichten Wellenbewegung über die Leinwand gleiten lassen.

9 Für einen schönen Kontrast zwischen dem Himmel und den Bergen am Horizont nehmen Sie etwas Türkis, Phthaloblau und Titanweiß auf die Palette. In diesen Farbkombinationen arbeiten Sie mit dem Spitzpinsel die Horizontlinie etwas heller heraus.

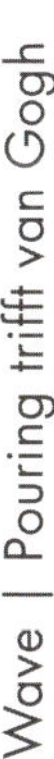

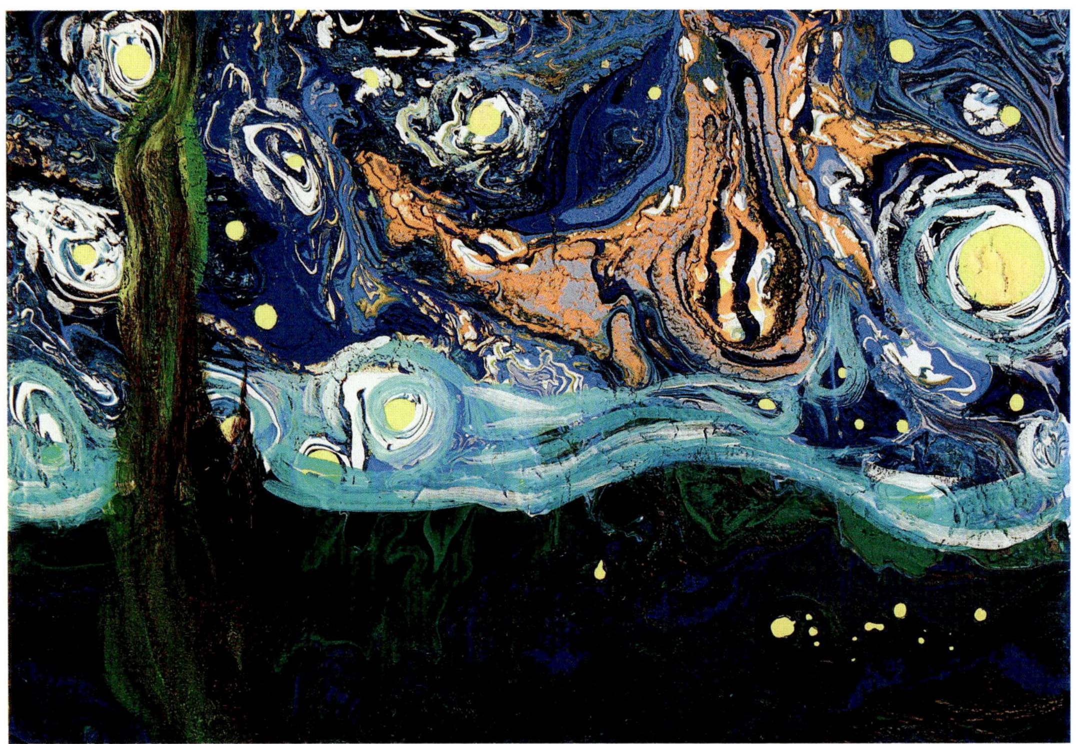

10 So organisch erscheint inzwischen Ihr Pouringbild und Sie können mit einigen Details fortfahren.

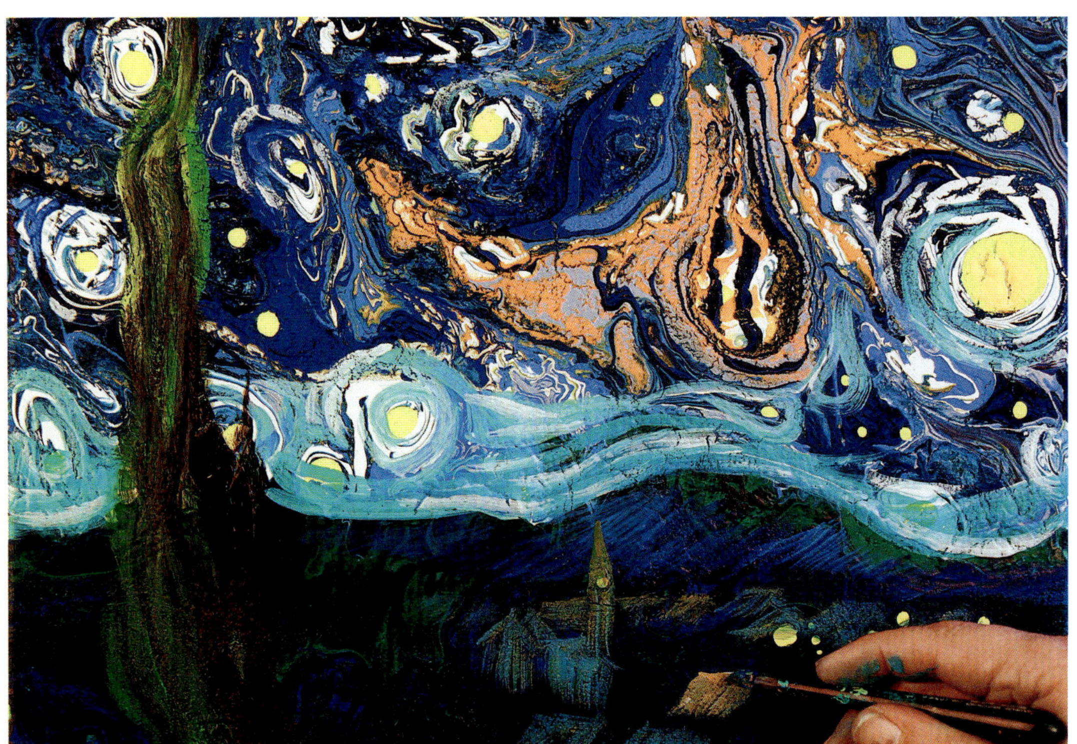

11 Mit Phthaloblau und etwas Titanweiß gestalten Sie zunächst die Berge im Hintergrund, anschließend geht es mit Lichtem Ocker, Titanweiß und Blautönen an das Städtchen. Auch dafür ist der Spitzpinsel ideal geeignet.

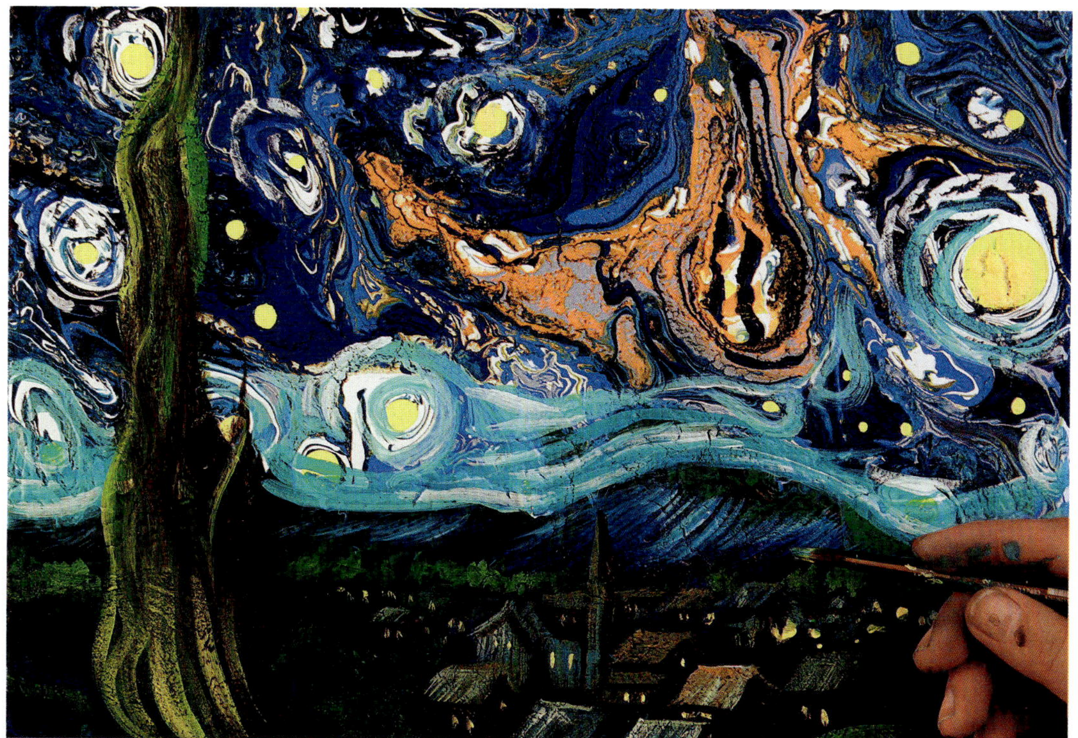

12 Um den Kontrast zu verstärken, setzen Sie mit etwas Titanweiß einige Linien zart auf die Berge auf. Abschließend gestalten Sie mit einer Mischung aus Indischgelb und Titanweiß die hell erleuchteten Fenster in dem Städtchen.

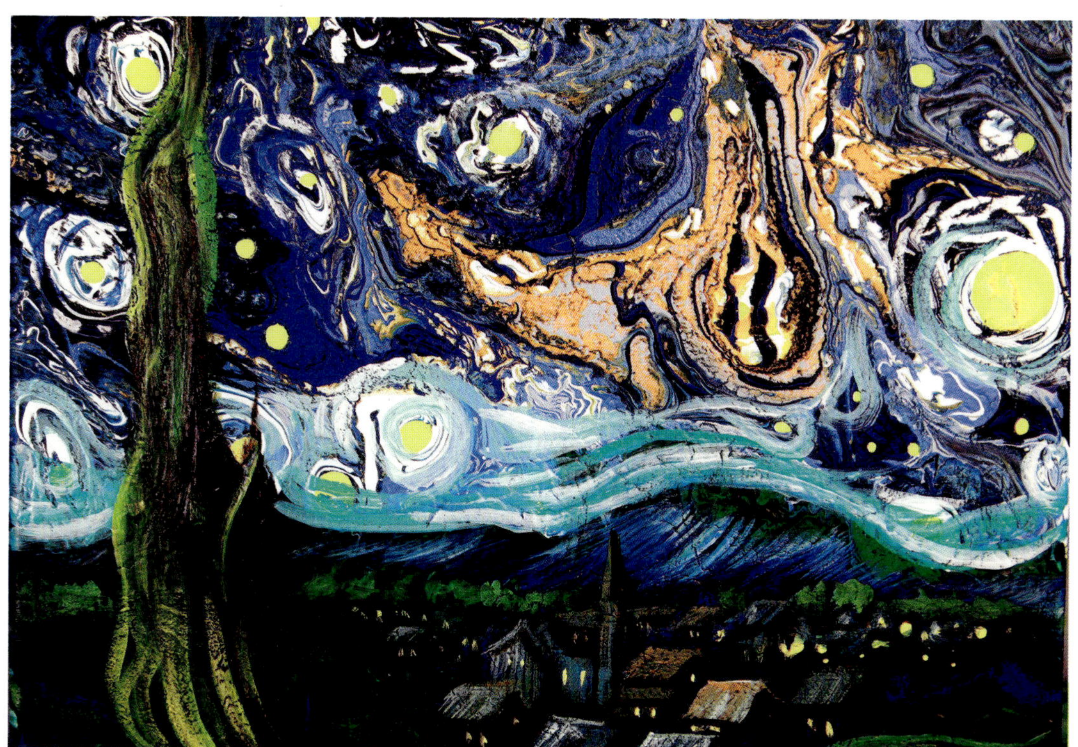

13 Nun ist er fertig, der kleine van Gogh. Vieles in dieser Technik entscheiden der Zufall, die richtige Farbkombination und der Schwung in Ihrem Handgelenk. Was hier auf den ersten Blick als sehr gezieltes Malen aussieht, bleibt durch das Pouring jedoch immer auch ein Zufallsprodukt. Und das macht einfach jede Menge Spaß, probieren Sie es aus!

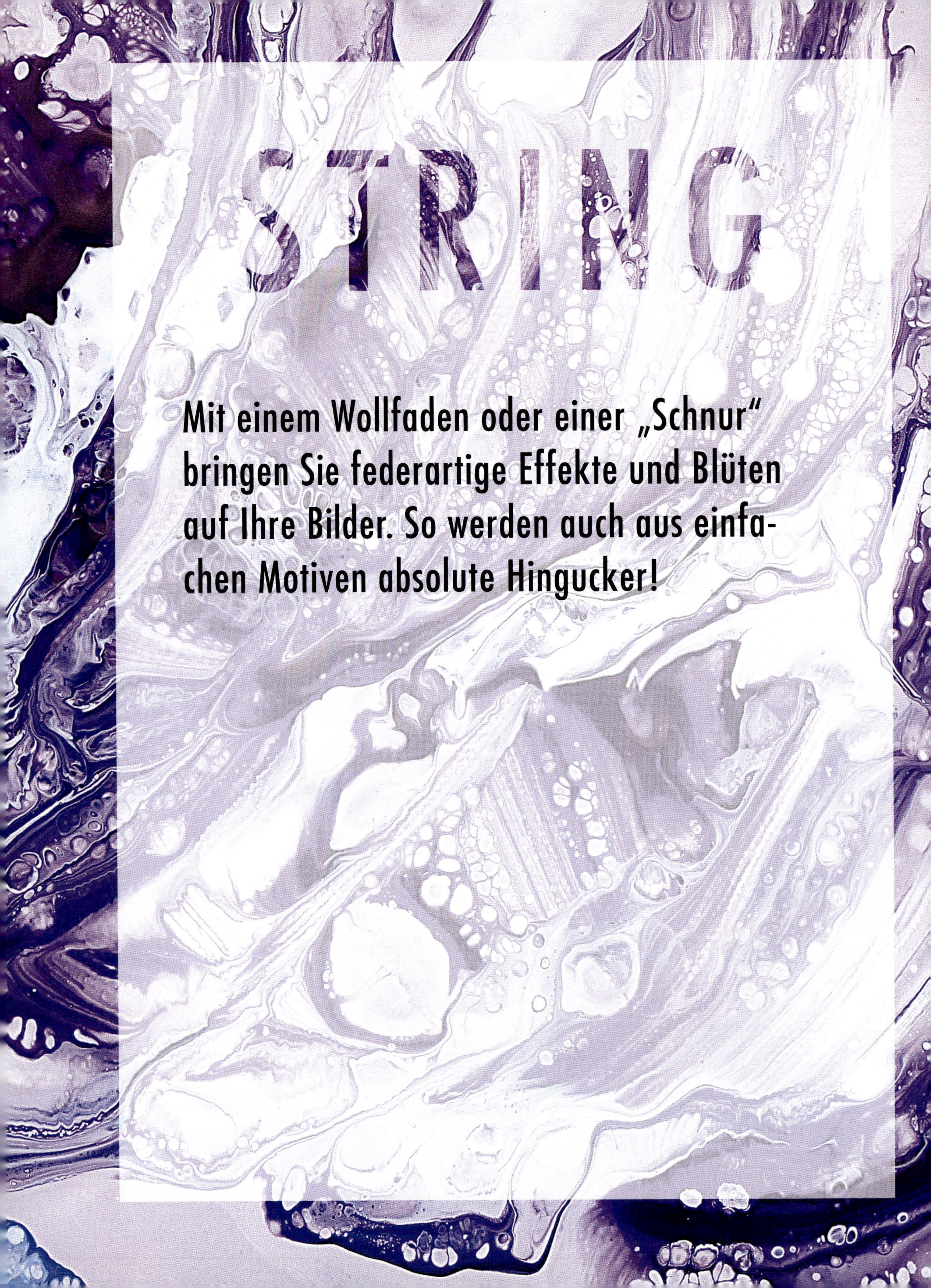

STRING

Mit einem Wollfaden oder einer „Schnur“ bringen Sie federartige Effekte und Blüten auf Ihre Bilder. So werden auch aus einfachen Motiven absolute Hingucker!

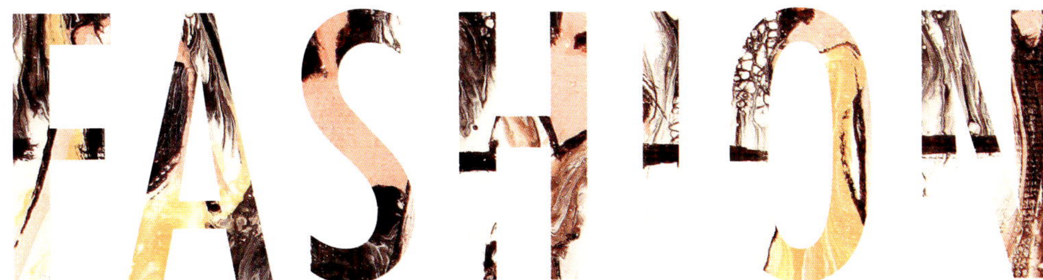

Wollten Sie schon immer mal in die Haute Couture eintauchen? Dann sind Sie mit dieser Technik bestens bedient. Der String eröffnet Ihnen eine filigrane Welt von Formen, die florale oder schwungvolle Objekte hervorzaubert. Diese Technik ist sehr gezielt einsetzbar und lässt dem Anwender einen großen Freiraum in der Darstellung des Gewünschten. Doch auch beim String sind Überraschungseffekte an der Tagesordnung. Wir zeigen Ihnen hier eine kleine Arbeit aus unserem Atelier, die Sie hoffentlich zu weiteren Motiven anregt. Die Größe der Leinwand und die Kombination der Farben bleiben dabei natürlich wie immer Ihnen überlassen.

MATERIAL

Leinwand 30 cm x 30 cm | Farben: Titanweiß, Lichter Ocker, Indischgelb, Orange, Umbra Natur, Siena, Schwarz | saugfähige Wollfäden, ca. 30 cm lang | 8er Spitz- oder Rundpinsel, synthetisch | Palettmesser, 30 cm | mehrere Becher | Rührhölzchen | Silikonöl | Pouring Medium | destilliertes Wasser oder Tiefgrund

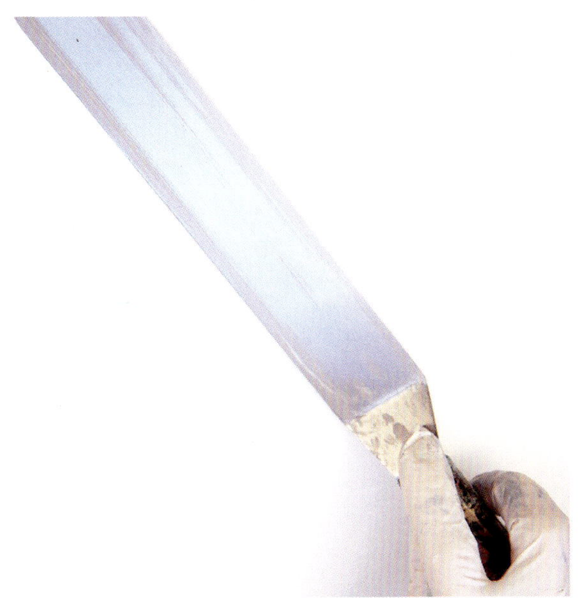

1 Wie so häufig beginnen Sie auch bei dieser Arbeit mit dem Einfärben der Leinwand in Weiß. Dafür mischen Sie das Titanweiß wie üblich ohne Silikonöl an (Seite 14) und streichen es dann mit dem Palettmesser über die Leinwand.

2 Für den ersten Wollfaden mischen Sie in einem Becher Umbra Natur und Pouring Medium im gewohnten Verhältnis 1:1. Damit die Farbe flüssiger wird, verdünnen Sie die Mischung mit 10 bis 15 % Tiefgrund und ziehen anschließend 2 bis 3 Tropfen Silikonöl unter. Tränken Sie einen Wollfaden in dem Becher mit der braunen Farbmischung. Nehmen Sie den Faden aus dem Becher, streifen die Farbe etwas ab und legen Sie ihn horizontal wie abgebildet auf die noch feuchte Leinwand.

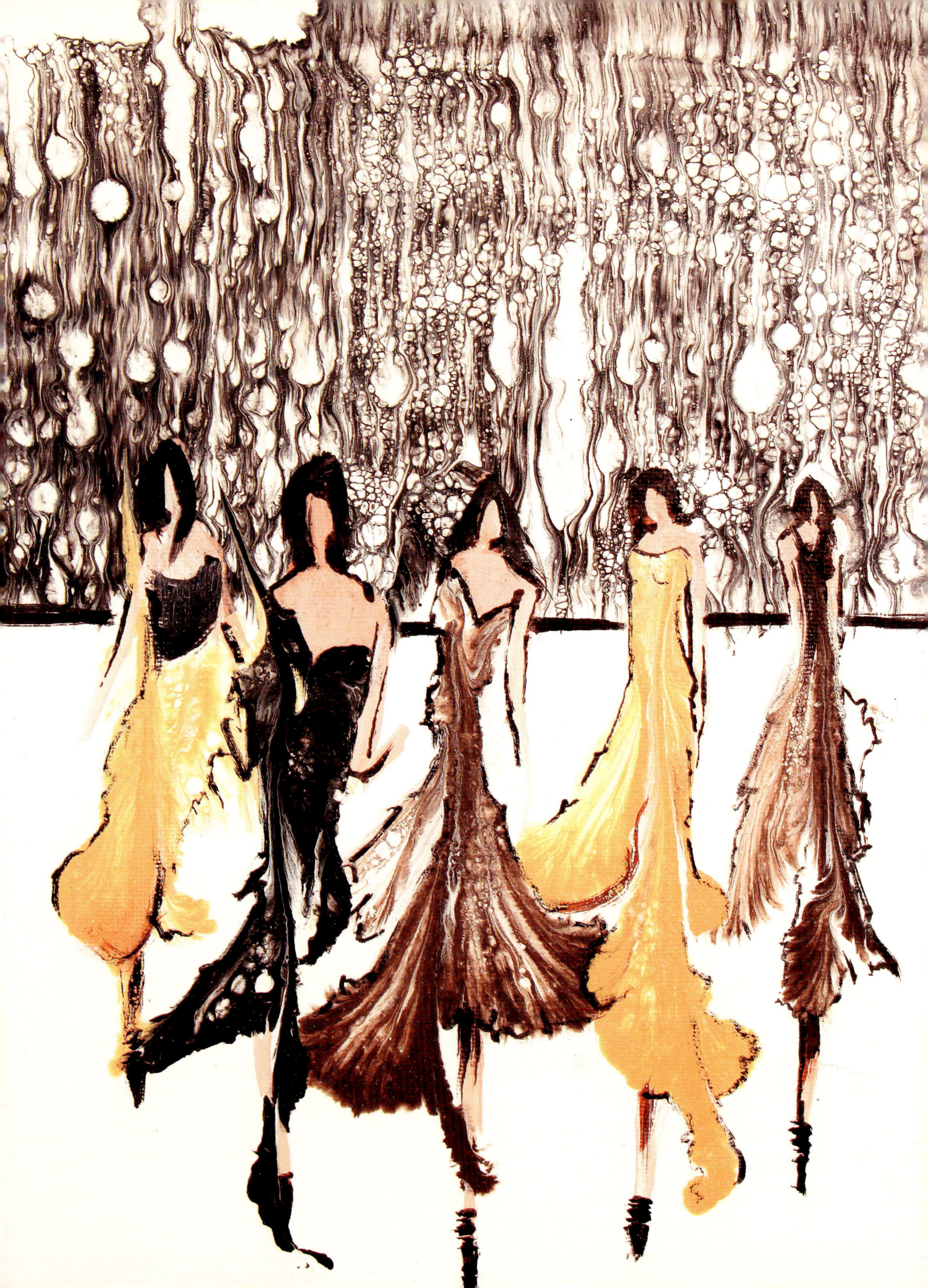

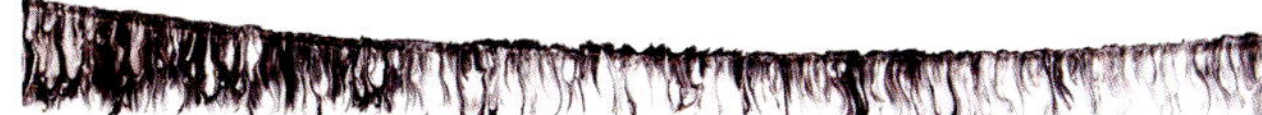

3 Jetzt ziehen Sie den Wollfaden mehrfach parallel durch die noch feuchte Leinwand und wie von Zauberhand entsteht der vorhangartige Hintergrund.

4 Auch ohne einen Crème-Brûlée-Brenner zu verwenden, bilden sich bereits schöne Zellen heraus. Nun ist die Kleidung der Modelle an der Reihe. Dazu tauchen Sie weitere Fäden in Siena, Indischgelb und Schwarz ein, die Sie ebenfalls mit Pouring Medium und Tiefgrund sowie einigen Tropfen Silikonöl angemischt haben. Dann legen Sie diese Fäden wie abgebildet in kreisförmigen Bewegungen im unteren, noch freien Teil der Leinwand aus und ziehen sie vorsichtig flach nach oben weg.

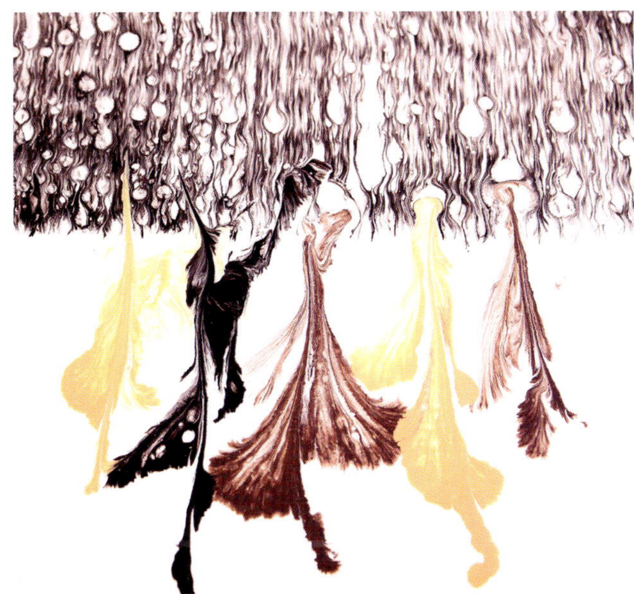

5 Zwischenbilanz: Sie können hier sehr gut erkennen, wie schwungvoll und unterschiedlich die Formen der Kleider herauskommen. Lassen Sie das Bild so 24 Stunden durchtrocknen.

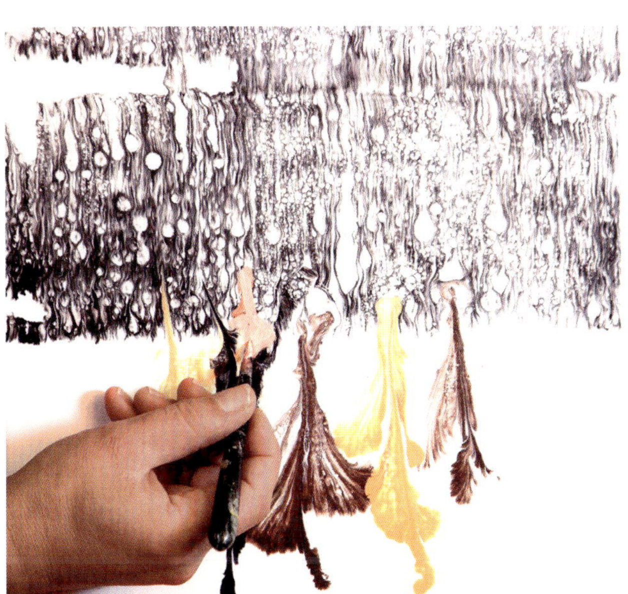

6 Für den jetzt benötigten Hautton mischen Sie Titanweiß mit etwas Lichtem Ocker und Orange. Beginnen Sie mit einem schmalen Oval für den Kopf und lassen Sie ihn in die Schulterpartie auslaufen. Dafür verwenden Sie den Spitzpinsel, mit dem Sie anschließend auch die Arme und Beine gestalten.

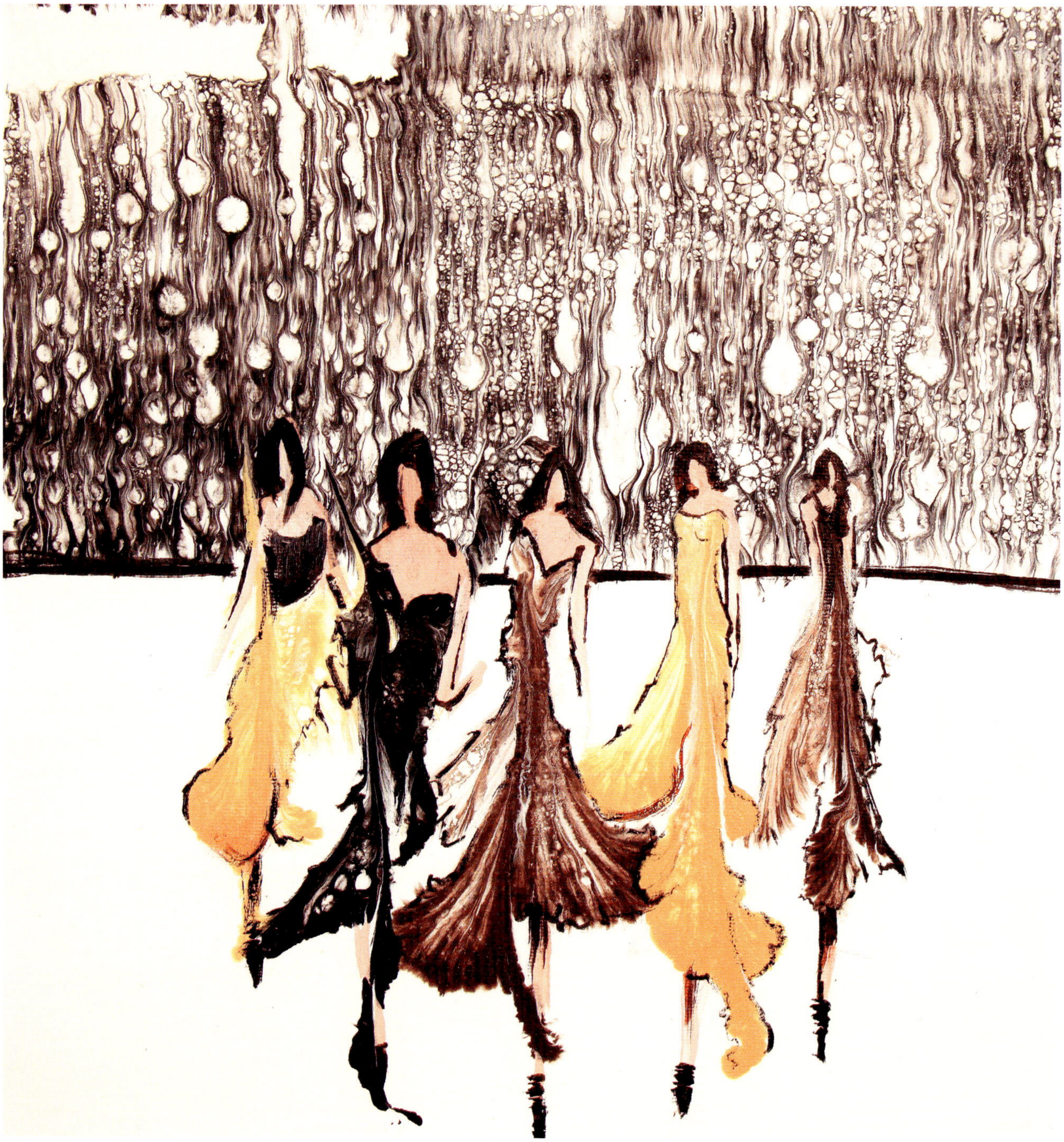

7 Mit einem schwarzbraunen Farbton geben Sie den Haaren und den Schuhen der Modelle den letzten Schliff. Kaum zu glauben, wie schnell und unkompliziert dieses luftige Fashionbild entstanden ist!

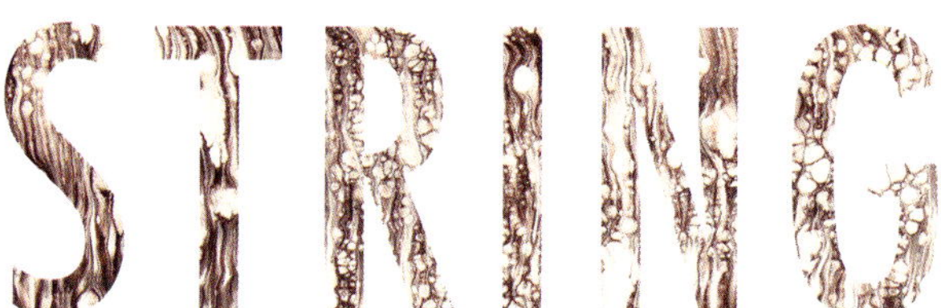

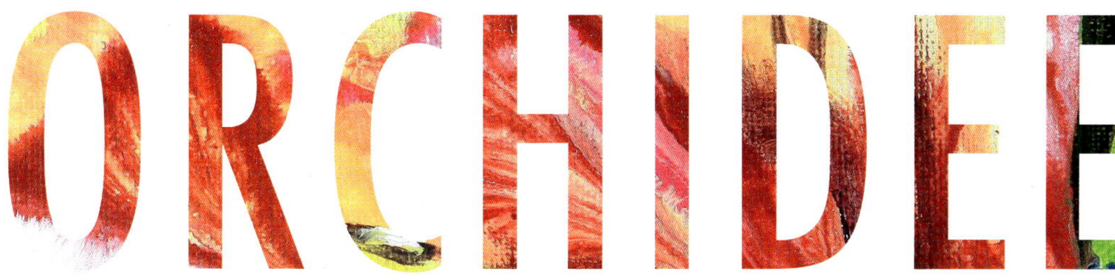

ORCHIDEE

Die String-Technik eignet sich auch hervorragend, um zarte Blüten zu gestalten. Das möchten wir Ihnen hier mit dieser farbenfrohen Fantasieorchidee zeigen. In Windeseile entstehen wunderschöne Blütenblätter und Sie brauchen nur noch die Details mit dem Pinsel auszuarbeiten.

MATERIAL

Leinwand 30 cm x 30 cm | Farben: Titanweiß, Kadmiumgelb, Indischgelb, Orange, Pink, Karminrot, Phthaloblau, Permanentgrün, Schwarz | saugfähige Wollfäden in verschiedenen Längen | 8er Katzenzungenpinsel, Borste | 8er Spitzpinsel, synthetisch | Palettmesser, 30 cm | mehrere Becher | Rührhölzchen | Pouring Medium | destilliertes Wasser oder Tiefgrund | Crème-Brûlée-Brenner

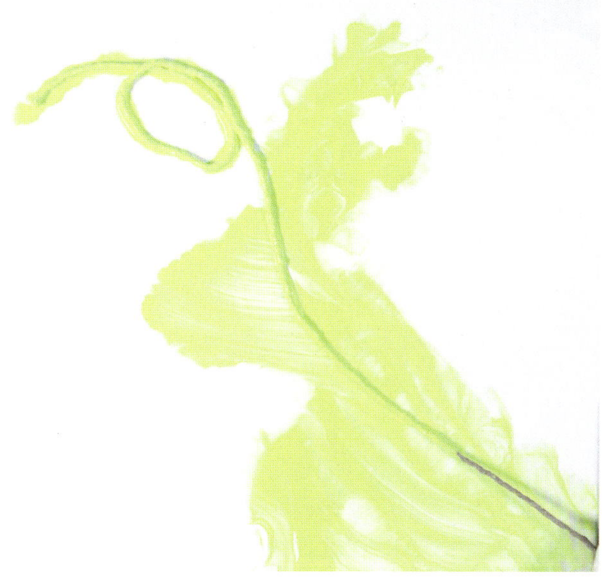

1 Zuerst grundieren Sie mit dem Palettmesser die Leinwand in einer Mischung aus Titanweiß, Pouring Medium und Tiefgrund. Achtung: Die Schicht muss so dick sein, dass die Oberfläche nicht sofort antrocknet!

2 Für den ersten Faden benötigen Sie eine Mischung aus Kadmiumgelb, Titanweiß und Pouring Medium. Tränken Sie einen Wollfaden in der Farbmischung, lassen ihn etwas abtropfen und legen ihn dann wie abgebildet auf der Leinwand aus. Dabei sinkt der Faden in das noch flüssige Weiß ein. Dann ziehen Sie ihn flach in die gewünschte Richtung über die Kante ab.

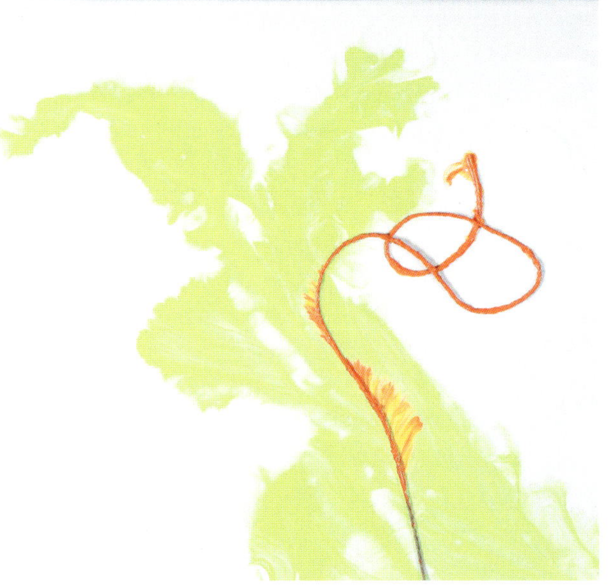

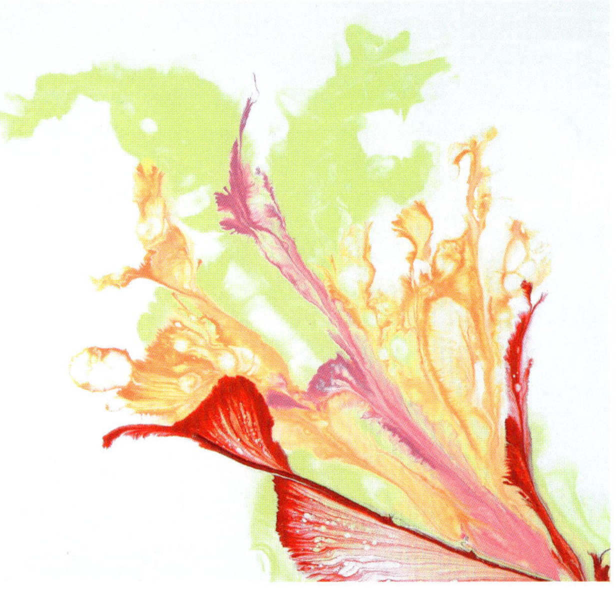

3 Bereiten Sie nun die weiteren Farben einzeln mit Pouring Medium vor. Als nächstes ist ein String mit Orange an der Reihe.

4 Wiederholen Sie das Ganze mit einem Wollfaden auf der Mittelachse in Pink und legen Sie links und rechts dunklere Blütenblätter in Karminrot an.

STRING

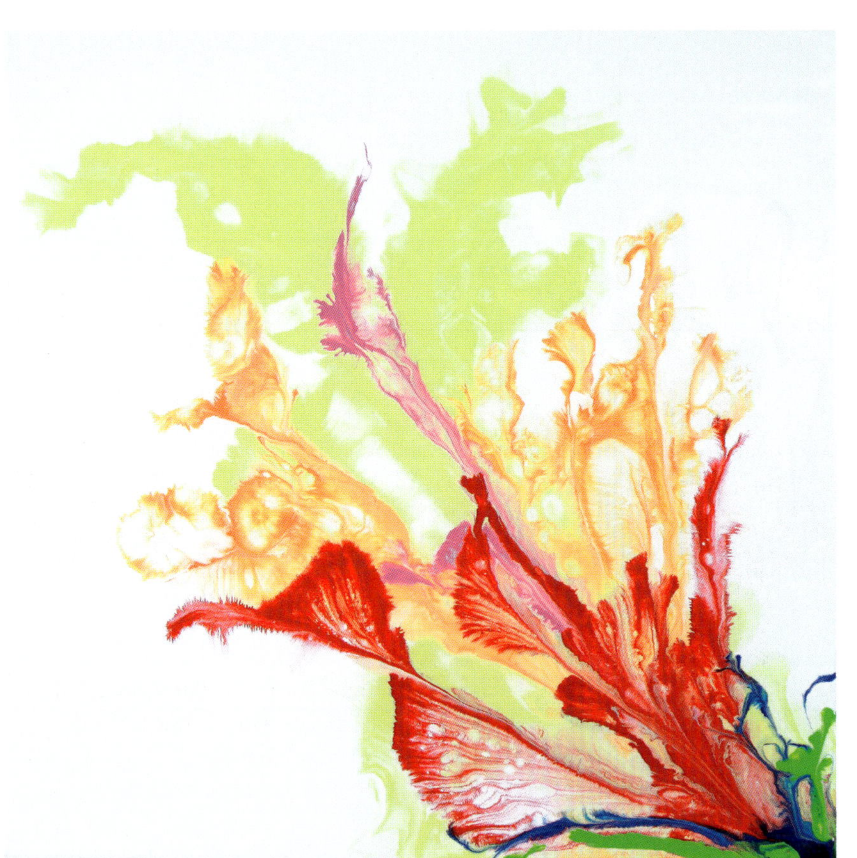

5 Schließlich legen Sie noch einige kleinere Wollfäden in Phthaloblau sowie in einer Gelb-Grün-Mischung für das spätere Blattgrün am Blütenkelch an. Damit noch feinere Strukturen entstehen, gehen Sie kurz mit dem Crème-Brûlée-Brenner über die Oberfläche. Das Zwischenergebnis sieht jetzt ungefähr so aus und darf über Nacht gut trocknen.

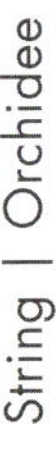

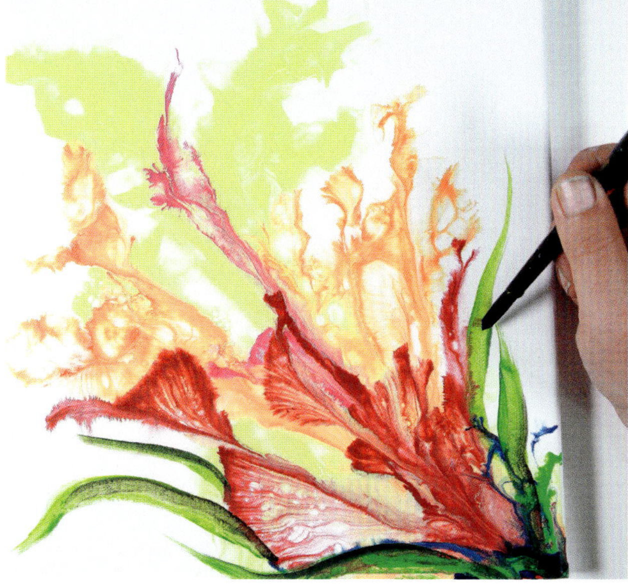

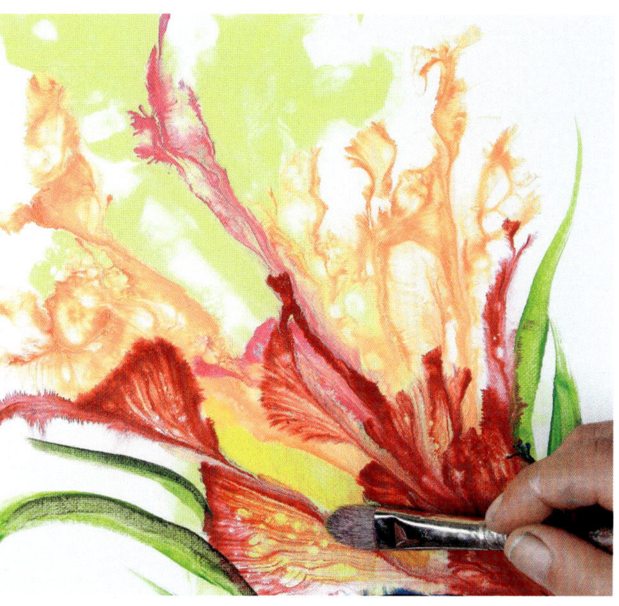

6 Arbeiten Sie das durchgetrocknete Bild mit Mischungen aus Permanentgrün und Kadmiumgelb sowie aus Permanentgrün und Phthaloblau aus. Dazu ziehen Sie die Farben mit dem Spitzpinsel in die gewünschte Richtung und Blattform und fassen so die Blüte ein.

7 Um die Leuchtkraft der Blüte zu erhöhen, nehmen Sie etwas Indischgelb auf den Borstenpinsel auf. Achten Sie darauf, dass Sie nicht zu viel Farbe aufnehmen und nur einen zarten Hauch dieses sehr intensiven Gelbtons auf Ihre Blüte reiben.

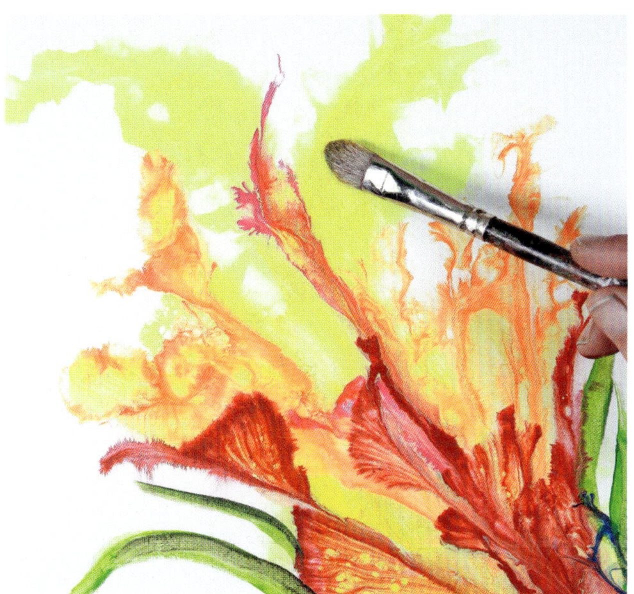

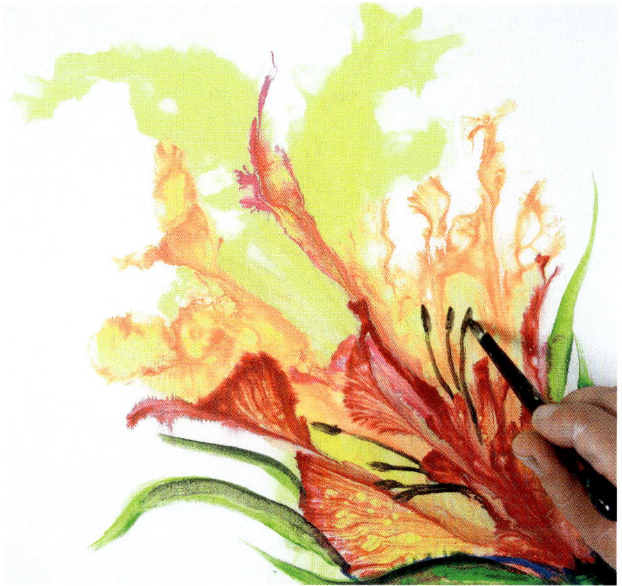

8 Gehen Sie damit auch über die zart auslaufenden Gelbtöne Ihrer Blüte. Sie werden sehen, es lohnt sich, diese in Indischgelb zu verstärken.

9 Nun sind die kleinen Details an der Reihe. Mit dem Spitzpinsel und etwas Schwarz formen Sie die Blütenstempel der bunten Orchidee.

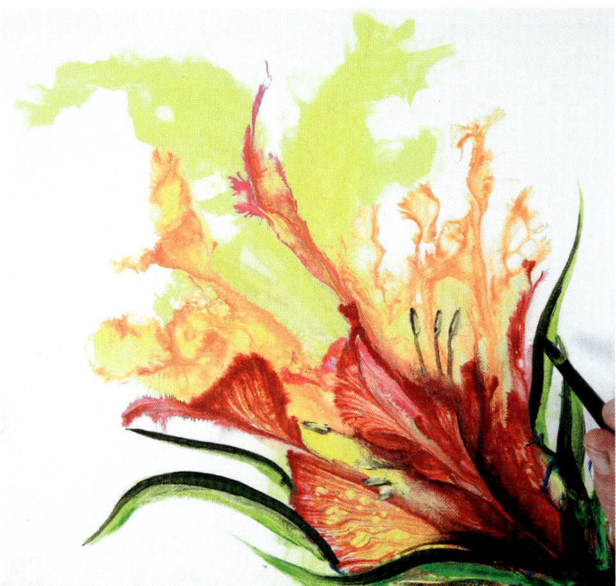

10 Mit einer Mischung aus Titanweiß und Indischgelb setzen Sie den Blütenstempeln winzige Lichter auf. Den Blättern verleihen Sie im Gegenzug etwas mehr Tiefe mit einer sehr dunklen Mischung aus Phthaloblau und Permanentgrün.

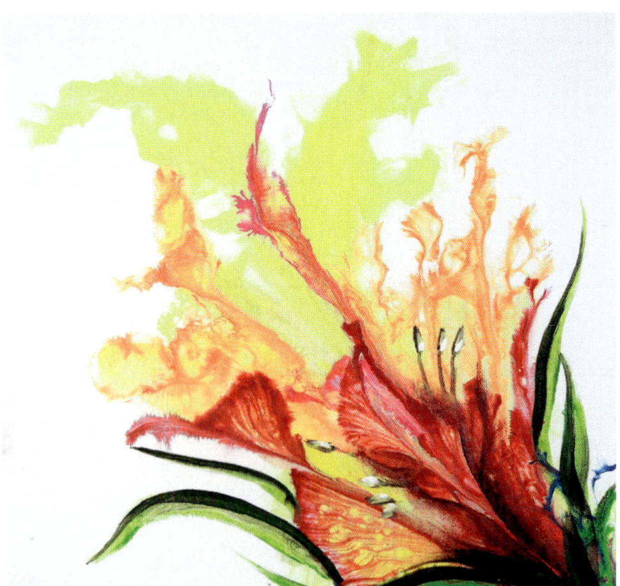

11 So schnell und einfach können Sie mit einigen Wollfäden und wenigen Pinselstrichen eine dekorative Blüte auf die Leinwand zaubern. In der Farbwahl sind Sie dabei völlig frei, probieren Sie vom zarten Violett bis hin zum intensiven Rot jede Farbkombination aus und lassen Sie sich jedes Mal aufs Neue überraschen.

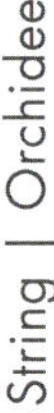

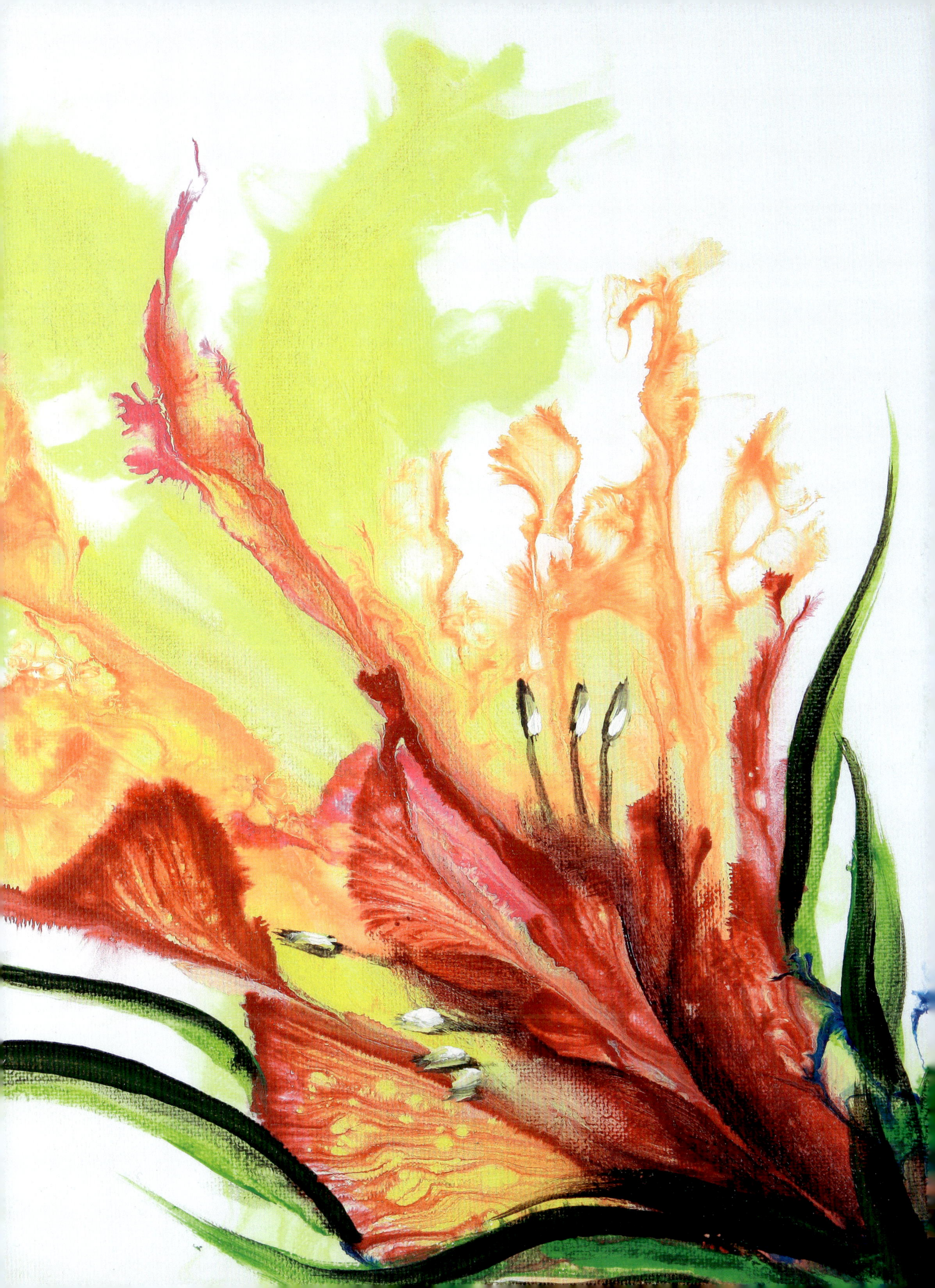

BLAUE LILIE

Wir zeigen Ihnen hier als Variante eine „blaue Blume" im Stil einer Schwertlilie. Dazu mischen Sie Ihre Farben beim Vorbereiten fürs Pouring insgesamt etwas dünner an.

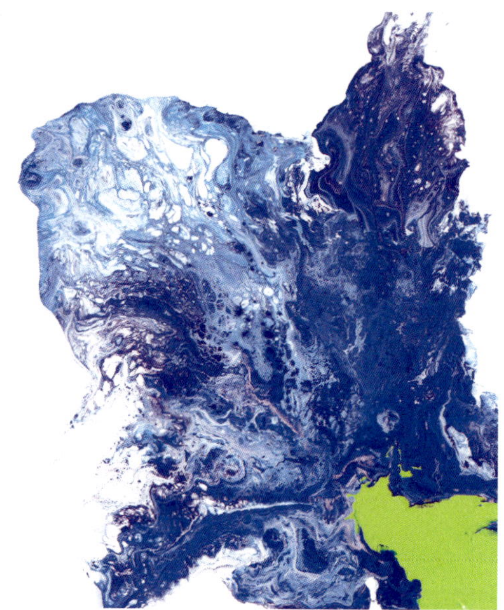

1 Für die Untermalung der blauen Blume – übrigens ein zentrales Symbol der Romantik – benötigen Sie eine Mischung aus Titanweiß und Pouring Medium ohne Zugabe von Silikonöl.
Zum Verdünnen etwas mehr Wasser oder Tiefgrund verwenden, da das Titanweiß hier hauptsächlich als Gleitfilm dient. Nun gießen Sie die vorbereiteten Farben (siehe Seite 14), in diesem Fall Violett- und Blautöne wie bei der Puddle-Technik aufeinander und blasen sie sofort nach dem Auftragen mit einem Fön oder einem Strohhalm vorsichtig in die gewünschte Richtung.

Unser Tipp

Der Puddle (Pfütze) ist kinderleicht: Dabei werden die einzelnen Farben aufeinander in Pfützen auf die Leinwand gegossen, wodurch konzentrische Ringmuster entstehen.

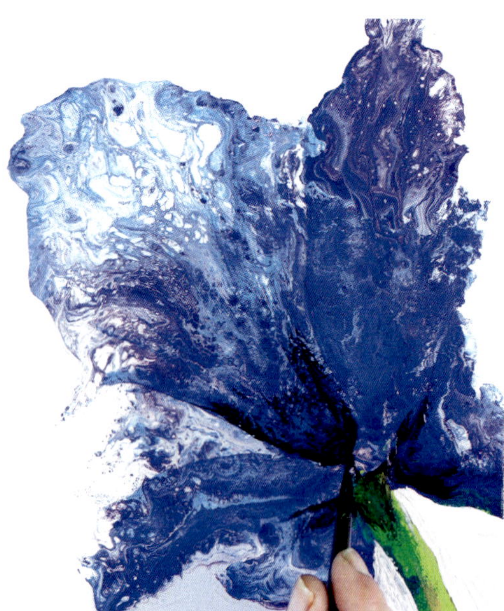

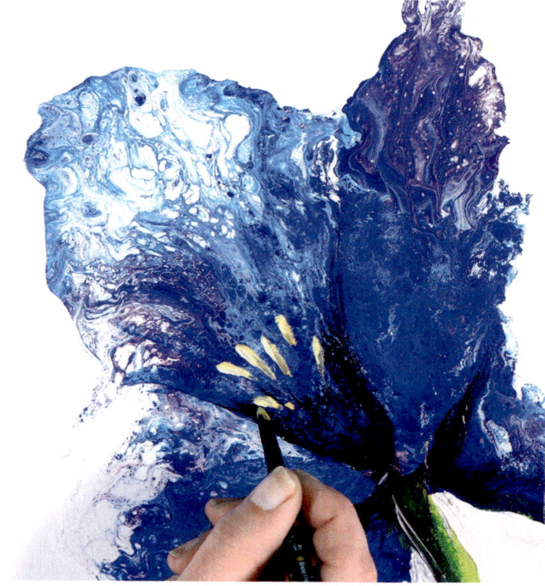

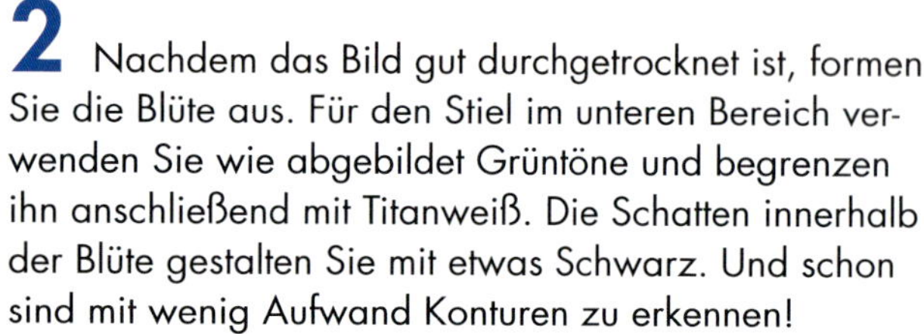

2 Nachdem das Bild gut durchgetrocknet ist, formen Sie die Blüte aus. Für den Stiel im unteren Bereich verwenden Sie wie abgebildet Grüntöne und begrenzen ihn anschließend mit Titanweiß. Die Schatten innerhalb der Blüte gestalten Sie mit etwas Schwarz. Und schon sind mit wenig Aufwand Konturen zu erkennen!

3 Jetzt brauchen Sie nur noch die Blütenstempel wie bei der Orchidee herauszuarbeiten. Fertig ist Ihre blaue Blume, die für Sehnsucht und Liebe steht!

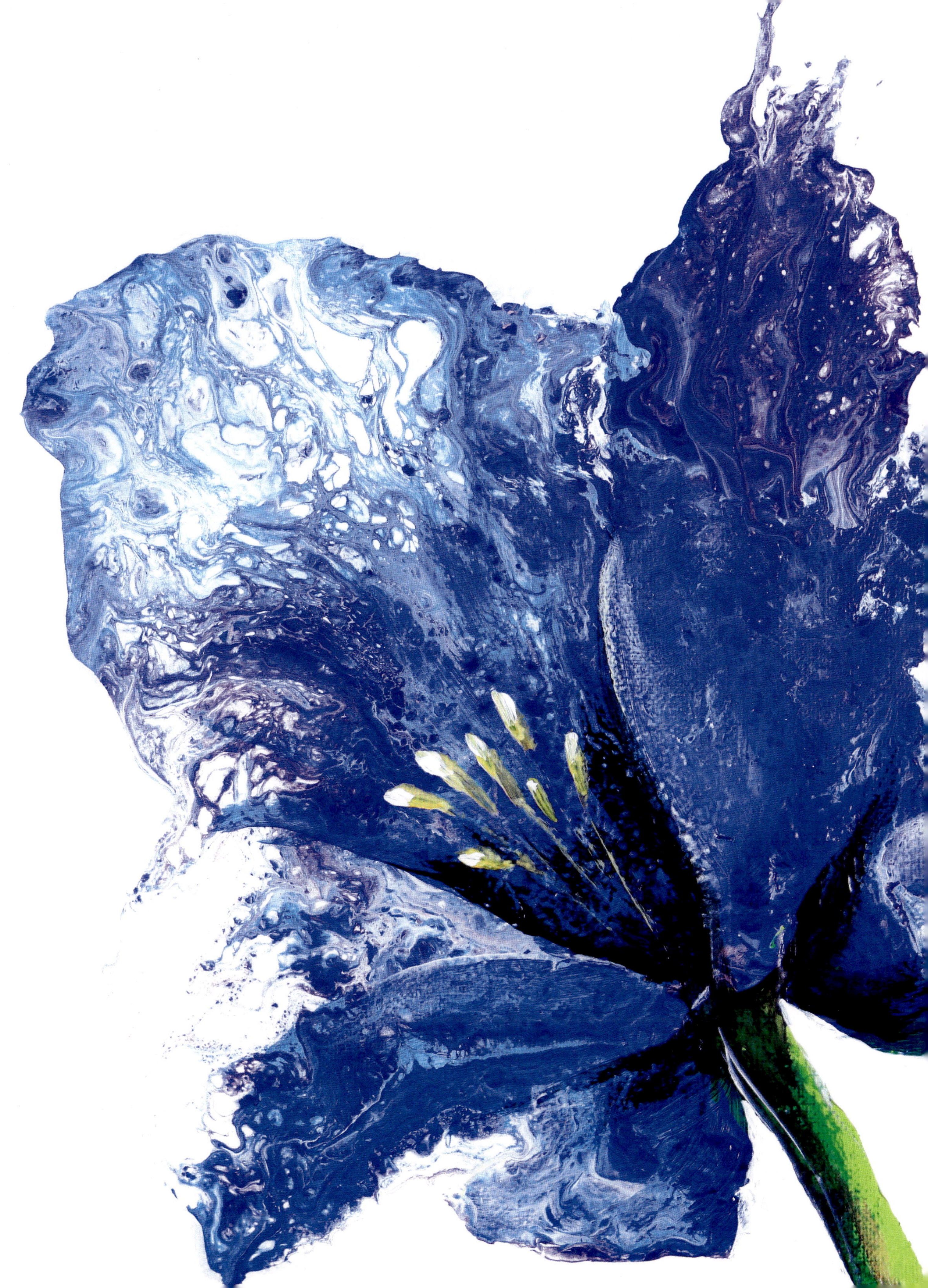

DIE AUTOREN

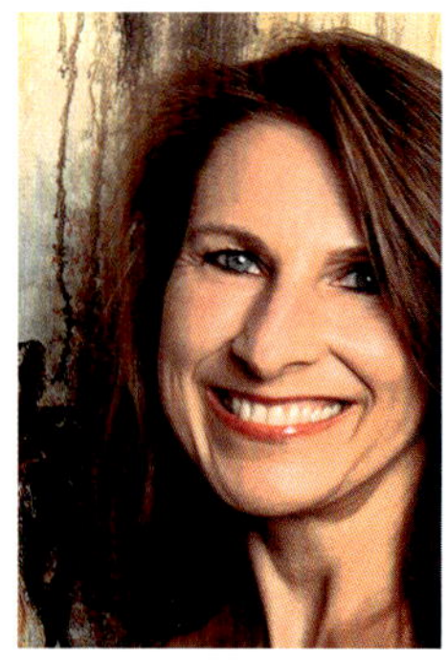

Sylvia Homberg ist in der Nähe von Worpswede aufgewachsen und wurde früh von der berühmten Künstlerkolonie geprägt. Im Jahr 2012 entschloss sie sich, ihren langjährigen Beruf als Direktionsassistentin aufzugeben, um sich fortan mit ihrem Lebensgefährten Martin Thomas ganz der Malerei zu widmen. Viele redaktionelle Beiträge und Berichte folgten in den letzten Jahren sowie zahlreiche Ausstellungen, Malkurse und Messeveranstaltungen. Das Thema Pouring liegt ihr zurzeit besonders am Herzen und bereitet ihr großen Spaß. Bei den Pouring-Büchern war sie die treibende Kraft in dem Künstlerduo und freut sich, dass sie zusammen mit Martin Thomas die Welt etwas bunter machen kann.

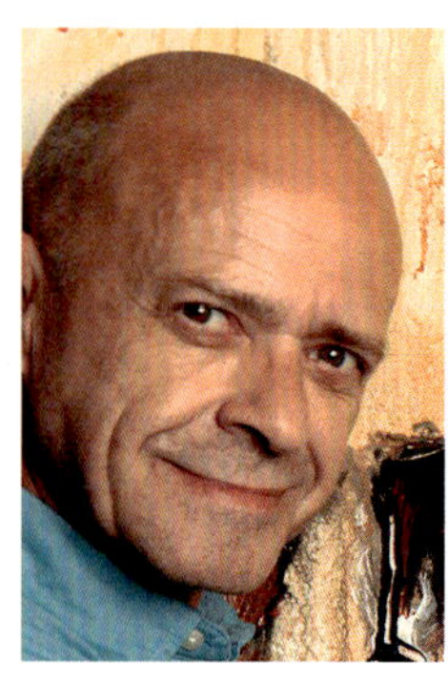

Martin Thomas ist ein Urgestein in der Kunstszene und seit fast 36 Jahren hier tätig. Im Laufe der Zeit hat er sich ein großes Fachwissen angeeignet, das er gerne weitergibt. Viele Produkte tragen inzwischen seinen Namen und er wurde mehrfach international ausgezeichnet, nicht zuletzt als „Kreativer Kopf des Jahres". Mit seiner Buchreihe „Neue Wege zum Acrylbild" brachte er Hunderttausende zum Malen. Auch das Grundlagenbuch zum Thema Pouring wurde ein voller Erfolg und mit einem Preis ausgezeichnet. Wenn Sie Sylvia Homberg und Martin Thomas live erleben möchten, können Sie sich auf ihrer Website www.martin-thomas-art.de über das aktuelle Kurs- und Vorführprogramm informieren.

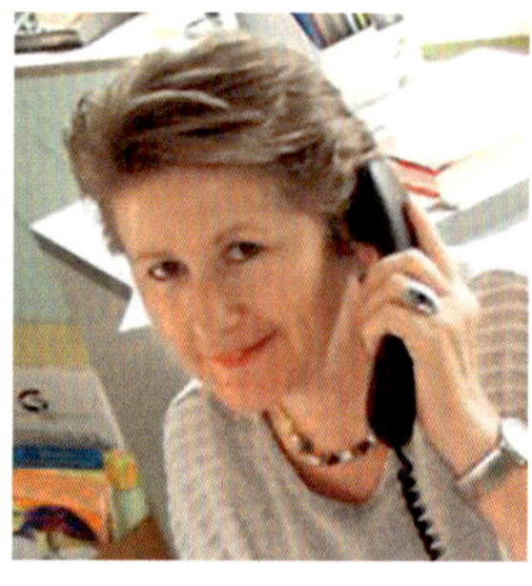

Kreativ-Hotline

Hilfestellung zu allen Fragen, die Materialien und Bücher zu kreativen Hobbys betreffen: Frau **Erika Noll** berät Sie. Rufen Sie an oder schreiben Sie eine E-Mail!

Telefon: 0711 / 123 757 20*

*normale Telefongebühren

E-Mail: mail@kreativ-service.infoy

DANKE!

An dieser Stelle bedanken wir uns herzlich bei Colart, Kreul, Liquitex, Lukas, Royal Talens, Schmincke und Viva Decor, die uns mit Rat, Tat und Material unterstützt haben.

Impressum

Der Freischaltcode für die Videos lautet: 17974

FOTOS: Frechverlag GmbH, 70499 Stuttgart; Martin Thomas
PRODUKTMANAGEMENT: Dr. Christiane Voigt
LEKTORAT: Petra-Marion Niethammer, Ludwigsburg
UMSCHLAGGESTALTUNG: Sophia Höpfner
GESTALTUNG UND SATZ: FSM Premedia GmbH & Co. KG, Münster
DRUCK UND BINDUNG: Neografia, Slowakei

2. Auflage 2021

ISBN 978-3-7724-8370-7 • Best.-Nr. 8370

HIER SIND SIE TOPP INFORMIERT

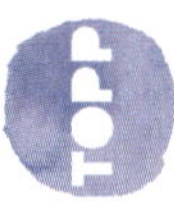
www.TOPP-kreativ.de

www.TOPP-kreativ.de/Newsletter

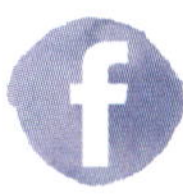
www.Facebook.com/frechverlag

www.YouTube.com/frechverlag

www.Instagram.com/frechverlag

www.Pinterest.com/frechverlag

ONLINE-VIDEO-TUTORIALS

VIDEO 1
Flip Cup, Seite 15ff., 24ff. und 48ff.

VIDEO 2
Vorzeichnung und Eule, Seite 20 und 64

VIDEO 3
Picasso, Seite 28

VIDEO 4
Libelle, Seite 32

VIDEO 5
Netzartige Strukturen für den Hintergrund, Seite 36

VIDEO 6
van Gogh, Seite 92

Die Videos für den perfekten Einstieg finden Sie nach erfolgter Registrierung in Ihrer Digitalen Bibliothek:
www.TOPP-kreativ.de/DigiBib

Den Freischaltcode finden Sie im Impressum.

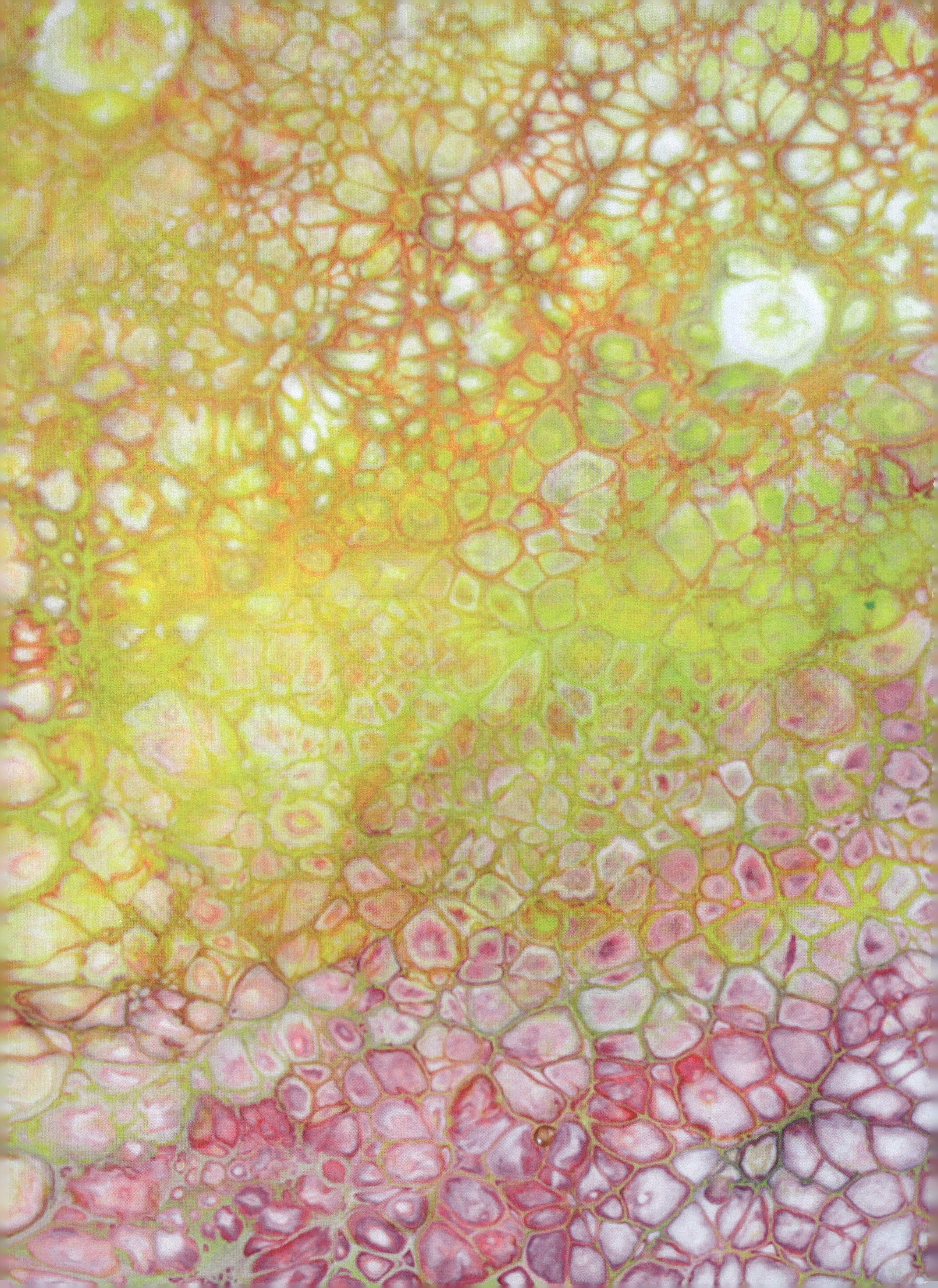